« Le mode d'être artistique d'une œuvre peinte est celui qu'elle tient de l'artiste et de l'art auxquels elle doit d'exister.
Le mode d'être esthétique d'une peinture est celui qu'elle tient de l'expérience par laquelle et dans laquelle elle est appréhendée comme œuvre d'art ».

Étienne Gilson de l'Académie française
fondateur de la collection

la composition des sentiments

essai sur le concept de bonheur

dans la même collection

Jacques AUMONT, *Le montreur d'ombre*, 2012.

Éric ALLIEZ, avec la collaboration de Jean-Clet MARTIN, *L'œil-cerveau. Nouvelles histoires de la peinture moderne*, 2007.

Laure BLANC-BENON, *La question du réalisme en peinture. Approches contemporaines*, 2009.

Alain BONFAND, *Histoire de l'art et phénoménologie*. Recueil de textes 1984-2008, 2009.

– *Le cinéma d'Akira Kurosawa*, 2011.

– *Le cinéma saturé. Essai sur les relations de la peinture et des images en mouvement*, 2ᵉ éd. revue et augmentée, Vrin, 2011.

– *L'ombre de la nuit. La mélancolie et l'angoisse dans les œuvres de Mario Sironi et Paul Klee*, 2ᵉ éd. revue, Vrin, 2019.

– *Paul Klee, l'œil en trop*, préface de Jean-Luc Marion, 2ᵉ éd. revue, Vrin, 2019.

Fabienne BRUGÈRE, *L'expérience de la beauté. Essai sur la banalisation du beau au XVIIIᵉ siècle*, 2006.

Noël CARROLL, *La philosophie des films*, avant-propos et traduction par É. Dufour, L. Jullier, J. Servois, Anna C. Zielinska, 2015.

Anne-Marie CHRISTIN, *Poétique du blanc. Vide et intervalle dans la civilisation de l'alphabet*, 2009.

Danielle COHEN-LEVINAS, *La voix au-delà du chant. Une fenêtre aux ombres*, 2006.

– *L'opéra et son double*, 2013.

Carl DAHLHAUS, *L'esthétique de la musique*, textes réunis et traduits sous la direction de J. Labia, introduction de J. Labia, postface de A. Soulez, 2015.

Giuseppe DI LIBERTI, *Le système des arts. Histoire et hypothèse*, traduit de l'italien par A. Henssien et P. Rougier, 2016.

Thomas DOMMANGE, *Instruments de résurrection. Étude philosophique de La Passion selon saint Matthieu de J.-S. Bach*, 2010.

Formalisme esthétique. Prague et Vienne au XIXᵉ siècle, textes réunis et traduits sous la direction de C. Maigné, 2012.

Roman INGARDEN, *Esthétique et ontologie de l'œuvre d'art*. Choix de textes (1937-1969), présentation, traduction et notes de P. Limido-Heulot, 2011.

– *L'œuvre architecturale, 1945*, introduction, traduction et notes de P. Limido-Heulot, 2013.

Laurent JAFFRO, *La couleur du goût. Psychologie et esthétique au siècle de Hume*, 2019.

G.E. LESSING, *Traités sur la fable*, précédés de la *Soixante-dixième lettre*,

suivis des *Fables*, édition bilingue, avant-propos de N. Rialland, postface de J.-Fr. Groulier, 2008.

K. LÜDEKING, *La philosophie analytique de l'art*, introduction et traduction par J.Fr. Groulier, 2013.

Jacques MORIZOT, *Goodman : modèles de la symbolisation. Avant la philosophie de l'art*, 2012.

Frédéric POUILLAUDE, *Le désœuvrement chorégraphique. Étude sur la notion d'œuvre en danse*, 2009.

Roger POUIVET, *L'ontologie de l'œuvre d'art*, 2010.

Patricia TOUBOUL, *Instruire par l'image. Fénelon et les arts du dessin*, 2012.

Patrick VAUDAY, *Histoire(s) de médium*, 2016.

Eugène VÉRON, *L'esthétique*, 2007.

Lambert WIESING, *La visibilité de l'image. Histoire et perspectives de l'esthétique formelle*, traduction par C. Maigné, 2014.

Clélia ZERNIK, *L'œil et l'objectif. Psychologie de la perception à l'épreuve du style cinématographique*, 2012.

essais d'art et de philosophie

Serge Champeau

la composition des sentiments

essai sur le concept de bonheur

directeur de collection :
Alain Bonfand

6, place de la Sorbonne, Paris Ve
ISSN 0249-7913
ISBN 978-2-7116-3069-1
www.vrin.fr

introduction

> Les décisions philosophiques ne sont rien d'autre que les réflexions de la vie de tous les jours, rendues méthodiques et rectifiées.
>
> Hume, *Enquête sur l'entendement humain*

G.E. Moore, au début du chapitre VI de ses *Principia Ethica*, distingue deux concepts de l'*idéal*. Ce mot peut désigner soit « le meilleur état de choses concevable », le bien absolu (*summum bonum*), soit « le meilleur état de choses possible dans ce monde » (en d'autres termes, ajoute Moore, soit le « Paradis », soit le « Paradis sur terre »). C'est en prenant appui assez librement sur cette distinction que les pages qui suivent entendent poser deux questions et, à titre d'hypothèses, envisager deux réponses. Quel est, d'abord, le propre de cette activité que nous nommons *éthique*, dans l'acception antique de ce terme (la recherche du bien) ? Qu'est-ce qui la distingue des autres activités humaines, en particulier de l'activité théorique (la recherche de la vérité) ? Quelle est, ensuite, la nature de ce bien qu'elle cherche à atteindre ?

On sait que ces questions sont au centre de l'*Éthique à Nicomaque*, un texte dans lequel Aristote distingue la science pratique qu'est l'éthique des sciences théoriques et s'attache à caractériser ce bien qu'il qualifie de final ou suprême, en vue duquel sont recherchés tous les autres biens. Il est évidemment toujours possible de douter de la pertinence de ces distinctions aristotéliciennes. L'aspiration à un « meilleur état de choses », qu'il soit « concevable » ou seulement « possible dans ce monde », peut être traitée comme un fait, en l'occurrence un désir parmi d'autres, relevant de l'analyse psychologique[1]. Une telle réduction sape évidemment toute

1. C'est la perspective qu'adopte le psychanalyste Serge Leclaire : le bonheur serait un fantasme inhibant, celui de la « plénitude d'un sujet non divisé » (*Rompre les charmes*, Paris, Seuil, 1999).

prétention normative de l'éthique, celle de s'ériger en un ordre de questions indépendantes de celui des sciences théoriques. Une telle approche, qui renonce à toute recherche d'un « meilleur état de choses », c'est-à-dire nie l'existence d'un ordre de l'éthique, est une position philosophique qui a certes ses lettres de noblesse et doit être prise au sérieux. Ces pages emprunteront cependant une autre voie, en mettant en évidence comment, à partir du XVIIIe siècle, sur la base de l'héritage antique et chrétien, des philosophes ont thématisé l'idée d'un ordre de l'éthique, d'une activité humaine fondamentalement distincte de l'activité théorique, et élaboré des concepts de *bonheur* que la distinction de Moore éclaire[1].

Le point de départ de cette enquête est la célèbre réponse de Voltaire à Pascal dans ses *Lettres philosophiques*. L'argumentation de Voltaire porte, pour l'essentiel, contre une idée centrale de la conception pascalienne du salut (en tant que « meilleur état de choses concevable »), celle selon laquelle l'homme appréhende le monde, et sa situation au sein de celui-ci, non pas par sa raison, réduite au silence face au constat du « misérable état » qui est le sien, mais par un sentiment, l'*effroi*, qu'il ne peut comprendre tant que la révélation chrétienne ne lui a pas donné un sens. Pour employer un terme forgé par des philosophes issus de la tradition phénoménologique, ce que refuse Voltaire est ce qui tient lieu, chez Pascal, d'une *affectivité transcendantale*. Entendons par là, en première approximation, un sentiment, distinct de ceux que font naître les objets, qui nous ménagerait préalablement un accès au monde lui-même, lequel constituerait la condition de possibilité de la représentation des objets, c'est-à-dire de toute appréhension rationnelle ou affective de ceux-ci. Bien avant que ce thème ne devienne explicite au XXe siècle, chez Heidegger en particulier, Pascal affirme que notre relation au monde est d'abord vécue dans un sentiment ou un ensemble de sentiments, ceux que l'on nomme aujourd'hui ontologiques, qui révèlent l'être, le *il y a* du monde[2], dans l'étonnement, l'angoisse, la joie, l'ennui, ou d'autres tonalités affectives encore, distinctes des sentiments ontiques que sont la peur, la douleur ou

1. Cela même si le concept d'*idéal* de Moore n'est pas eudémoniste.

2. *Cf.* le célèbre fragment des *Pensées* sur le cœur : « …la connaissance des premiers principes, comme qu'*il y a* espace, temps, mouvement, nombres… » (souligné par moi ; pensée 282, numérotation Brunschvicg).

le plaisir, suscités non par la présence au monde mais par les objets qui peuplent celui-ci.

Voltaire, dans sa lettre contre Pascal, récuse de la manière la plus explicite l'idée d'une telle affectivité transcendantale. Il affirme qu'il est impossible de vivre le monde comme un tout dans une tonalité affective (*Stimmung*) unique, cela sans pour autant nier l'existence de l'affectivité, qui constitue à ses yeux une sphère autonome où prennent naissance des questions d'un ordre irréductible à celui de la connaissance scientifique ou métaphysique. Un tel changement radical de perspective débouche sur une manière différente de concevoir le bonheur. La recherche du salut laisse la place, dans *Candide*, à la patiente construction d'un équilibre entre les sentiments ontiques – ce que Voltaire nomme le *supportable*.

Le concept de bonheur de Voltaire n'est qu'une des interprétations du « meilleur état de choses possible dans ce monde ». Si la présente enquête prend son point de départ dans cette interprétation particulière, c'est d'abord parce que, dans sa réponse à Pascal, Voltaire a perçu, mieux que d'autres philosophes, les présupposés du concept de bonheur qu'il rejette, celui du « meilleur état de choses concevable ». C'est aussi parce que le concept voltairien de bonheur peut paraître plus convaincant que d'autres conceptions du « meilleur état de choses possible dans ce monde », de l'aveu même de ceux qui les ont proposées ou examinées. Kant, dans les *Fondements de la métaphysique des mœurs*, après avoir défini le bonheur comme « un tout absolu, maximum de bien-être dans mon état présent et dans toute ma condition future », ne peut que constater que ce concept n'est qu'un « idéal non de la raison, mais de l'imagination ». Freud, dans *Malaise dans la civilisation*, constate que rechercher de fortes jouissances et rester dans cet état est non seulement un programme que contredit la réalité, mais un idéal contradictoire (déjà Leibniz, dans les *Nouveaux essais sur l'entendement humain*, récusait l'idée d'une « extrémité du plaisir »). Quant à ceux qui n'interprètent pas le « meilleur état de choses possible » de manière hédoniste (Descartes, par exemple, pour qui la *béatitude* consiste en « un parfait contentement d'esprit et une satisfaction intérieure » qui naît de la conscience de « n'avoir jamais manqué de résolution et de vertu pour exécuter toutes les choses que nous jugeons être les meilleures »[1]), leur

1. Descartes, lettre à Élisabeth du 4 août 1645, *Œuvres philosophiques*, tome III, Paris, Garnier, 1973, p. 587.

concept de bonheur se heurte, comme le concept stoïcien, à l'objection que Montaigne et Voltaire lui adressent : nous ne pouvons pas aussi simplement distinguer les choses qui dépendent de nous de celles qui n'en dépendent pas, faire abstraction de ce que Descartes appelle le *mal heur* et le *bon heur* (les maux et les biens qui, à la différence de la *béatitude*, nous viennent de la fortune). Le concept voltairien du *supportable* a l'avantage de ne pas présupposer la validité de cette distinction. C'est pourquoi ce concept, qui fait l'objet chez Voltaire d'une élaboration philosophique particulièrement fine, est aussi une des conceptions les plus populaires du bonheur (être heureux, c'est vivre et mourir avec le sentiment que, tout compte fait, le bilan des biens et des maux de la vie est acceptable).

Le second volet de cette enquête sur les conceptions de bonheur est consacré à l'examen du concept de *vie éternelle* chez Kierkegaard. Ce concept a été retenu parce que Kierkegaard, à la différence de Pascal, élabore *philosophiquement* le concept chrétien de salut. Contrairement à ce qu'affirment certains commentateurs, Kierkegaard n'est pas, en effet, un théologien, comme nous aurons l'occasion de le constater en restituant son concept du bien absolu comme *vie éternelle ici-bas*, c'est-à-dire comme la synthèse du désir d'infini et du désir fini par laquelle le chrétien, dès cette vie et non dans un imaginaire au-delà, se libère de l'angoisse de la mort et de la tyrannie qu'exercent sur lui les biens de ce monde. Bien que Kierkegaard s'inscrive dans une tradition chrétienne, il ne raisonne pas sous l'idée de la vérité du dogme. Si ce dernier est vrai à ses yeux, c'est seulement en tant qu'il traduit une exigence de l'intériorité. La révélation est toujours pensée par Kierkegaard comme la formulation, à un moment précis de l'histoire humaine, d'un appel qui émane du sujet lui-même : le fait chrétien – c'est-à-dire la proclamation, par les Évangiles, que Dieu s'est fait homme et que les humains qui suivent le Christ peuvent mourir heureux – est pour lui « un signe de contradiction » qui rend manifestes « les pensées des cœurs »[1].

L'élaboration conceptuelle de la *vie éternelle* est à mes yeux la tentative philosophique la plus puissante qui ait été jamais menée pour interpréter l'idée chrétienne de salut en la dépouillant de toutes les naïvetés qui,

1. S. Kierkegaard, *Pratique du christianisme*, in *Œuvres*, vol II, trad. fr. R. Boyer, Paris, Gallimard, 2018, p. 978.

inévitablement, ont accompagné sa formulation. Une religion n'est pas une théorie philosophique, et l'interprétation de Kierkegaard n'entend pas, d'ailleurs, substituer la philosophie à la religion (on sait que c'est le cœur de la critique qu'il adresse à la « philosophie spéculative » de Hegel). Cela d'autant plus que les naïvetés en question, nous aurons l'occasion de le constater, ne sont pas seulement celles de la religion populaire (l'idée, prise à la lettre, d'une vie après la mort) mais aussi bien celles de la théologie et de la philosophie (l'éternité comme un *nunc stans*, un présent sans passé ni futur, ou comme l'absence de temps). Kierkegaard ne reprend en effet ce concept d'éternité que pour le vider de tout sens théorique – son ironie à l'égard des définitions des théologiens et des philosophes est souvent proche de ce que sera le verdict cinglant de Heidegger[1] – et lui donner un sens éthique, particulièrement par le recours au concept de *répétition*, en récusant ainsi toute interprétation métaphysique de la théologie.

Dire que Kierkegaard est un philosophe ne signifie évidemment pas que son concept de bonheur comme *vie éternelle ici-bas*, parce que plus élaboré que le concept chrétien de salut dont il se veut une interprétation, emporte la conviction. En restituant patiemment la construction particulièrement complexe de ce concept, nous aurons l'occasion de constater que l'interprétation de Kierkegaard repose, comme toute théorie philosophique, sur un certain nombre de décisions[2]. Ce dernier terme n'est pas entendu ici en son sens proprement kierkegaardien, il ne fait pas référence au *saut*, à la libre décision qu'est la foi aux yeux de Kierkegaard (pour qui, plus généralement, toute attitude face à l'existence est une décision). Il est pris dans ce sens où traiter la foi comme une décision libre est déjà une décision, non plus religieuse mais philosophique. Cette décision est, chez Kierkegaard, motivée rationnellement, à la différence de la première (le saut de la foi étant un paradoxe, il est sans raisons), et à ce titre elle peut être examinée et questionnée. Plus généralement, la construction de Kierkegaard est ponctuée d'un certain nombre de décisions, que l'on peut, après débat, accepter ou refuser. On peut ne pas être convaincu par la

1. « ...dans la prétendue éternité ne se cache qu'un périssable gardé en conserve, mis au rancart dans le vide d'un maintenant sans durée » (M. Heidegger, *Pourquoi des poètes*, dans *Chemins qui ne mènent nulle part*, trad. fr. W. Brokmeier, Paris, Gallimard, 1962, p. 385).

2. Hume rappelle que les thèses philosophiques sont toujours en fin de compte des décisions (*Enquête sur l'entendement humain*, trad. fr. M. Malherbe, Paris, Vrin, 2008, p. 407).

construction philosophique de Kierkegaard – c'est le cas de l'auteur de ces lignes – tout en considérant que cette tentative est l'une des plus puissantes et passionnantes de celles qui ont été menées au sein de la philosophie d'inspiration chrétienne.

Ces deux concepts de bonheur ont suscité des critiques qui peuvent expliquer l'émergence, plus tardive, d'un troisième concept refusant l'alternative du bonheur relatif dans le monde et du bonheur absolu hors de ce monde (ou, chez Kierkegaard, du bonheur absolu qu'est la vie éternelle dans l'ici-bas). L'un et l'autre, en effet, ne parviennent que difficilement à articuler la *totalisation* et l'*unification* sans lesquelles ils ne peuvent prétendre à la consistance. Formulons cette difficulté d'une manière abstraite, avant de vérifier sa présence, dans les chapitres I et II, chez Voltaire et Kierkegaard.
Dans la perspective voltairienne, les divers sentiments se totalisent, mais ce bilan se fait au prix d'une fuite à l'infini qui menace l'unité du concept de bonheur. Si nous nommons *sentiments de premier degré* tous les sentiments qui, par composition, font émerger le *sentiment de second degré* en lequel consiste le bonheur (le *supportable* dont nous parle *Candide*), ce dernier pourrait prendre place aux côtés des sentiments de premier degré, ce qui relancerait le mouvement de totalisation – indépendamment même de l'inachèvement de celle-ci découlant du fait que personne ne connaît avant sa mort tous les plaisirs et toutes les peines que la vie lui réserve. Supposons qu'à un instant donné un humain soit raisonnablement satisfait lorsqu'il fait le bilan des plaisirs et des peines de son existence. Quel sentiment naîtra alors de la juxtaposition de ce sentiment avec ceux dont il opère la sommation ? La logique n'interdit pas la formation d'un ensemble E2 contenant un certain nombre fini d'éléments (x, y, z…) et l'ensemble E1 constitué par ces éléments ({x, y, z…}). Nous aurons l'occasion de voir que Kierkegaard, sans formuler explicitement cette difficulté, a perçu cette impossible unification qui, selon lui, caractérise le stade esthétique et son instabilité, par opposition aux stades éthiques et religieux.
Dans la perspective qui est celle de Kierkegaard, la difficulté est inverse : l'unification risque de se faire au prix d'une difficile totalisation. Les sagesses antiques, stoïciennes en particulier, s'efforçaient déjà d'intégrer au sentiment de bonheur ce qui lui échappait et risquait de le rendre illusoire. Les grandes douleurs sont brèves, nous enseigne Sénèque dans

une *Lettre à Lucilius*, car les parties du corps où elles siègent finissent par s'insensibiliser. Selon les Stoïciens nous pourrions ensevelir nos malheurs « dans un oubli perpétuel » écrit Cicéron dans le *De finibus bonurum et malorum*. On connaît les critiques que Montaigne adresse, dans l'*Apologie de Raimond Sebond*, au conseil prodigué par les philosophes « de maintenir en la mémoire seulement le bonheur passé, et d'en effacer les déplaisirs que nous avons soufferts, comme si nous avions en notre pouvoir la science de l'oubli »[1]. Mais une telle objection pourrait tout aussi bien atteindre le concept chrétien de bonheur. Même si, avec Kierkegaard, on interprète le triomphe sur la mort de la manière la moins naïve possible, comme une vie éternelle ici-bas, la question demeure de savoir si une telle conception du bonheur ne surestime pas notre « science de l'oubli ». Tout concept absolu de bonheur risque de se heurter, à l'ultime fin, à ce constat amer : j'ai été floué par la promesse du bonheur.

Les philosophies qui font l'objet du troisième volet de cette enquête n'abordent pas toujours directement la question *éthique*, au sens qui a été donné plus haut à ce mot, et font parfois preuve, comme c'est le cas chez Heidegger, d'une réticence certaine à tirer des conséquences éthiques de l'ontologie nouvelle qu'ils proposent. Il n'en demeure pas moins que cette question fait retour dans le sillage d'un concept qui, depuis *Être et temps* de Heidegger, est au centre des préoccupations de ce courant philosophique, celui d'*affectivité transcendantale*, dont il a été question à propos de l'effroi pascalien. Le terme ne figure pas en tant que tel dans l'œuvre de Heidegger, mais il est clair qu'un des fils de la nouvelle ontologie de la finitude qu'il entend construire est la question du rapport qu'entretiennent la pensée de l'être (c'est-à-dire de l'ouverture de la dimension où tout étant paraît) et l'affectivité (l'appréhension, ou plutôt la réception, de cette ouverture dans des sentiments particuliers, de l'angoisse, dans les premiers textes, jusqu'à, dans les derniers, ce qu'il nomme *Gelassenheit* – un terme que l'on traduit habituellement par *sérénité*[2]).

Existe-t-il des sentiments ontologiques, distincts de ceux, ontiques, par lesquels nous réagissons aux objets qui peuplent le monde, des sentiments qui ouvriraient préalablement la dimension du monde et qui, en ce sens,

1. Montaigne, *Essais II*, Paris, Folio-Gallimard, 2009, p. 242.
2. Le chapitre III reviendra longuement sur le concept de *Gelassenheit*.

constitueraient des *a priori pathiques*[1] ? Une telle distinction est au centre d'un courant de la phénoménologie française issu de Heidegger (les travaux de M. J. Dufrenne, H. Maldiney, M. Henry et R. Barbaras en particulier), et elle est incontestablement présente dans les premiers écrits de Wittgenstein. On la retrouve également dans des travaux philosophiques contemporains étrangers à cette tradition, par exemple chez M. Nussbaum sous la forme de la distinction entre des émotions qualifiées de *background* de la vie affective (qui témoignent de notre « dépendance ou besoin d'un aspect ingouvernable du monde ») et des émotions *situational* (qui « répondent à la manière dont le monde répond ou non à nos besoins ») : « pour utiliser une image fréquente chez les Stoïciens, l'émotion d'arrière-plan est la blessure, l'émotion de situation est le couteau du monde qui entre dans cette blessure »[2]. Une telle distinction pourrait recevoir aussi un appui, aujourd'hui, de certains travaux scientifiques, par exemple ceux d'A. Damasio qui, dans une théorie matérialiste de l'affectivité incompatible avec l'approche phénoménologique, attire lui aussi l'attention sur la distinction entre les sentiments *spontanés* (qui correspondent assez bien aux sentiments ontologiques, en ce qu'ils sont la « toile de fond de notre vie mentale » et une composante majeure de la « conscience de soi ») et les sentiments *provoqués* (par les objets du monde), deux types de sentiments dont les soubassements biologiques respectifs, aujourd'hui clairement identifiables, ne doivent pas être confondus[3].

Le chapitre III s'attachera à formuler deux questions que suscite une telle perspective dans sa version phénoménologique (ce dernier terme, même s'il sera finalement récusé par Heidegger, est commode pour distinguer sa conception de l'affectivité des théories de Nussbaum ou Damasio dont il vient d'être question). La première est celle de savoir s'il existe bien une telle affectivité transcendantale, comme l'affirment Heidegger et Wittgenstein dans ses premiers écrits; la seconde, particulièrement épineuse, celle de savoir si à l'un ou l'autre des sentiments ontologiques identifiés peut correspondre un concept original de « meilleur état de choses », capable de

1. Le terme est utilisé par H. Maldiney.

2. M. Nussbaum, *Upheaval of Thought : The Intelligence of Emotions*, Cambridge University Press, Kindle Edition, 2003, loc. 1395-1399.

3. Les sentiments spontanés ne sont pas des réponses aux stimuli mais sont en relation avec l'homéostasie générale de l'organisme (A. Damasio, *L'Ordre étrange des choses. La vie, les sentiments et la fabrique de la culture*, Paris, Odile Jacob, 2017, p. 155).

récuser de manière convaincante l'alternative du « meilleur état de choses concevable » et du « meilleur état de choses dans ce monde ». À partir de l'examen du concept de *sérénité* (*Gelassenheit*) du dernier Heidegger, nous nous demanderons s'il est possible de construire un concept de bonheur dans la finitude, de contentement inhérent à la conscience d'être au monde, c'est-à-dire d'être fini.

Le chapitre IV prolongera cette enquête en restituant les arguments du dernier Wittgenstein, lequel en viendra à récuser la problématique, proche de celle de Heidegger, qui était la sienne dans la *Conférence sur l'éthique* de 1929. Il n'est pas impossible de lire cette récusation, non pas seulement négativement, mais positivement, comme l'ouverture d'une tâche nouvelle, celle de penser l'ordre de l'éthique en dehors de toute perspective transcendantale. Il reviendra à Carnap, dans *La construction logique du monde* (un texte publié en 1928, contemporain de *Qu'est-ce que la métaphysique?* de Heidegger et de la *Conférence sur l'éthique* de Wittgenstein) de dégager l'idée d'une sphère originale de l'affectivité, celle où nous sommes confrontés à une tâche non théorique, sans rapport avec la vérité, fût-elle ontologique (« …il n'y a certes pour nous aucun *ignorabimus*; il y a peut-être malgré tout de l'insoluble parmi les énigmes de la vie… »), mais qui n'en est pas moins essentielle pour autant : « même avec la réponse à l'ensemble des questions, nous n'aurions pas encore résolu le problème que la vie nous pose ». L'existence des sentiments (« le bouleversement provoqué par la mort d'un semblable ou l'angoisse de sa propre mort ») nous fait prendre conscience que « nous devons bien plutôt reconnaître clairement que pour maîtriser la vie il faut déployer toutes sortes de forces et nous garder de la croyance à courte vue que ce que la vie exige pourrait être satisfait en s'appuyant seulement sur la pensée conceptuelle ». Une telle tâche, selon Carnap, est à coup sûr une tâche importante de la vie, celle qui consiste à « venir à bout » de telles situations[1].

La philosophie n'est pas la seule, à l'époque moderne, à avoir cherché à constituer l'éthique en un ordre de questions irréductibles aux questions théoriques. Le chapitre V de cette étude est né du constat que les philosophes, prompts à accorder à l'art une fonction cognitive, se sont

1. R. Carnap, *La construction logique du monde*, § 183, trad. fr. R. Rivain, Paris, Vrin, 2019, p. 299-300.

moins souvent interrogés sur la fonction éthique de certaines œuvres d'art, celles qui s'assignent pour tâche non pas d'édifier le lecteur ou spectateur mais d'explorer les voies par lesquelles les humains cherchent à définir cet état qu'ils désignent par le mot de *bonheur*. L'idée d'une telle fonction éthique de l'art suscite évidemment la question de savoir ce qui distingue une étude philosophique d'une approche poétique ou cinématographique des questions éthiques. Cette question est au centre des préoccupations de Heidegger, comme le rappelle le chapitre IV. Mais elle aurait pu déjà être posée dans le chapitre consacré à Voltaire, qui a recours aussi bien au conte qu'au traité philosophique, sans trop se soucier de déterminer avec précision ce qui les distingue. L'objet du chapitre V n'est pas, toutefois, de traiter explicitement cette question. Il se contente de mettre en évidence que les contes de Borges et le cinéma de Keaton prolongent de manière originale les approches philosophiques du concept de bonheur, sans se demander – autrement que par quelques remarques latérales – en quoi cette originalité tient au langage de l'art. Un traitement plus précis de cette question, auquel j'ai tenté de contribuer dans d'autres ouvrages, aurait excédé le cadre de cette étude[1].

Borges a retenu mon attention parce que ses poèmes et contes combinent deux perspectives qui, en philosophie, ont rarement convergé. Ils s'attachent en effet à analyser les différents sentiments de l'existence, à la manière de Heidegger, tout en posant la question du bonheur en termes de composition, comme le fait Voltaire. Le premier volet du chapitre V cherche à restituer, en partant de *La parabole du palais* et d'autres textes de Borges dont le thème central est la genèse de la représentation, une phénoménologie originale, laquelle dérive à partir de deux expériences banales (l'endormissement et le réveil) plusieurs sentiments de l'existence (l'horreur et l'émerveillement qui accompagnent l'effondrement de la représentation d'une part, l'effroi, le soulagement, l'ennui et le sentiment du don qui marquent le retour au monde représenté d'autre part). Au-delà de l'ontologie imaginaire sur laquelle débouche cette phénoménologie (l'être comme un chaos qui, pour échapper à sa multiplicité et aux sentiments d'horreur et d'émerveillement, se projetterait en calme représentation du

1. S. Champeau, *Borges et la métaphysique*, Paris, Vrin, 1990 et *Ontologie et poésie. Trois études sur les limites du langage*, Paris, Vrin, 1995.

monde), c'est l'effort de Borges pour penser le travail de l'éthique comme une composition de ces sentiments qui retiendra mon attention – un travail, qui, pour Borges, définit la littérature, laquelle, déclare-t-il, « sert avant tout à être heureux »[1].

Que le dernier volet d'une étude consacrée aux sentiments de l'existence puisse trouver une inspiration dans l'œuvre de Buster Keaton pourrait surprendre ceux pour qui l'*impassibilité* du visage de Buster est devenue la marque distinctive du comique de Keaton[2]. Quant à tirer une leçon de sagesse de films que l'on range dans la catégorie du *burlesque*, cela après avoir arpenté les pentes abruptes des théories de Heidegger, Wittgenstein et Carnap, une telle entreprise pourrait être considérée au mieux comme une aimable et reposante étape finale, au pire comme une vaine provocation. Mais ce serait oublier que Keaton était d'abord un acrobate et que le retour à l'équilibre du corps est, dans ses films, un moment toujours essentiel. L'impassibilité du visage de Buster, loin de se laisser interpréter comme une neutralité affective, une froideur stoïcienne ou une perplexité inexpressive (*deadpan bewilderment*, selon le mot d'un critique), pourrait être mieux comprise si on la percevait comme un équivalent psychologique de ce retour à l'équilibre physique. C'est ce que suggèrent à la fois la riche autobiographie de Keaton (dont un des intérêts est de faire apparaître que sa vie n'est jamais très éloignée des aventures de Buster) et l'analyse de son œuvre cinématographique. Cette impassibilité de Buster prend un tout autre sens, en effet, si on la rapporte à l'ensemble des sentiments qui, la précédant ou la suivant, viennent s'inscrire tour à tour sur son visage, dont plusieurs critiques ont justement remarqué qu'il fonctionne souvent comme un sismographe. Elle n'apparaît plus alors comme une position par défaut mais comme le signe qu'un équilibre précaire a été atteint par une combinaison acceptable des différents affects que l'action humaine suscite, dans la multiplicité de ses dimensions que recense systématiquement le cinéma de Keaton : les intentions et les inventions (et la multitude des effets pervers qui en découlent), l'exploitation plus ou moins habile des

1. M. P. Montecchia, *Reportaje a Borges*, Buenos Aires, Ediciones Crisol, 1977, p. 11.

2. Par convention, j'utiliserai le nom pour désigner le réalisateur et le prénom pour désigner le personnage des films.

circonstances favorables et, plus souvent encore, les simples coups heureux ou malheureux du hasard.

Le visage de Buster n'est ni celui du Christ, ni celui du Bouddha – personne n'a d'ailleurs jamais tenté, faut-il le préciser, de tels rapprochements, même si certains commentateurs se sont aventurés du côté du Stoïcisme, sur la base d'une connaissance à l'évidence très limitée de celui-ci – en ce sens qu'il ne reflète jamais un seul sentiment de l'existence. En prenant appui sur l'autobiographie et les grands films de la maturité, je fais l'hypothèse que ce visage, dans ce qu'il a parfois d'inexpressif, est plutôt celui du bonheur – à la condition de donner à ce terme une signification proche de celle que lui donnait Voltaire. Le visage de l'homme heureux pourrait bien ne pas être particulièrement expressif – proche en cela de celui du chevalier de la foi de Kierkegaard[1] – s'il reflétait non pas une attitude ultime face à l'existence, mais un équilibre instable entre divers sentiments, obtenu de haute et moins haute lutte par l'action de l'individu en proie à un milieu hostile. Les idéaux américains de réussite individuelle et d'intégration dans une communauté ne sont jamais dénigrés dans le cinéma de Keaton – bien au contraire, puisqu'ils sont les motivations quasi exclusives de Buster : être reconnu dans son travail et fonder une famille – mais ils sont ramenés, comme l'est le sentiment de bonheur sur lequel la réussite et l'intégration débouchent, à la hauteur de l'homme démocratique, c'est-à-dire du « petit homme », dont Buster est définitivement une des meilleures images parmi celles que l'histoire du cinéma nous a léguées (avec celle, bien différente mais d'égale importance, de Charlot, le vagabond de Chaplin, plus rebelle que ne l'est Buster). Certes, le contexte dans lequel vivait Keaton n'est plus exactement celui des démocraties contemporaines, davantage marqué par les incertitudes et les doutes que par la lutte pour la survie, mais il n'est pas impossible de lire son œuvre cinématographique comme une invitation à composer les divers sentiments qui, bruyamment ou plus discrètement, sont aujourd'hui les nôtres.

Il vient d'être question, à propos du cinéma de Keaton, du sentiment de bonheur « à la hauteur de l'homme démocratique ». Une telle manière de parler introduit une dimension historique qui est bien peu présente aussi

1. J'ajoute, pour ceux qui frémiraient à nouveau à l'idée d'un tel rapprochement, qu'après avoir longuement réfléchi je ne vois pas d'autres rapports possibles entre Kierkegaard et Keaton.

bien chez Voltaire ou Carnap (pour qui les peines et les joies qui ponctuent notre existence dépendent essentiellement du destin individuel) que chez Kierkegaard ou Heidegger (chez qui les tonalités affectives fondamentales, les *Grundstimmungen*, même si elles s'inscriront, après *Être et Temps*, dans une histoire de l'oubli de l'être, ne dépendent pas des conjonctures empiriques). Le problème que met en images Keaton, par contre, est celui de composer un sentiment de bonheur dans le contexte particulier d'une société exigeant à la fois la réussite individuelle et l'intégration dans une communauté.

Qu'est-ce qu'être heureux *aujourd'hui*? Il n'est possible de poser cette question, comme le fait à sa manière Keaton, que si l'on accepte de considérer que, du point de vue de l'éthique, les *situations* historiques sont aussi importantes que cet ensemble de constantes de l'existence que Sartre a nommé *condition* de l'homme. La conclusion de cette étude tente de prolonger la conception du bonheur de Voltaire et Carnap, celle selon laquelle la tâche éthique consiste à composer des sentiments qui naissent aussi bien des constantes de l'existence (le fait d'être au monde et mortel) que des situations contingentes (une maladie, la perte d'un ami), en infléchissant l'analyse de ces situations de manière à rendre compte du caractère historique et collectif des affects qui, depuis quelques décennies, s'expriment dans l'espace public. En prenant appui sur le concept d'*incertitude* élaboré par Knight et Keynes, clairement distingué par les deux économistes britanniques du concept de *risque*, j'envisage l'hypothèse selon laquelle les sentiments publics dominants de notre époque (1) ont pour l'essentiel une origine cognitive, en ce qu'ils naissent de l'incompréhension que suscitent les multiples incertitudes auxquelles nous sommes confrontés[1]; (2) se laissent interpréter comme autant de déclinaisons de l'affect général de *doute* qui naît de cette incompréhension, ou comme des réactions à celui-ci (sous la forme, particulièrement, du fatalisme et du volontarisme); (3) confrontent l'éthique, dans l'acception du terme retenue dans cette étude (la recherche du bonheur), à l'impératif collectif de les composer en vue du bien commun.

1. P. Rosanvallon analyse finement les « épreuves de la vie » qu'il range dans la sous-catégorie des « épreuves de l'incertitude » (*Les épreuves de la vie. Comprendre autrement les Français*, Paris, Seuil, 2021).

première partie

trois concepts philosophiques de bonheur

chapitre premier
Voltaire critique de Pascal

Le ciel, en nous formant, mélangea notre vie
De désirs, de dégoûts, de raison, de folie,
De moments de plaisirs, et de jours de tourments :
De notre être imparfait voilà les éléments ;
Ils composent tout l'homme, ils forment son essence ;
Et Dieu nous pesa tous dans la même balance.

Voltaire, *Discours en vers sur l'homme* (1738)

Existe-t-il un (ou des) sentiment(s) de l'existence ?

Pascal, dans un texte célèbre des *Pensées*, affirme que la raison, définitivement impuissante à donner un quelconque sens à la condition humaine, doit commencer par s'effacer devant le sentiment d'effroi qui révèle l'existence à elle-même :

> En voyant l'aveuglement et la misère de l'homme, en regardant tout l'univers muet et l'homme sans lumière abandonné à lui-même, et comme égaré dans ce recoin de l'univers sans savoir qui l'y a mis, ce qu'il y est venu faire, ce qu'il deviendra en mourant, incapable de toute connaissance, j'entre en effroi comme un homme qu'on aurait porté endormi dans une île déserte et effroyable, et qui s'éveillerait sans connaître où il est et sans moyen d'en sortir.

Mais ce sentiment, celui de notre misère – qui est aussi, parce que nous sommes conscients de celle-ci, celui de notre grandeur – est si rare parmi les hommes, qu'il suscite immédiatement chez Pascal un autre sentiment, ironique celui-là : « Et sur cela j'admire comment on n'entre point en désespoir d'un si misérable état ».

Notre situation, aujourd'hui, est bien différente. Étrangement, alors même que la religion a régressé dans notre culture, un tel effroi, qui pour Pascal était le premier pas vers la foi, a acquis, comme d'autres sentiments apparentés, le statut d'évidence, tant pour la philosophie – ou plutôt une certaine philosophie – que pour le sens commun – ou plutôt un certain sens commun. La littérature a popularisé l'idée qu'il existerait des sentiments spécifiques (l'angoisse ou l'ennui, mais aussi bien l'étonnement ou la joie) qui seraient « existentiels » en ce qu'ils révéleraient non tel ou tel objet du monde mais notre présence au monde.

La question se pose cependant de savoir s'il convient de distinguer les *objets du monde* du *monde lui-même* et, parallèlement, les émotions que suscitent ces objets, celles que les philosophes nomment *ontiques* (la peur, par exemple) et les sentiments *ontologiques* que ferait naître la présence au monde (l'angoisse, par exemple). De telles distinctions peuvent en effet éveiller légitimement la méfiance. Il existerait des sentiments vulgaires et des sentiments nobles (l'angoisse, la nausée, l'ennui, etc.), un affairement auprès des objets et une contemplation du monde, et sans doute, parallèlement, un peuple diverti (Pascal) ou calculant (Heidegger) et une élite sentant et méditant sa présence au monde.

Cette question fera l'objet du chapitre III de cet essai, consacré aux philosophes qui, au XXe siècle, ont affirmé que ces distinctions sont pertinentes (Heidegger, le premier Wittgenstein) ou dénuées de sens (Carnap). Ce serait toutefois une erreur de considérer que les termes de ce débat n'ont été formulés explicitement qu'au XXe siècle. La critique des *Pensées* à laquelle se livre Voltaire s'inscrit en effet dans un système de questions qui est commun, au-delà de la diversité des réponses qu'il suscite, à des penseurs comme Pascal, Heidegger et le premier Wittgenstein, et tout aussi bien à ceux qui, comme Carnap et ses prédécesseurs, nient l'idée de cette affectivité qui, en tant que condition de possibilité de tout rapport aux objets du monde, est *transcendantale*, au sens que Kant donnait à ce mot.

La célèbre conférence de Heidegger, *Qu'est-ce que la métaphysique ?* (1929), dont il sera question plus précisément au chapitre III, peut aider à mettre en évidence les quatre questions qui constituent le cadre de ce débat sur l'affectivité transcendantale.

1) Existe-t-il des sentiments susceptibles de révéler une vérité distincte de celles qui nous font connaître, par l'expérience et par la raison, les objets du monde ? On sait que Heidegger répond positivement à cette question, en affirmant dans sa conférence que l'angoisse (ou, dans des textes plus tardifs, la sérénité) met l'homme en présence du monde, c'est-à-dire de la dimension où paraît tout ce qui est.
2) Au-delà de ces sentiments, un discours visant une telle dimension est-il possible ? Ou plutôt, puisque la conférence parle et écrit au sujet de l'angoisse, comment un tel discours est-il possible ? La réponse de Heidegger est connue : un discours sensé relatif à ce qui se révèle dans ce sentiment, c'est-à-dire « l'étant dans son ensemble », est possible – celui qu'à cette époque il nomme encore *métaphysique*.
3) Quelle signification convient-il de conférer à l'idée, étroitement liée à celle de sentiment de l'existence, d'une conscience qui serait distincte de la représentation, qui échapperait à la dualité de l'objet et du sujet constitutive de celle-ci ? À cette question, Heidegger répond en affirmant que par le sentiment de l'existence, et le discours qu'il rend possible, l'humain accède à une *présence sans distance* au monde et à soi-même, à la conscience de lui-même comme existant (*Dasein*).
4) Faut-il, pour articuler le discours visant une telle dimension, celui qui nous livre accès au monde et à nous-mêmes comme existants, dépasser le discours logique (celui qu'Aristote nommait *logos apophantikos*) vers un langage illogique et poétique (*apophatique*) ? Heidegger répond positivement à cette question, en affirmant qu'un tel discours illogique doit détrôner l'entendement de sa prétention à se constituer en « suprême instance ».

Est-il possible de récuser un tel concept de *sentiment de l'existence* et l'ensemble des thèses qui en sont inséparables (il existe un discours métaphysique, nécessairement apophatique, par lequel l'homme accède à la conscience de soi) ? La conférence de Heidegger met en place un procédé redoutable, qui disqualifie tout discours adverse, avant même que celui-ci ait été examiné précisément et que son argumentation ait été soigneusement réfutée. Celui pour qui l'angoisse n'a pas à être distinguée de la peur tombe, aux yeux de Heidegger, du côté de l'oubli de la différence entre la représentation des objets et la présence au monde (la « différence ontologique ») et son attitude n'est que le témoignage de l'inévitable chute (*Verfallen*) par laquelle le *Dasein* se masque son être-au-monde. On ne pourrait donc que croire récuser l'idée de sentiment de l'existence, soit parce que l'on n'a pas vraiment accédé à l'angoisse et à la pensée de la différence ontologique, soit parce qu'on y a accédé et que l'on s'en défend – ce qui revient au même.

La *Vingt-cinquième lettre philosophique* que Voltaire consacre à Pascal, où il déclare « avoir cru apercevoir quelques erreurs d'inattention dans ce grand génie », peut pourtant être lue comme un refus explicite et argumenté de l'idée d'affectivité transcendantale[1]. Même si ce refus n'est pas motivé d'une manière aussi précise que le sera celui de Carnap, il n'en demeure pas moins qu'en établissant l'affectivité comme une sphère autonome, où prennent naissance des questions d'un ordre irréductible à celui de la connaissance, il relève d'une tout autre approche que celle de Heidegger. Corrélativement, le concept de bonheur qu'il met en place se distingue de toute conception du bonheur comme « meilleur état de choses concevable », qu'il s'agisse du salut chrétien ou, plus largement, de toute félicité sur laquelle pourrait déboucher une métaphysique de l'existence (à l'instar de la sérénité heideggérienne).

1) Des sentiments, la lettre affirme à la fois qu'ils sont irréductiblement divers (les hommes sont « tantôt abattus de tristesse, tantôt enflés de présomption ») et qu'aucun d'entre eux ne peut prétendre à un statut privilégié. Il est donc vain de chercher à les ordonner, comme le fait Pascal, autour des tonalités dominantes que sont les sentiments de notre misère et de notre grandeur : « cette prétendue duplicité de l'homme est une idée aussi absurde que métaphysique ».
Ce refus d'appréhender l'existence comme un tout dans une tonalité affective unique est constant dans l'œuvre de Voltaire[2]. L'envoyé du génie Ituriel, constatant que la société de Persépolis est irrémédiablement mêlée (vice et vertu y coexistent et passent l'un dans l'autre), renonce à rédiger le rapport qui devait décider du sort de la ville. Babouc, plutôt que de juger le

1. Voltaire, *Lettres philosophiques*, Paris, Garnier-Flammarion, 1964. Le texte de la lettre étant court, les références des citations seront ici omises, par souci d'allègement.

2. « Que de nuances dans nos affections! » (*Dictionnaire philosophique*, Paris, Garnier, 1973, p. 18)1.

monde, préfère visiblement s'éprendre d'une de ses parties, la belle Téone[1]. Le message qu'il fait parvenir à son maître – une statue composée des métaux les plus nobles et des plus viles terres – convainc Ituriel de sortir de l'alternative du Jugement dernier. Renonçant à sauver ou détruire la ville, il décide de « laisser aller le monde comme il va ». Le refus de compter, de dresser un bilan en vue de déterminer la valeur finale et absolue de l'existence, caractérise la conception voltairienne du bonheur. Il n'y a pas de sens à dire que *tout est bien* ou que *tout est mal*, parce que pas de moyen, en matière de plaisirs et de peines, de se situer du point de vue du tout : « le souverain bien et le souverain mal sont des chimères »[2]. Le préalable à toute recherche du bonheur est donc le rejet de la notion de souverain bien (et de ce qui en est le corrélat, l'idée d'une totalité des affects qui serait davantage que la somme de ses parties) : « tu seras assez heureux, pourvu que tu ne fasses jamais le sot projet d'être parfaitement sage »[3].

Sur ce point, la leçon de *Candide* est plus claire encore. Les vicissitudes de la fortune dispersent de manière irrémédiable les sentiments et les discours sur le sens de l'existence qu'elles suscitent. Chacun des compagnons de Candide, à la fin du conte, développe une humeur : l'un maudit la destinée, l'autre érige le pessimisme en système mais prend son sort en patience, etc. Aucun calcul ne peut équilibrer ces tonalités et mettre fin aux discours de l'optimisme et du pessimisme : « ces spectacles faisaient redoubler les dissertations… ». Quand les paroles cessent, c'est par lassitude devant le constat que tout discours est ruiné par celui qui suit. Et loin d'ouvrir sur un ultime sentiment du monde, cette fin de la parole, qui ne parvient pas à un jugement dernier, ne fait naître une nouvelle tonalité (l'ennui) que pour relancer des questions qui resteront sans réponses. L'idée d'une suspension du jugement en matière d'éthique, celle de l'absence d'un Jugement Dernier sur la valeur de l'existence comme totalité, est ce sur quoi conclut le conte. C'est la leçon du derviche : il faut se taire, et agir. Cultiver son jardin est la seule manière de mettre fin à la fuite infinie du discours. L'admirable dernière page, où Voltaire tarde à conclure, relance par trois fois le discours de Pangloss, comme si le plus difficile était de

1. Voltaire, *Le monde comme il va*, dans *Romans et contes*, Paris, GF-Flammarion, 1966. S'agissant des contes, les références des citations sont omises, par souci d'allègement.

2. Voltaire, *Dictionnaire philosophique*, p. 53.

3. Voltaire, *Memmon*, dans *Romans et contes*.

faire silence. Si travailler sans raisonner est bien le seul moyen de rendre la vie *supportable*, une telle tranquillité ne peut que se conquérir de haute lutte contre le discours de la métaphysique (il est à remarquer que Voltaire, en 1777, à la fin de sa vie, à l'occasion d'une nouvelle édition des *Pensées* de Pascal, reprend dans ses annotations en marge le débat commencé un demi-siècle plus tôt, comme s'il ne parvenait pas à mettre le point final). Cette tranquillité et ce mutisme ne signifient pas la fin du penser et du sentir mais le refus de dresser un bilan (d'entrer dans les polémiques métaphysiques) et de s'arrêter à *un* sentiment du monde.

Il existe donc bien, chez Voltaire, une volonté délibérée, en réaction contre Pascal, de restreindre la portée de la vie affective, ou plutôt de ne pas la laisser se développer en un discours qui érigerait le sentiment en révélateur de l'existence et de sa valeur. C'est en ce sens que peuvent être compris les multiples textes qui semblent limiter la sphère de l'affectivité, en l'opposant à la raison (à Pascal, pour qui « tout notre raisonnement se réduit à céder au sentiment », Voltaire réplique que « notre raisonnement se réduit à céder au sentiment en fait de goût, non en fait de science »).

On montrerait facilement qu'un tel sentiment, opposé à la raison, est toujours celui qui prétend livrer la conscience ultime de l'existence. Le refus de donner au sentiment une valeur ontologique ne procède donc pas, chez Voltaire, d'une méconnaissance de l'étendue et des pouvoirs de la sensibilité, mais d'un souci de rester fidèle à la diversité irréductible de la vie affective et d'une volonté de penser le bonheur à l'intérieur de cette diversité, non pas comme l'accès à une tonalité dernière, en laquelle consisterait le souverain bien, mais comme la construction de cet ensemble d'impressions que Voltaire nomme le *supportable*. Le contraste avec les problématiques de Heidegger et du premier Wittgenstein est net. Chez l'un comme chez l'autre, nous aurons l'occasion de le voir plus amplement, la promotion de tel ou tel sentiment à la dignité de tonalité ontologique n'est en effet pas séparable d'une interrogation sur le salut. Il ne serait pas difficile de le montrer dans le cas de Heidegger (l'exhortation finale de la conférence marque bien qu'il y va, dans la reconnaissance ou l'occultation de l'angoisse, non seulement de la présence à soi du *Dasein*, mais du sens même de son existence). Quant à Wittgenstein, les tonalités affectives dont fait état la *Conférence sur l'éthique* (en particulier la deuxième, le sentiment d'être en sécurité absolue) relèvent à l'évidence d'une problématique du salut. La perspective de Voltaire s'inscrit en rupture avec cette tradition, même si la question demeure de savoir si le *supportable* n'est pas finalement une tonalité affective dominante, si la différence de niveau dans la sphère de l'affectivité n'est pas subrepticement réintroduite, et avec elle le concept de totalité. Il y a là une réelle difficulté, que seule une élaboration plus précise que celle de Voltaire pourrait écarter. Nous explorerons, en guise de conclusion de ce chapitre, la question de savoir si le *supportable* est une tonalité de deuxième degré, et si c'est le cas comment elle s'articule avec les multiples tonalités de premier degré.

2) Les sentiments naissent, selon Voltaire, de la *situation* dans laquelle nous sommes. L'homme, dans les *Lettres philosophiques*, n'est pas « au monde », comme chez Pascal ou Heidegger, mais ici ou là dans le monde. La réponse à la célèbre pensée pascalienne sur l'homme perdu « dans ce recoin de l'univers » ne laisse pas de doute à ce sujet :

> Je suis ici comme vous m'y avez laissé, ni plus gai, ni plus triste (...) pour moi, quand je regarde Paris ou Londres, je ne vois aucune raison pour entrer dans ce désespoir dont parle M. Pascal ; je vois une ville qui ne ressemble en rien à une île déserte, mais peuplée, opulente, policée, et où les hommes sont heureux autant que la nature humaine le comporte.

Le contresens apparent et ironique masque un réel déplacement. L'île déserte et effroyable n'est pas pour Pascal une partie du tout, elle est la métaphore de celui-ci. Mais Voltaire change de terrain délibérément, substitue l'ontique à l'ontologique. Renonçant à se situer au niveau de la totalité, il n'envisage que la partie : cette ville-ci.

Le rejet du sentiment du désespoir et celui de la notion pascalienne de *monde* ne sont donc pas dissociables chez Voltaire. On le vérifierait dans *Micromégas*, où le géant refuse de parler de l'univers comme *un tout* (et aussi, on le verra, de l'univers *comme* un tout) : le discours sur la totalité ennuie Micromégas, qui veut qu'on l'instruise sur le nombre des sens possédés par les humains. Ou encore, dans *Zadig*, le point de vue sur le tout (et les sentiments sublimes qui en sont inséparables) perd son privilège, à partir du moment où il n'est pensé que comme l'une des possibilités de la vision, celle du plus grand angle (il suffit de réduire l'angle de la lunette pour retrouver les humains, leurs biens et leurs maux : « l'univers disparaissait à ses yeux, et il ne voyait dans la nature entière qu'Astarté mourante et Zadig infortuné »). Dans ces textes, où l'instinct anti-métaphysique de Voltaire l'emporte souvent sur les raisonnements en bonne et due forme, se dessine pourtant clairement l'idée selon laquelle la totalité n'est jamais que la plus grande des parties. Le rejet du concept de néant en découle : puisque la vision du monde comme un tout ne prend sens que par rapport au fond sur lequel ce tout surgit (le chaos, le néant de la théologie chrétienne, ou encore chez Heidegger le néant vécu dans l'angoisse, sur lequel s'arrache l'être) c'est logiquement que Voltaire refuse de conférer un quelconque sens au mot *néant* (le § XIV *du Philosophe ignorant* qualifie les notions de néant et de chaos de « lueurs trompeuses de la raison », et le paragraphe XX affirme que « ma conception, toute pusillanime qu'elle est, a la force d'atteindre à l'être nécessaire existant par lui-même, et n'a pas la force de concevoir le néant »[1]).

Voltaire, qui n'est pas Kant, Nietzsche ou Russell, ne va pas au-delà, ne travaille pas davantage le concept de totalité. Il se contente de faire passer la partie avant le tout, l'étant avant l'être, la créature avant la création. À Pascal, pour qui s'il y a un Dieu il ne faut aimer que lui et non les créatures, il rétorque qu'il faut aimer, et très tendrement, les créatures, orientant ainsi le désir vers l'extériorité : « Celui-là est actuellement heureux qui a du plaisir, et ce plaisir ne peut venir que du dehors ».

On ne s'étonnera donc pas de constater que Voltaire abandonne la notion pascalienne d'énigme, c'est-à-dire de question en direction de la présence au monde pris comme totalité. L'existence n'est pas une énigme. À Pascal, pour qui nous sommes incompréhensibles à nous-mêmes, il réplique que « l'homme n'est point une énigme, comme vous vous le figurez, pour avoir le plaisir de la deviner » et récuse l'idée des deux ignorances. Celle des « grandes âmes », qui découvrent qu'elles ne savent rien, n'en est pas une : il est bien vrai que nous ne connaissons pas, ou pas encore, les principes, mais cela ne remet pas en cause l'édifice du savoir.

3) Le rejet de la notion d'univers est inséparable, chez Voltaire, de la méfiance à l'égard de celle de conscience de soi. Pascal affirme que rien ne peut nous consoler quand « nous ne voyons que nous ». Voltaire réplique en récusant l'expression :

1. Voltaire, *Mélanges*, « Bibliothèque de la Pléiade », Paris, Gallimard, 1965, p. 889-890.

> Ce mot *ne voir que nous* ne forme aucun sens.
> Qu'est-ce qu'un homme qui n'agirait point, et qui est supposé se contempler ? (...) je dis que cet homme ne peut exister : car que contemplerait-il ? son corps, ses pieds, ses mains, ses cinq sens (...). Resterait-il à contempler sa faculté de penser ? Mais il ne peut contempler sa faculté qu'en l'exerçant. Ou il ne pensera à rien, ou bien il pensera aux idées qui lui sont déjà venues, ou il en composera de nouvelles : or il ne peut avoir d'idées que du dehors.
> Il est impossible à la nature humaine de rester dans cet engourdissement imaginaire (...) L'homme est né pour l'action (...). N'être point occupé et n'exister pas est la même chose pour l'homme.
> Notre condition est précisément de penser aux objets extérieurs, avec lesquels nous avons un rapport nécessaire. Il est faux qu'on puisse divertir un homme de penser à la condition humaine ; car à quelque chose qu'il applique son esprit, il l'applique à quelque chose de lié nécessairement à la condition humaine...

Le thème, inséré dans un réseau conceptuel inspiré de l'*Essai sur l'entendement humain*, est évidemment lockien. La *Treizième lettre*, moins originale que celle consacrée à Pascal, se contente de rejeter toute possibilité de connaître la nature de l'âme[1]. Les métaphysiciens, ces « raisonneurs ayant fait le roman de l'âme », sont opposés à celui qui, à la manière de l'anatomiste expliquant les ressorts du corps humain, « en a fait modestement l'histoire ». La conscience de soi est réduite à celle des multiples idées qui se succèdent en l'esprit. Mais déjà Voltaire y oppose l'agir et le connaître, en prenant appui sur l'idée lockienne de l'âme comme *pouvoir*[2] : l'âme est « une horloge qu'on nous a donnée à gouverner; mais l'ouvrier ne nous a pas dit de quoi le ressort de cette horloge est composé »[3]. Cette perspective devient centrale dans la lettre sur Pascal, qui accentue l'idée de Locke en affirmant que penser et se penser sont des actes incompatibles, aussi incompatibles que le sont l'homme et Dieu, ou la vie et la mort. Seul Dieu se connaît lui-même, dit l'article *Âme* du *Dictionnaire philosophique*; et les dernières annotations des *Pensées* reprendront l'idée que la conscience de soi divine, la présence à soi, est la négation de toute pensée, et à la limite la mort même :

1. *Cf.* aussi l'article « Âme » du *Dictionnaire philosophique*.
2. Nous connaissons notre âme, pour Locke, non pas comme une substance mais comme ces deux pouvoirs (ou actions) que sont l'entendement et la volonté (*Essai sur l'entendement humain*, vol. 1, Livre I, chap. 21, trad. fr. J.-M. Vienne, Paris, Vrin, 2001).
3. Voltaire, *Lettres philosophiques*, *Treizième lettre*, p. 86.

> Un roi qui se recueille pour penser est alors très occupé ; mais s'il n'arrêtait sa pensée que sur soi en disant à soi-même : « Je règne » et rien de plus, ce serait un idiot.

Sentir n'est donc pas se connaître. La non-présence à soi est même ce qui, chez Voltaire, rend possible la multiplicité des sentiments. Le paragraphe XI du *Philosophe ignorant* affirme qu'un être qui se connaîtrait, qui serait présent à lui-même, pourrait prévoir tous ses sentiments et ainsi les diriger par sa volonté ; mais, de ce fait, devenant ainsi le « dieu de soi-même », il ne sentirait plus[1].

Le phénoménologue ne manquera pas d'affirmer que ces textes témoignent seulement de la cécité de Voltaire relativement aux problèmes philosophiques que suscite l'idée de présence à soi. Le même argument pourrait être avancé en rapport avec les deux points précédents : incapable de penser le concept de monde, Voltaire, à l'instar de l'athée de Pascal, serait également insensible à l'angoisse ou à l'émerveillement[2]. Mais ce serait oublier que Voltaire rejette des sentiments et des concepts qu'il présente par ailleurs, constamment, comme des tentations auxquelles il est difficile d'échapper (*Candide* montre à quel point on ne renonce pas facilement à parler de la totalité). S'agissant du projet de se connaître, Voltaire est sans cesse tenté de lui donner un sens, certes non sans ironie. De l'article *Âme* du *Dictionnaire philosophique* (« Ce serait une belle chose que de voir son âme. Connais-toi toi-même est un excellent précepte, mais il n'appartient qu'à Dieu de le mettre en pratique : quel autre que lui peut connaître son essence ? ») à *L'homme aux quarante écus*, écrit plus de quarante ans après la lettre sur Pascal, ce désir est omniprésent : « Je pense, et je voudrais connaître un peu…là…toucher au doigt ma pensée. Cela doit être fort curieux ».

C'est donc délibérément que Voltaire oppose à l'idée d'auto-connaissance de l'âme celle de la pensée en action (qui éclaire la fin de *Candide* : travailler sans raisonner, cela doit s'entendre aussi dans le sens de penser sans penser la pensée) et, plus largement, celle de l'action (« ce Dieu t'a donné l'entendement pour te bien conduire, et non pour pénétrer dans

1. Voltaire, *Mélanges*, p. 884-885.

2. Pascal, *Pensée* 194 (numérotation Brunschvicg) : « c'est une chose monstrueuse de voir dans un même cœur et en même temps cette sensibilité pour les moindres choses et cette étrange insensibilité pour les plus grandes ».

l'essence des choses qu'il a créées » dit l'article *Âme*), en s'inscrivant dans une tradition philosophique ancienne (celle du scepticisme, celui de Montaigne par exemple). On le voit, le renversement apparent des propositions pascaliennes (le divertissement, par exemple, est désormais pensé comme l'essence de l'homme et l'instrument de son bonheur – et l'inaction comme ennui et mort : « je ne sais pas ce que nos premiers pères faisaient dans le paradis terrestre; mais si chacun d'eux n'avait pensé qu'à soi, l'existence du genre humain était bien hasardée ») masque en fait une transformation profonde des concepts et la mise en place de nouveaux jeux d'opposition (où le concept de l'agir, de la pensée en acte et au travail, joue un rôle fondamental)[1].

4) La question de la métaphore est un enjeu essentiel de la lettre sur Pascal. Pour parler de l'univers, il faut recourir à la métaphore, c'est-à-dire accepter un emploi particulier des termes ontiques, ceux qui désignent des objets (l'île, chez Pascal). Voltaire, avec une grande finesse, repère chez Pascal ce procédé qui seul rend possible la métaphysique comme discours sur la totalité – un procédé qu'il nomme *comparaison* et qui n'est rangé ici sous le terme générique et vague de métaphore que pour ne pas le rabattre sur une figure rhétorique connue (la métonymie). La partie ne parvient en effet à signifier le tout, chez Pascal, que si elle a été d'abord subrepticement isolée de l'ensemble des autres parties de telle sorte qu'elle n'est plus vraiment une partie. L'île déserte et effroyable dans laquelle l'homme endormi a été transporté n'est plus, à proprement parler, une île, puisqu'elle est, selon les termes de Pascal, « sans moyen d'en sortir ». Cette fiction préalable, passablement problématique – car avec Wittgenstein on pourrait faire remarquer que les habitants d'une telle île, privés du contraste avec un extérieur, ne pourraient jamais avoir l'idée qu'ils n'ont pas de moyen d'en sortir – distingue le procédé de Pascal de la métaphore telle qu'elle est traditionnellement comprise en rhétorique (comme lorsque Hugo parle de la lune comme d'une faucille). Soit la célèbre image des hommes enchaînés attendant leur exécution, par laquelle Pascal pense la condition humaine :

1. *Cf.* la *Vingt et unième lettre*, dans laquelle Voltaire cite le comte de Rochester : « qu'y peut-il faire ? Il pense. Non, tu ne penses point, misérable, tu dors ; Inutile à la terre et mis au rang des morts ; Ton esprit énervé croupit dans la mollesse. Réveille-toi, sois homme, et sors de ton ivresse. L'homme est né pour agir et tu prétends penser ».

« cette comparaison assurément n'est pas juste : des malheureux enchaînés qu'on égorge l'un après l'autre, sont malheureux non seulement parce qu'ils souffrent, mais encore parce qu'ils éprouvent ce que les autres hommes ne souffrent pas ». Les mortels, eux, ne disposent d'aucun contraste possible. Il s'ensuit que la comparaison « n'est preuve ni en poésie ni en prose; elle sert en poésie d'embellissement, et en prose elle sert à éclaircir et à rendre les choses plus sensibles ». Ce rejet de la métaphore va bien au-delà, chez Voltaire, de la critique des théories théologiques de l'analogie. Elle ne vise pas tant des manières illégitimes de parler de Dieu que les discours qui prétendent exhiber, dans un langage illogique, les conditions de possibilité de toutes choses, l'*a priori*, c'est-à-dire ce dont il n'y a aucun contraste (l'être, l'espace, le temps, etc.). De tels discours sont condamnés, pour Voltaire, à la tautologie ou au paradoxe. À la tautologie, comme dans *Micromégas*, où le géant refuse de parler de la nature *comme*... et finit par conclure que « la nature est comme la nature ». Au paradoxe, comme dans *Zadig*, où il apparaît que le temps est une énigme, non plus au sens que la métaphysique donne à ce mot, mais parce que l'on peut tout dire de lui : qu'il est ce qu'il y a de plus long, mais aussi de plus court, de plus lent, mais aussi de plus rapide, de plus étendu et de moins étendu, de plus négligé et de moins négligé par les hommes, etc.[1]. Tautologie et paradoxe sont donc des possibilités du langage dont Voltaire a clairement conscience, et dans lesquelles il voit le prix que doit payer toute tentative de dire l'*a priori* (le temps, par exemple) avec les mots que nous utilisons pour parler des choses (qui sont dans le temps). En rejetant tout discours apophatique, Voltaire refuse de payer un tel prix. S'il n'investit le paradoxe et la tautologie d'aucune valeur révélatrice, c'est parce qu'il existe à ses yeux des hypothèses plus simples que celles qu'avancent les philosophes qui tentent de saisir ce qu'il nomme les *principes*. Le discours apophatique met simplement en évidence le fait qu'aux questions du type *qu'est-ce que le temps?* il n'y a rien à répondre (ce qui est peut-être insuffisant, mais ouvre la voie à une analyse de la pertinence de ce type de questions). Et lorsqu'un tel discours excède cette fonction, c'est qu'il est devenu un procédé politique. Voltaire, comme le fait Hume, reconduit en effet le recours au paradoxe révélateur à sa dimension rhétorique : « il faut qu'il ait bien raison, puisqu'il débite des

1. Dans un chapitre du conte intitulé *Les énigmes*.

choses si étranges »[1]. Il convient alors, au nom de la vérité, de rétablir un silence qui n'est plus le signe de la présence d'un indicible. Ce n'est pas le langage, fût-il apophatique ou prolixement silencieux, qui vient mettre fin au vertige de l'énigme, mais l'action.

Même s'il faut se garder, en lisant les traités philosophiques de Voltaire et, *a fortiori*, ses contes philosophiques, de ramener trop rapidement sa conception du bonheur à un système parfaitement cohérent, il est clair que, pour reprendre la distinction de Moore, il rejette l'idée d'un « meilleur état de choses concevable » au profit du « meilleur état de choses possible dans ce monde ». Le *Dictionnaire philosophique*, à l'article *Bien (Souverain Bien)*, déclare sans ambiguïté que la notion de *souverain bien* est dépourvue de sens (« autant aurait-il valu demander ce qu'est le souverain bleu, ou le souverain ragoût ») car un extrême délice durant toute une vie, tout comme un extrême tourment, anéantirait toute conscience. Dans ses contes (*Memnon*, *Lettre d'un turc*), Voltaire rapporte souvent l'*hybris* du désir de bonheur absolu à un abus de langage. Il est aussi tout impossible d'être parfaitement heureux que parfaitement sage, habile, puissant ou riche. Rien, dans la vie humaine, ne peut atteindre cet état illusoire et contradictoire qu'est l'extrémité.

Il n'en demeure pas moins que le scepticisme de Voltaire, l'affirmation constante selon laquelle il est impossible d'atteindre, en matière de connaissance, ces extrémités que sont les *principes*, ne fait pas taire totalement l'inquiétude qui en est inséparable. Voltaire hésite fréquemment entre la récusation des réponses, qui laisse subsister les questions et l'inquiétude métaphysique, et la récusation des questions, qui devrait faire disparaître celle-ci. La question de Job (qui fait une allusion claire à l'île déserte et effroyable de Pascal) est clairement rejetée du côté du non-sens, dans le *Dictionnaire philosophique* (article *Job*) : « il est vrai que tu ne sais ce que tu dis quand tu t'écris "Mon Dieu, suis-je une mer ou une baleine pour avoir été enfermé par vous comme dans une prison" ». Mais d'autres textes insistent plutôt sur la vanité de la réponse et sur l'impossibilité d'éteindre des sentiments qui, dans leur formulation, ne sont pas très éloignés de l'effroi pascalien. Certes, nous ne connaîtrons jamais « le bout des choses »,

1. Annotations sur les *Pensées* de Pascal, *Lettres philosophiques*, p. 276.

comme le dit *Micromégas*, mais le désir de le connaître ne disparaît pas aussi facilement : « il nous reste encore je ne sais quel désir vague, je ne sais quelle inquiétude, qui nous avertit sans cesse que nous sommes peu de chose, et qu'il y a des êtres beaucoup plus parfaits ». Les êtres mortels, aussi puissants qu'ils soient, ont « plus de désirs que de vrais besoins, et plus de besoins que de satisfactions ». Nombreux sont les textes de Voltaire, en particulier parmi les plus tardifs, où le scepticisme se conjugue à l'inquiétude : « cet état porte dans mon âme tant d'humiliation et de dégoût que la vie m'est insupportable » (*Histoire d'un bon bramin*). Le scepticisme débouche sur le silence, mais il n'est jamais facile de réprimer les questions métaphysiques : « il faut répondre ; je n'ai rien de bon à dire, je parle beaucoup, et je demeure confus et honteux de moi-même après avoir parlé » ; « je suis prêt quelquefois de tomber dans le désespoir, quand je songe qu'après toutes mes recherches, je ne sais ni d'où je viens, ni ce que je suis, ni où j'irai, ni ce que je deviendrai ».

La raison, au sens que Kant donne à ce mot en l'opposant à l'entendement par lequel nous connaissons scientifiquement les phénomènes, parle encore même quand elle n'a plus rien à dire. Cela ne va pas sans conséquences quant à la conception voltairienne du bonheur. À chacune des réponses aux questions principielles correspond en effet un sentiment que l'on pourrait qualifier de métaphysique (cela apparaît de manière particulièrement claire dans Candide : l'optimisme de Pangloss-Leibniz, le pessimisme de Martin-Pascal, etc.). Lorsque le sceptique Candide-Bayle coupe la parole aux métaphysiciens, nous sommes certes ramenés à des problèmes d'une autre nature, des questions métaphysiques (au sujet du monde) aux questions physiques et morales (au sujet des objets du monde) et, corrélativement, à des sentiments d'un genre différent, mondains et non métaphysiques, ceux qui naissent en l'homme lorsqu'il fait face à ces problèmes. On l'a vu, le *supportable*, ou encore ce que Voltaire nomme le *passable*, est le sentiment de second degré qui naît de l'accord, toujours instable et incertain, entre ces sentiments de premier degré. Il n'en demeure pas moins que chez Voltaire, dans certains textes du moins, l'unité de ce sentiment fait problème. Lorsque les questions métaphysiques peinent à se résorber dans le silence, les sentiments métaphysiques font en effet encore entendre leur voix.

Mais il n'est pas facile de savoir *où*, pour Voltaire, ils font entendre cette voix. Deux solutions sont en effet possibles et, faute d'avoir posé ce problème, Voltaire les met souvent en œuvre simultanément, ou successivement (les derniers textes témoignent d'une sorte de retour des inquiétudes métaphysiques[1]).

Illustrons la première solution : ce serait celle d'un homme qui, raisonnablement heureux à la fin de sa vie, considérant que, tout compte fait, elle a été supportable, ne parvient pas à faire taire les questions métaphysiques qui le tourmentent. Cette situation est celle du « bon bramin », dont le narrateur dit que « plus il avait de lumières dans son entendement et de sensibilité dans son cœur, plus il était malheureux » (*Histoire d'un bon bramin*). Il est clair que pour le bramin l'unité du supportable ne tient plus : *à côté* de ce sentiment, il en existe un ou plusieurs autres, qui ont leur origine dans la résistance de la raison métaphysique : « si nous faisons cas du bonheur, nous faisons encore plus de cas de la raison ».

La deuxième solution consisterait à nier cette différence de nature entre le bonheur et la raison. Illustrons-la par celle d'un homme pour qui la vie, tout compte fait, a été supportable, cela parce qu'il a fait figurer *dans* le compte global, et non *à côté* de lui, la douleur métaphysique d'avoir à renoncer à répondre à des questions qui, pour lui et malgré lui, continuent à se poser. Cette douleur, Voltaire n'en nie jamais l'existence. Le scepticisme est l'apprentissage du silence, mais cela ne signifie pas que ce silence soit dénué d'affects : « Oui, je l'avoue très humblement et très douloureusement; je ne puis connaître leur substance [celle des choses et des êtres pensants], je ne puis savoir comment se forme ma pensée, je ne puis imaginer comment Dieu est fait : je suis un ignorant » (*Dialogues d'Évhémère*). Mais pourquoi cet affect devrait-il figurer à côté des affects mondains? Le bon bramin, « après y avoir réfléchi », affirme que « préférer la raison à la félicité, c'est être très insensé ». Il considère, en d'autres termes, que la recherche rationnelle

1. C'est particulièrement le cas du *Philosophe ignorant* (1766). Le ton y est souvent pascalien : « nous sommes tous dans la même ignorance des premiers principes où nous étions dans notre berceau »; « il nous vient quelquefois des envies de savoir comment nous pensons, quoiqu'il nous prenne rarement l'envie de savoir comment nous digérons, comment nous marchons. J'ai interrogé ma raison; je lui ai demandé ce qu'elle est? Cette question l'a toujours confondue »; « Mais, malgré ce désespoir, je ne laisse pas de désirer d'être instruit, et ma curiosité trompée est toujours insatiable »; « ainsi arrêtés dès le premier pas, et nous repliant vainement sur nous-mêmes, nous sommes effrayés de nous chercher toujours, et de ne nous trouver jamais ».

est au même niveau que la recherche du bonheur, tout comme le sont les sentiments que font naître l'une et l'autre activité. Le *supportable*, dans cette seconde solution, inclut les sentiments métaphysiques.

Il n'est pas certain, cependant, qu'une telle solution puisse résoudre le problème de manière totalement satisfaisante. Car celui-ci pourrait se poser à nouveau, à un autre niveau. Il y a en effet deux manières d'interpréter le sentiment du *supportable*, tel qu'il vient d'être défini. On pourrait considérer qu'il est un sentiment de second degré, celui qui émerge du *mélange* – pour employer un terme que Voltaire affectionne – des sentiments de premier degré multiples et contradictoires (parmi lesquels figureraient les sentiments métaphysiques)[1]. Mais ce sentiment de second degré fait-il disparaître les sentiments de premier degré à partir desquels il émerge ou les laisse-t-il subsister ? Dans le dernier cas, s'il coexiste avec eux, *à côté* d'eux, il réintègre inévitablement la sphère des sentiments de premier degré, composant ainsi un mélange dont il fait partie[2]. Mais cela implique qu'un nouveau sentiment, de second degré, doit émerger, celui correspondant à un tel mélange. On le comprend, la fuite à l'infini guette évidemment un tel raisonnement, car le nouveau sentiment de second degré peut à son tour réintégrer la sphère des sentiments de premier degré pour composer un nouveau mélange. Et il est clair qu'il serait vain de tenter de s'en sortir en acceptant cette fuite à l'infini et en se demandant quelle tonalité affective elle fait naître. Car celle-ci pourrait à son tour entrer à titre d'élément dans le mélange des sentiments. Il en résulterait que le concept de « meilleur état de choses possible dans ce monde », et pas seulement de « meilleur état de choses concevable », est dénué de signification. Certains personnages des contes de Voltaire sont parfois tentés d'aller dans ce sens, en constatant l'irréductible multiplicité des sentiments du monde : « je vois là une foule d'incompatibilités que je ne puis concilier », « je commence à soupçonner que ce monde-ci subsiste de contradictions » (*Le taureau blanc*).

1. « Que de nuances dans nos affections! Approbations, sensibilité, émotion, trouble, saisissement, passion, emportement, démence, fureur, rage : voilà tous les états par lesquels peut passer cette pauvre âme humaine » (*Dictionnaire philosophique*, article *Enthousiasme*).

2. Il arrive que Voltaire fasse figurer le bonheur à côté et non au-dessus des autres sentiments : « Mélange de tout; mort vivant, infidélité et constance, perte et gain, calamité et bonheur » (*La princesse de Babylone*, dans *Romans et contes*).

chapitre 2

***Kierkegaard et la* vie éternelle**

Kierkegaard n'est pas un théologien. Il y a à cela une raison fondamentale. Bien qu'il prétende expliciter le sens de la foi chrétienne, en restituer la conception de l'existence et du salut (comme « meilleur état de choses concevable », pour reprendre l'expression de Moore), son interprétation ne se construit jamais sous l'hypothèse de la vérité des dogmes révélés par l'Écriture (même dans le cas des écrits antonymes qu'il nomme « discours édifiants », lesquels ont seulement l'apparence de sermons ou de commentaires théologiques). Il y a bien, certes, chez Kierkegaard, un statut de la révélation. Mais celle-ci est toujours pensée comme la formulation, à un moment précis de l'histoire humaine, d'un appel qui émane du sujet lui-même : le fait chrétien – la proclamation, par les Évangiles, qu'un homme est le fils de Dieu et que Dieu s'est fait homme – est pour Kierkegaard « un signe de contradiction qui rend manifestes les pensées des cœurs »[1].

1. Kierkegaard, *Pratique du christianisme*, OII, 978. Les citations sont extraites soit de la récente traduction de R. Boyer dans la « Bibliothèque de la Pléiade », Paris, Gallimard, 2018, deux volumes abrégés en OI et OII, pour *Œuvres*, volume I et *Œuvres*, volume II ; soit de la traduction plus ancienne de P.H. Tisseau et E.M. Jacquet Tisseau, Paris, Éditions de l'Orante, 1966-1987, dont les titres sont abrégés par un "T" suivi du numéro du volume. Les citations du *Post-Sciptum aux Miettes philosophiques* sont citées dans la trad. fr. P. Petit, Paris, Tel-Gallimard, 2015, (première édition 1949), dorénavant abrégé : PS.

Que ce fait marque un tournant dans l'histoire humaine, au point que l'appel intérieur ne soit plus le même à la suite de la révélation, ne doit pas faire oublier que Dieu, pour Kierkegaard, est d'abord découvert dans ce qu'il nomme l'intériorité. Le terme de *penseur chrétien* est sans doute celui qui, dans son indétermination, s'applique le mieux à Kierkegaard – comme il pourrait convenir aussi à Pascal, dont l'intention n'est ni celle d'un théologien ni celle d'un métaphysicien.

Que Kierkegaard ne soit pas un théologien, objectera-t-on, n'en fait pas pour autant un philosophe. On rappellera qu'il a d'ailleurs lui-même décliné cet honneur. Mais il en va un peu de Kierkegaard comme de Heidegger, qui finira par considérer que le terme de *philosophie* est inapproprié pour caractériser ce qu'il nomme la *pensée de l'Être*. Dans le contexte danois de l'époque, la philosophie, pour Kierkegaard, est ce discours, dont Hegel est à ses yeux le représentant le plus éminent, qui entend, héritier en cela d'une certaine théologie, reprendre la foi chrétienne « dans l'élément du concept », comme le dit Hegel – un discours qu'il conviendrait mieux de nommer *métaphysique*. Tous les reproches que les philosophes ont pu adresser à Kierkegaard, en particulier celui de manier des concepts aussi problématiques que ceux d'*être* et d'*éternité* avec désinvolture, sans prendre soin de les analyser avec précision, perdent de leur pertinence si l'on se souvient qu'il récuse clairement toute explicitation théorique de notions dont il considère qu'elles prennent sens sur un autre plan, celui de l'existence (ou de l'éthique, entendue au sens large de recherche du bonheur). Ces notions ne réfèrent aucunement, pour Kierkegaard, à des entités extérieures à l'homme dont il importerait de déterminer avec clarté et rigueur la nature, à la manière dont procède le discours scientifique ou croit procéder le discours métaphysique. L'indifférence et le dédain dont fait preuve Kierkegaard à l'égard de toute explicitation théorique – en parodiant volontiers le discours métaphysique[1] – ne doivent pas masquer qu'il cherche constamment à donner un sens éthique à ces notions. Ce sens, les pages qui suivent espèrent le mettre en évidence, est remarquablement clair et rigoureux.

1. Un exemple, parmi de nombreux autres : le chrétien vit « dans l'éternité, tout en entendant sonner la pendule dont les coups n'écourtent pas, mais allongent son éternité » (*Ou bien... ou bien*, OI, 572). Les formules de ce genre, humoristiques, mais, comme nous le verrons, profondes du point de vue éthique, abondent dans l'œuvre de Kierkegaard.

Dire que Kierkegaard n'est ni un théologien ni un métaphysicien, que sa pensée philosophique est à comprendre comme prenant sens au niveau de l'éthique, n'équivaut pas à nier qu'elle ait son point de départ dans des concepts ontologiques, tels ceux d'*être* et d'*éternité* qui, même s'ils sont enracinés dans une tradition antique, ont été développés par la théologie et la métaphysique chrétiennes. Mais, du point de vue de Kierkegaard, il s'agit là plutôt d'une circularité que d'une dépendance et, qui plus est, d'une circularité qui rend possible de penser l'autonomie de la sphère existentielle (ou éthique). Le message des Évangiles aide celui qui écrit après la venue du Christ à mieux écouter cette voix intérieure qu'il est tenté, lorsqu'il cherche à l'expliciter, à déployer en une ontologie, mais dont il ne peut restituer la véritable signification que s'il résiste à cette tentation en passant du plan de la théorie à celui de l'éthique. Kierkegaard, qui répugne, on l'a dit, à se considérer comme un philosophe, emploie souvent le mot de *psychologie* pour caractériser son travail philosophique (*La maladie mortelle*, son sous-titre le précise, est un « exposé psychologique chrétien pour l'édification et le réveil »). Les concepts essentiels de cette psychologie (qui est un retour réflexif de l'âme sur elle-même) sont, nous le verrons, l'*être* (*Dieu*), l'*existence* et la *vie éternelle*. À la lumière de cette hypothèse interprétative de l'intention philosophique de Kierkegaard, il paraît légitime, pour élucider ces notions, de mettre provisoirement entre parenthèses le sens qui est le leur dans la tradition chrétienne – à supposer, d'ailleurs, que ce sens soit univoque. Kierkegaard part évidemment de cette tradition, mais sa philosophie, on le verra, la modifie profondément en retour[1].

1. La lecture philosophique de Kierkegaard ici proposée encourt le risque, qu'elle assume, de mettre les écrits de Kierkegaard en tension, voire en conflit, avec l'orthodoxie chrétienne. Mais ce risque est le prix à payer si l'on veut prendre le *philosophe* Kierkegaard au sérieux. Une analyse précise du *Livre sur Adler*, où les rôles du théologien, du philosophe et de l'apôtre sont distingués avec soin, montrerait que Kierkegaard n'a jamais, à la différence d'Adler, revendiqué pour lui-même le statut d'apôtre, au sens de celui qui s'autorise à parler au nom de Dieu et à ce titre instaure un texte révélé reconnu par les chrétiens comme une autorité, mais que cela ne l'empêche pas de se méfier du processus de traditionalisation des textes révélés et de prendre ses distances par rapport à l'orthodoxie. Les interprétations de la *vie éternelle*, on le sait, sont très loin d'être univoques dans l'histoire du christianisme et celle de Kierkegaard n'est guère plus créatrice que les autres.

Les pages qui suivent, en prenant appui sur les quatre questions dégagées dans l'introduction à partir de la conférence de Heidegger, qui nous avaient servi de guide pour l'étude de Voltaire, s'attachent à restituer la conception du bonheur de Kierkegaard, inséparable de l'effort philosophique, auquel il n'a cessé de se consacrer, visant à fonder l'indépendance de l'ordre de l'existence par rapport à celui de la connaissance théorique.

1) Existe-t-il des sentiments susceptibles de révéler une vérité distincte de celles qui nous font connaître, par l'expérience et par la raison, les objets du monde ? À cette question, Kierkegaard répond en invoquant le témoignage de ce qu'il nomme l'intériorité : chaque homme a en lui un *désir infini*, qui se confond avec le désir *d'être heureux*, c'est-à-dire avec le désir de la *vie éternelle*, c'est-à-dire avec le *désir d'être*, dont il ne peut rendre compte que comme émanant d'un *être infini*.

2) Au-delà de ces sentiments, un discours explicitant ces notions est-il possible ? Toute l'œuvre de Kierkegaard vise à établir l'indépendance d'un tel discours, c'est-à-dire à distinguer les concepts existentiels (celui de *vie éternelle ici-bas*, de *répétition*, etc.) des concepts théoriques (scientifiques ou métaphysiques).

3) Quelle signification convient-il de conférer à l'idée, étroitement liée à celle de sentiments de l'existence, de *conscience de soi* – de ce que Kierkegaard nomme *intériorité* ou *âme* – distincte de la conscience par laquelle un sujet se représente des objets qui lui font face ? À l'encontre de l'idée d'un sujet exclusivement orienté vers la connaissance du monde fini et vers l'activité au sein de celui-ci, Kierkegaard entend donner un sens précis à la notion d'*intériorité* et mettre en évidence la particularité du mouvement qui, par un ensemble de décisions libres (les *sauts*), conduit l'individu soit vers le bonheur soit vers l'une ou l'autre forme du désespoir.

4) Faut-il, pour articuler le discours éthique, celui qui nous livre accès à nous-même comme existant, dépasser le discours logique (le *logos apophantikos*) vers un langage illogique et poétique (*apophatique*) ? Les écrits pseudonymes de Kierkegaard, et plus encore les écrits dits antonymes (publiés sous son propre nom) qu'il nomme *édifiants* (ou *pieux*) développent, comme nous le verrons, l'idée d'un usage philosophique de la métaphore et de la fiction prolongeant celui qui est déjà à l'œuvre dans l'Écriture.

le désir d'être et le bien absolu

L'*être*, chez Kierkegaard, est un concept qui, repris de la tradition platonicienne et chrétienne, est au fondement de son interprétation de la foi, cela sans pour autant faire l'objet d'une analyse conceptuelle élaborée – ce qui le distingue d'un philosophe comme Heidegger. Mais il faut dire que l'analyse théorique de ce concept n'intéresse aucunement Kierkegaard, qui la récuse au profit d'une interprétation éthique. Son point de départ n'est pas l'ensemble des significations qui, dans l'histoire de la théologie et de la philosophie, ont pu être données à ce concept, il est toujours la manière par laquelle le sujet, animé d'une préoccupation éthique, accède à ce qu'il en vient à nommer l'*être*.

C'est en effet à partir du *désir d'être* (nommé indifféremment désir d'éternité, d'infini, d'absolu, ou d'éternel bonheur) que l'individu en vient, selon Kierkegaard, à parler de *l'être*. Ce désir, ressenti immédiatement comme distinct du désir visant les objets finis, choses ou personnes, est inhérent à l'homme : « il ne peut, une fois pour toutes, s'en débarrasser, rien n'est plus impossible »[1]. Le bonheur éternel est, dit Kierkegaard, le « *telos* absolu »[2], qui émerge avec clarté et douloureusement lorsque l'individu, conscient qu'il va disparaître, est envahi par l'angoisse d'avoir vécu en vain[3]. L'élaboration proprement philosophique de Kierkegaard ne commence toutefois qu'après ce constat, que bien d'autres ont fait avant lui, avec l'interprétation de ce *bien absolu* présent dans son œuvre dès les premiers écrits.

Pour les besoins de l'analyse, il peut être commode de distinguer deux temps dans cette interprétation. Dans une page particulièrement dense de *Ou bien... ou bien*, Kierkegaard affirme d'une part que le bien est objectif, que loin d'être parce que désiré il est tout au contraire l'être qui suscite le désir humain ; d'autre part qu'il n'est pas seulement aimé par le sujet, mais aimant – un être qui, en se posant lui-même, appelle à l'existence, par son amour, des créatures qui, l'aimant en retour, s'orientent vers lui par le désir d'être qui les définit.

1. *La maladie mortelle*, OII, 761.
2. PS, 335.
3. *Trois discours sur des circonstances supposées*, T8, 67.

Explicitons ces deux temps. En s'inscrivant dans une tradition philosophique antique selon laquelle le désir n'a pas son origine dans le sujet, mais dans l'objet, Kierkegaard pose d'abord que ce désir d'être émane d'une source – l'être – qui, bien que l'on ne puisse accéder à elle que dans l'intériorité, est transcendante par rapport au sujet. Le second temps est plus spécifiquement chrétien : l'être ne peut susciter le désir d'être, c'est-à-dire inviter le sujet à l'aimer en l'imitant, et par-là *à être*, que parce que l'être est l'amour à l'origine de tout être[1]. Les deux sources, antique et chrétienne, de l'ontologie éthique de Kierkegaard se rejoignent dans l'idée que le désir d'éternité atteste immédiatement *le bien en tant qu'être absolu et amour*, c'est-à-dire l'existence de Dieu : « que le Bien porte en lui son salaire [ne soit pas désiré en vue d'un autre bien, S.C.], cela est éternellement sûr ; rien n'est aussi certain et Dieu ne l'est pas plus, car Dieu et le Bien sont une seule et même chose »[2]. La conscience de soi, la conscience éthique (au sens de la conscience du bien) et la conscience religieuse apparaissent ainsi, au-delà de la diversité des significations que ces termes pourront prendre dans la philosophie de Kierkegaard, comme indissociables : « le rapport avec Dieu, c'est la conscience »[3].

Ces deux temps constituent à l'évidence deux décisions ontologiques. Interpréter le bien comme être et l'être comme Dieu, ce sont là des décisions qui sont loin d'être contraignantes pour tous les philosophes. Le matérialiste Diderot, dans un passage de *Jacques le fataliste* consacré à la mélancolie religieuse des jeunes gens, faisait une genèse bien différente de ces deux décisions : « ils prennent pour la voix de Dieu qui les appelle à lui les premiers effets d'un tempérament qui se développe »[4]. Affirmer, comme cela a été fait au début de ce chapitre, que Kierkegaard n'est pas un théologien signifie simplement qu'il ne part pas des dogmes révélés comme autant de présuppositions de son argumentation philosophique.

1. On retrouve la même idée, dans une perspective différente de celle de Kierkegaard, chez Heidegger : « Nous ne désirons, nous n'aimons véritablement que ce qui d'ores et déjà nous aime de lui-même, nous aime dans notre être, en tant qu'il s'incline vers celui-ci » (*Que veut dire penser?* dans *Essais et conférences*, trad. fr. A. Préau, Paris, Gallimard, 1958, p. 152).

2. *Discours édifiant à divers points de vue*, T13, 42.

3. *Les œuvres de l'amour*, T14, 131. On sait que Kierkegaard distinguera, dans certains de ses écrits, les domaines de l'esthétique, de l'éthique et du religieux.

4. Diderot, *Œuvres romanesques*, Paris, Garnier, 1962, p. 672.

Il importe de s'en souvenir et de ne jamais donner aux notions d'*être*, de *Dieu* – et, comme nous le verrons, de *vie éternelle*, de *jugement dernier*, etc. – une autre signification que celle que Kierkegaard construit patiemment. Mais cela ne signifie pas que cette argumentation soit sans présupposés proprement philosophiques. J'appellerai *décisions ontologiques*, dans les pages qui suivent, quelques-uns de ces présupposés, ceux relatifs, en particulier, à la conception de l'être et du temps que Kierkegaard met en œuvre. Dire qu'il est un *penseur religieux*, avec ce que ce terme peut avoir de condescendant (plus qu'un théologien, moins qu'un philosophe) n'est pas faux, mais ne nous avance guère. Le fil directeur de cette lecture est que Kierkegaard est bien un philosophe, au sens où il tente de comprendre ce qu'est la foi chrétienne, dans des argumentations visant la clarté et la rigueur, mais jamais universellement convaincantes et parfois fragiles, comme c'est toujours le cas en philosophie.

Reprenons les deux mouvements dont il a été question plus haut. Selon le premier, le sujet, par la conscience de sa différence avec l'*être* – une différence qui le constitue en tant qu'*existant*, c'est-à-dire comme *ayant à être* en imitant l'être – en vient à comprendre toute existence, pas seulement la sienne, comme tendant vers l'être. Dans le monde qui lui fait face, dont il est aussi bien en même temps une partie, rien n'est, tout devient, c'est-à-dire tout désire être. Appelé à être par le *telos* absolu, le sujet pose ce *telos* comme ce que désire toute existence, c'est-à-dire comme un être hors du temps appelant à lui tout être dans le temps, comme « la puissance éternelle dont l'omniprésence pénètre toute son existence »[1]. Mais invoquer un tel être ne suffit pas à distinguer l'ontologie de Kierkegaard des ontologies antiques. Selon le second mouvement, si le bien absolu, objet d'amour, attire le sujet, s'il fait être celui-ci par l'amour qu'il suscite en lui, c'est parce qu'il est lui-même amour, qu'il crée toute chose et tout existant par amour – un amour dont seul l'homme est conscient, comme de la promesse qui l'appelle à être en s'attachant à ce bien qui est son but et son origine. Kierkegaard oppose constamment la conception de Dieu selon laquelle celui-ci est la cause première du monde, l'être qui, à l'instar du premier moteur aristotélicien, fait être par le désir qu'il suscite en chaque chose, à

1. *Ou bien…ou bien*, OI, 601.

cette autre conception, selon laquelle Dieu a tout tiré du néant par amour. La première, qui part du monde pour remonter à Dieu, risque d'occulter la différence entre la cosmologie et l'éthique, l'ordre de la connaissance et l'ordre de l'existence, celui de la science – et de cette pseudoscience qu'est la métaphysique – et celui de la religion. Ce n'est qu'en partant du moi et de son désir d'éternité que le sujet dissipe toute confusion, trace une ligne de démarcation entre la tâche d'expliquer le monde sensible et celle de parvenir à mourir heureux. Les deux voies conduisent à deux conceptions différentes de la divinité et de la créature – même si le Dieu de Kierkegaard est aussi le créateur omniscient, mais cela seulement en tant qu'il est amour. Car si l'être était seulement, en tant qu'être aimé, l'origine de toute existence, la créature existerait anonymement, elle ne serait rien à ses yeux, ne serait pas appelée elle-même, dans son individualité irréductible, par amour, à être par elle-même en imitant l'être. De même qu'aimer un autre humain est susciter en lui un amour qui le fait être, par cette relation, dans son individualité, de même l'être comme présupposition invisible de toutes les existences ne soutient celles-ci que dans ce que Kierkegaard nomme l'*interdépendance*, par laquelle l'être, en les aimant, les sort du néant. Alors que pour le créateur omnipotent aimé de tous les êtres, « toute créature est comme un rien », le Dieu chrétien, en créant l'homme par amour, l'invite à être une créature déterminée : « sois quelque chose même vis-à-vis de moi ». L'omnipotence du créateur, affirme parfois Kierkegaard, est plus compréhensible que cet acte par lequel il se contraint lui-même pour faire advenir l'homme en relation avec lui : sa toute-puissance « est moins incompréhensible que l'amour tout-puissant qui, de ce rien misérable pour la toute-puissance, fait une chose qui compte pour l'amour »[1]. C'est pourquoi Kierkegaard, lorsqu'il caractérise les différentes attitudes face à l'existence – qui, toutes, y compris la foi, sont des modalités de l'affectivité – considère que l'émerveillement devant la grandeur du créateur, l'étonnement et l'adoration face à la puissance divine, ne sont que des signes manifestes, celle d'un prodige, mais non encore le signe du mystère qui, parce qu'il n'est pas manifeste, fait l'objet d'une révélation et suscite le scandale : « le signe de la grandeur du Dieu de miséricorde

1. *Discours chrétiens*, T15, 119-120.

n'existe que pour la foi »[1]. Ce n'est pas en contemplant le monde, mais en faisant retour à soi que le sujet découvre Dieu : « il est dans la création, il est partout dans la création, mais il n'y est pas directement ; ce n'est que quand l'individu se tourne en lui-même (et donc seulement dans l'intériorité de l'activité autonome) qu'il est attentif et en état de voir Dieu »[2] ; « la nature, la totalité de la création, est l'œuvre de Dieu, et pourtant Dieu n'est pas là, mais dans chaque homme il y a une possibilité (il est, dans la mesure où il le peut, esprit) qui, dans l'intériorité, est éveillée par un rapport avec Dieu, et alors il est possible de voir Dieu partout »[3].

connaissance et existence : la vie éternelle ici-bas

Cette explicitation, par laquelle le concept de bien absolu, c'est-à-dire de Dieu, est rapporté à la préoccupation éthique et non au désir métaphysique de connaître l'origine et le sens du monde, ne suffit cependant pas à déterminer en quoi consiste l'être, l'éternité ou l'immuabilité (ces termes sont synonymes pour Kierkegaard). Ce concept est défini plus précisément par Kierkegaard soit comme *absence de temps*, soit comme *présent absolu* (sans futur ni passé), soit, comme c'est assez fréquemment le cas, par les deux concepts à la fois. Mais l'un et l'autre, l'absence de temps et le *nunc stans*, pour reprendre le terme des philosophes médiévaux, pour vénérable que soit la tradition à laquelle ils appartiennent, n'en demeurent pas moins particulièrement problématiques. Ils le sont d'abord en eux-mêmes et dans leur équivalence souvent postulée par Kierkegaard, ensuite dans la relation qu'ils entretiennent, traditionnellement et pour Kierkegaard également, avec l'état de bonheur, compris comme satisfaction absolue. Qu'il s'agisse là de déterminations traditionnelles du concept de Dieu ne dispense pas le philosophe qui reprend de tels concepts de la tâche de les élucider.

L'hypothèse avancée ici est que cette élucidation a bien lieu, chez Kierkegaard, mais qu'elle n'est pas d'ordre théorique. Ce concept d'être ne prend un sens concret, dans les textes de Kierkegaard, que lorsqu'il est rapporté au concept éthique de *vie éternelle*. Quant à cette dernière, qu'il s'agisse de la vie éternelle du chrétien ou de l'éternité divine, c'est par le

1. *Ibid.*, T15, 273.
2. PS, 207.
3. *Ibid.*, 210.

recours à ce que Kierkegaard nomme la *répétition* qu'elle est explicitée. Y compris lorsque ce dernier terme est utilisé hors du champ strictement religieux, par exemple à propos du mariage dans *Ou bien… ou bien*, la répétition est toujours définie par Kierkegaard comme l'infini dans le fini, la synthèse de l'éternité et du temporel. Le mariage est répétition du premier amour, « le présent du premier qui se déploie constamment et se rajeunit »[1]. Par le mariage, ce premier amour acquiert, dit Kierkegaard, des « dispositions à l'éternité », à la véritable éternité qui est celle du présent renouvelé. On n'aime jamais qu'une fois, mais le premier baiser – qui se rêve étourdiment comme manifestation d'un amour éternel – n'est qu'une possibilité, la promesse de la totalité qu'il deviendra avec le temps. L'amour marital est ainsi pensé par Kierkegaard comme une synthèse de l'éternel (de la promesse d'éternité du premier baiser) et du temporel (de la nécessité de vivre dans le temps). Les formules de Kierkegaard ont certes de quoi faire frémir le philosophe qui les interpréterait comme une détermination théorique du concept d'éternité. Mais le contenu éthique de ces affirmations n'en demeure pas moins clair. L'individu marié « a eu l'éternité dans le temps et a conservé l'éternité dans le temps ». Il a remporté une victoire sur le temps, sans nier le temps, à la différence de ce que fait le premier baiser, il a sauvé celui-ci en le préservant dans la répétition : « vivre dans l'éternité, tout en entendant sonner la pendule dont les coups n'écourtent pas, mais allongent son éternité »[2]. Kierkegaard, qui peut être un redoutable dialecticien, sait évidemment que raccourcir ou rallonger l'éternité n'a strictement aucun sens théorique. Aussi bien est-ce par leur portée éthique qu'il élucide ces formules. Le séducteur ne croit pas en l'amour, paradoxalement, car il désespère du temps, d'inscrire l'infini (le « pouvoir éternel de l'amour érotique ») dans le fini. Ne pouvant répéter « la première fois » dans le temps, il est conduit à toujours rechercher une nouvelle « première fois », en écourtant ainsi l'éternité du premier amour. L'amour marital, au contraire, a une « tout autre conception du temps et de la signification de la répétition », il échappe à l'alternative consistant à vivre soit dans l'espoir soit dans le souvenir, en se tenant fermement dans le présent répété où l'amour se maintient et progresse, un présent, qui est

1. OII, 477.
2. OI, 572.

calme et paix, auquel n'accède pas Don Juan[1]. En ce sens, pourrait-on dire, il allonge l'éternité du premier amour.

Il faut cependant, à propos de la répétition, aller au-delà de ce qui vient d'être dit. Il pourrait sembler qu'elle n'est qu'une approximation de la vie éternelle, comme une image mobile de celle-ci. Mais c'est la vie éternelle du chrétien elle-même, dit Kierkegaard, qui est répétition, reprise, et il en va de même, comme nous le verrons, de l'éternité divine : « même si dans la vie temporelle elle [la vie éternelle du chrétien] ne sera jamais aussi parfaite que dans l'éternité qui est la vraie reprise[2] ». Lorsque Kierkegaard affirme que « l'amour est toujours au présent »[3], cela ne vaut donc pas seulement de l'amour humain, mais aussi de l'amour divin. C'est en effet à la lumière de cette notion de *répétition* que les concepts d'être, de Dieu et d'amour divin peuvent être plus précisément déterminés.

Le concept de *vie éternelle* est le concept central de la philosophie de Kierkegaard. On ne peut en restituer le sens qu'en mettant préalablement entre parenthèses les acceptions religieuses traditionnelles du terme. Comme c'est souvent le cas chez Kierkegaard, la tâche est assez délicate en raison de l'hétérogénéité de ses écrits. S'adressant à une communauté de chrétiens, dans le cadre de ce qui s'apparente à un sermon, il peut reprendre l'idée d'une vie se prolongeant dans un ailleurs, au-delà de la mort physique, non sans jamais se départir, à ce sujet, d'une très grande réserve. Dans les textes plus philosophiques, en revanche, l'interprétation qu'il construit est sans ambiguïté : il n'y a de vie éternelle que dans le mouvement de la foi par lequel le sujet, en se repentant, en aimant Dieu et son prochain et en acceptant son statut de créature mortelle, transfigure sa vie ici-bas, et non dans un hypothétique au-delà, réussit à vaincre la mort, c'est-à-dire la pensée terrifiante de son anéantissement, et à demeurer dans le présent renouvelé où la mort n'est plus rien pour lui.

Cette idée d'un triomphe sur la mort à l'intérieur même de la temporalité – et cela jusqu'en Dieu, par son incarnation – est ce qui pour Kierkegaard fait du christianisme, on le sait, un objet de *scandale* et de la foi un

1. OI, 573-574.

2. *La reprise*, OI, 858. R. Boyer traduit par *reprise* le mot danois *Gjentagelse*, généralement traduit par *répétition*.

3. *Ou bien… ou bien*, OI, 224.

paradoxe – un *saut* « en vertu de l'absurde ». Il est scandaleux d'affirmer, comme le fait le christianisme pour Kierkegaard, qu'un être mortel puisse envisager la possibilité d'une vie éternelle. S'il en est ainsi, on ne peut, sans trahir Kierkegaard, espérer comprendre rationnellement ce bond hors du temps depuis l'intérieur du temps qu'est la foi. Mais il n'est pas impossible d'arpenter la distance qui sépare la conscience commune de la mort du saut individuel qu'est la foi. Sans réduire le paradoxe, on peut s'approcher du seuil de celle-ci, jusqu'à un certain point, en suivant l'analyse que Kierkegaard fait de la conscience de la mort. Comment, contre toute évidence, un sujet mortel peut-il en venir à affirmer qu'un triomphe sur la mort est possible ?

On peut accorder à Kierkegaard que c'est en présence de l'imminence de la mort que se pose la question du sens de la vie et que se décide le sort de chacun. La mort est « le plus court résumé de la vie », une récapitulation de celle-ci. Nul penseur, dit Kierkegaard, ne maîtrise la vie comme le fait la mort, en mettant en pièces toutes les illusions[1]. Dans les discours édifiants, c'est certes souvent depuis l'éternité que la vie est considérée comme un tout doté ou non de signification : « dans l'éternité, quand on devra régressivement passer en revue toutes les choses où l'on a été impliqué au cours d'une vie de quarante ans… »[2]. Mais, plus souvent encore, c'est depuis la pensée de la mort, ici-bas, que la question du sens de la vie s'impose. La « détresse de l'annihilation » est la forme la plus haute de la conscience humaine, le moment le plus difficile pour l'homme, celui où il est confronté au choix entre l'espoir d'un bonheur éternel et le désespoir, c'est-à-dire le renoncement à l'idée du bien absolu : « l'un combat le bon combat, avec les dangers et les effrois qu'il comporte ; mais l'autre reste sagace et, dans son insensibilité spirituelle, se réjouit d'une vie toute de sécurité »[3]. C'est pourquoi la mort est pour Kierkegaard le don divin qui permet d'atteindre la vérité : « comprendre le sens de cet anéantissement, c'est le maximum dont l'homme soit capable », c'est « un bien à lui confié par Dieu au ciel comme le secret de la vérité »[4]. Que l'on suive ou non

1. *Les œuvres de l'amour*, T14, 319.
2. *Ibid.*, T14, 327.
3. *Dix-huit discours édifiants*, T6, 315.
4. *Ibid.*, T6, 282.

Kierkegaard dans sa genèse de la foi, il faut au moins lui reconnaître ce mérite de ne pas se payer de mots : si l'on tient au concept de *bien absolu* (le « meilleur état de choses concevable »), il n'y a pas d'autre issue, au moment de la mort, que le désespoir ou la foi. On peut mourir heureux hors de la foi, mais seulement si l'on définit autrement le bonheur.

Il s'ensuit que savoir bien mourir est pour Kierkegaard la tâche la plus haute de toute vie : « mourir, c'est le lot de tout homme, et c'est un art bien médiocre; mais bien mourir, c'est la suprême sagesse de la vie »[1]. La vie religieuse, l'intérêt pour l'immortalité, qui est « l'intérêt le plus passionné de la subjectivité », naît avec et de la conscience de la mort[2]. Car c'est face à la mort que le sujet se saisit, selon les termes de *La maladie mortelle*, comme dépendant d'un autre qui l'anéantit, comme ne s'étant pas établi lui-même et, de ce fait, comme ne pouvant pas par ses seules forces parvenir à être, c'est-à-dire à être heureux. Face à la mort, il n'y a plus pour Kierkegaard que le choix entre le renoncement au bien absolu et le saut de la foi, c'est-à-dire l'espoir de vivre dans ce présent renouvelé où s'abolit l'inquiétude inhérente au temps et au désir visant les êtres finis. Avec la perspective de l'anéantissement, l'appel de la vie éternelle devient ainsi contraignant, c'est-à-dire un commandement de Dieu, car il est contradictoire de désirer être, de vouloir le bien absolu, en voulant infiniment quelque chose de fini alors que par définition le fini, parce qu'il va prendre fin, ne pourra plus être l'objet du vouloir : « vouloir absolument signifie vouloir l'infini, et vouloir une béatitude éternelle signifie vouloir absolument, car on doit pouvoir la vouloir à chaque instant »[3].

Mais que veut dire précisément abolir l'inquiétude inhérente au temps? Il est plus facile de comprendre l'inquiétude en question que son dépassement vers un *présent* que le temps, paradoxalement, fait perdre et que la foi fait retrouver. Ce qui est clair est que la perspective de l'anéantissement fait prendre conscience, pour Kierkegaard, du fait que la vie dans le temps est nécessairement malheureuse. Dans *Ou bien… ou bien*, le malheur absolu est inhérent à la temporalité, il consiste dans le fait que le sujet a son idéal, sa substance, la plénitude de sa conscience hors de lui, dans le passé ou le

1. *Trois discours sur des circonstances supposées*, T8, 66.
2. PS, 153.
3. *Ibid.*, 333.

futur et non dans le présent[1]. D'autres textes, plus tardifs, s'attacheront à décrire l'empire et l'emprise du « lendemain ». Le désir des choses et êtres finis est toujours en relation avec ce lendemain, avec la recherche d'une sécurité qui, lorsque le jour suivant arrive, se révèle illusoire : « qu'est-ce que l'angoisse? c'est le lendemain »; « celui qui se tourmente tue son âme à vouloir vivre aujourd'hui le lendemain ». Renoncer à désirer le fini, c'est donc se libérer du joug du temps, et en ce sens « vivre réellement » : « quand, grâce au secours de l'éternel, l'homme vit plongé dans le jour présent, il tourne le dos au lendemain »[2]. Mais toute la difficulté se concentre sur ce passage du temps au « jour présent ». Que signifie « être plongé dans le jour présent »? Le chrétien, nous dit Kierkegaard, n'est pas préoccupé par le futur, pas même par l'éternité dans le futur – une expression d'ailleurs dénuée de sens –, il s'en tient au présent, et c'est là qu'il est au plus près de l'éternité. À la différence de ceux qui vivent dans le futur ou le passé, il est « contemporain de lui-même au sens le plus élevé du mot », « grâce à l'éternel entièrement contemporain de soi le jour présent »[3]. Le « lendemain », c'est-à-dire la vie dans le temps, n'est rien d'autre, en fin de compte, que l'attente de la crucifixion, et celui qui le sait et l'accepte comme la volonté de Dieu à laquelle il se soumet librement ne se soucie plus ni du lendemain ni de la mort. Le temps et la mort n'ont plus de pouvoir sur lui. La reconnaissance de son propre néant face à Dieu et l'acceptation de la mort remplissent son présent d'éternité, le font accéder à la vie éternelle. Kierkegaard répète que « la mort ne peut être abolie que par la représentation qu'en a le mourant à l'instant de la mort »[4]. En ce sens, l'acceptation de la mort physique se confond avec la vie pour le chrétien, une nouvelle vie qui est l'intensification de sa vie mortelle : « l'immortalité est justement la potentialité, l'intensification et le plus haut développement de la subjectivité »[5].

1. *Ou bien… ou bien*, OI, 220. *Cf.* Pascal : « Nous ne nous tenons jamais au temps présent » (*Pensées*, n°172, numérotation Brunschvicg).

2. *Discours chrétiens*, T15, 72, 73 et 68.

3. *Ibid.*, T15, 69. Dans une formule qui, comme bien d'autres sous sa plume, semble défier toute logique, mais où la part de l'humour est évidente, Kierkegaard dit de l'éternité, dans la même page, qu'elle est un « événement contemporain » plus grand que tout événement.

4. PS, 148.

5. *Ibid.*, 152.

Mais y a-t-il un quelconque sens à parler d'un pur présent, d'un présent en dehors de toute temporalité ? Le concept de répétition peut à nouveau nous servir de guide. C'est en effet en recourant à lui que Kierkegaard interprète le thème biblique selon lequel Dieu restitue pour toujours la fortune de celui qui, au travers de toutes les épreuves qu'il a subies, n'a pas perdu la foi en lui : « Job est béni et a tout reçu au double. – Voilà ce qu'on appelle une reprise »[1]. Le bonheur n'est pas à chercher dans le fini, il ne peut être donné à l'homme que lorsque le fini lui est restitué par Dieu. C'est avec cette restitution que prend sens l'idée d'un présent hors de toute temporalité. Elle suppose le « choix de la reprise », par lequel le sujet, en renonçant au fini et à la recherche du bonheur dans le fini, annihile le temps et la mort. Assumant son statut de créature – ce qui signifie, entre autres, accepter finalement d'être crucifié – il se libère du passé (de la nostalgie) et du futur (de l'espoir) pour accéder à jouissance continue et renouvelée du présent : l'amour de la répétition « a l'assurance bienheureuse de l'instant », « celui qui ne saisit pas que la vie est une reprise, et que c'est là la beauté de la vie, il s'est jugé lui-même et ne mérite rien de mieux que ce qui va lui arriver : périr ». Il faut donc avoir « le courage de comprendre que la vie est une reprise et qu'il y a du plaisir à se réjouir d'elle »[2].

On pourrait objecter qu'un tel concept de répétition n'est qu'une approximation de celui de vie éternelle, que celui qui a la foi anticipe ici-bas ce qui sera pour lui l'éternité et qu'*a fortiori* l'éternité divine ne consiste pas en une telle répétition joyeuse du présent libéré du souci du temps. C'est cependant une des affirmations les plus constantes de Kierkegaard que la vie éternelle n'est à chercher nulle part ailleurs que dans une transfiguration de la temporalité : « il a déjà franchi le temps et il est parvenu à l'éternité, bien qu'il vive encore »[3]. Pour cette raison, il est possible de dire à la fois que le changement opéré par l'éternité est invisible (« comme si de rien n'était ») et radical (« toutes choses sont restées ce qu'elles étaient en

1. *La reprise*, OI, 852.

2. *Ibid.*, OI, 782.

3. *Discours édifiants*, T13, 76. Malebranche s'approche parfois d'une telle conception de la vie éternelle : « je ne nie pas que dès cette vie les justes ne soient heureux en quelque manière par la force de leur espérance et de leur foi, qui rendent ces biens futurs comme présents à leur esprit » (*De la recherche de la vérité*, Paris, Vrin, vol. 2, Livre IV, chap. x, 2006, p. 68).

devenant pourtant nouvelles selon l'éternité »[1]). On comprend que, s'il en est ainsi, la création du monde par Dieu se confonde pour Kierkegaard avec la création de la répétition : « si Dieu lui-même n'avait pas voulu la reprise, le monde n'aurait jamais existé »[2]. Le fini ne peut *être* que par la répétition qui triomphe de la mort.

Cette interprétation de la notion d'éternité par celle de répétition, d'origine éthique, vaut également, on l'a dit, pour l'éternité divine. L'affirmation peut paraître surprenante. Elle l'est moins lorsque l'on considère que Kierkegaard s'inscrit dans une tradition théologique séculaire d'interprétation de la notion d'éternité divine tout en la transformant. On sait que de Boèce à Albert Le Grand et Thomas d'Aquin, le concept d'éternité a été défini comme un *nunc stans*, un maintenant « divin, permanent, immobile et constant » (selon la formule de Boèce dans le *De Trinitate*). La répétition de cette formule, tout au long de l'histoire de la théologie, n'a pas contribué à lui ôter son caractère fortement problématique. On pourrait même dire qu'elle l'a obscurcie en la faisant passer pour évidente. Elle n'évite la circularité (définir l'éternité comme un présent éternel) que pour tomber dans la contradiction (définir l'absence de temps par des notions temporelles, comme le présent et la permanence). Mais, comme toujours chez Kierkegaard, il faut examiner de près sa reprise des notions théologiques traditionnelles. L'immutabilité divine, sur laquelle insistent particulièrement les derniers textes, est explicitement décrite en termes temporels, de telle manière que la différence entre la vie éternelle de l'homme et l'éternité de Dieu tend à s'estomper : « Tu es immuable, le même, éternellement jeune, nouveau avec chaque jour nouveau – car Tu dis chaque jour 'Aujourd'hui même' » (le *jour nouveau* ne prend pas son sens, précise Kierkegaard, par opposition au *jour suivant*). La formule, ici appliquée à Dieu, pourrait valoir, terme pour terme, pour le chrétien. C'est dans les mêmes termes que Kierkegaard parle de l'éternité de Dieu et de la vie éternelle du chrétien, pour lequel « aujourd'hui même » signifie que ce jour « prend vraiment pour lui sur les autres l'importance de le confirmer à nouveau dans le bien qu'il a choisi un jour »[3]. Kierkegaard ne pourrait

1. *Les œuvres de l'amour*, T14, 126 et 124.
2. *La reprise*, OI, 783.
3. *Discours chrétiens*, T15, 252.

évidemment pas accepter l'affirmation selon laquelle la vie éternelle divine est à l'image de la vie éternelle du chrétien. Mais une telle affirmation, jusqu'à laquelle pourrait aller celui qui se refuse à faire le saut de la foi, ne serait pas nécessairement une interprétation réductrice (faisant écho à celle de Feuerbach, selon lequel c'est l'homme qui a créé Dieu). Elle permettrait de souligner que le concept d'éternité divine est pensé par Kierkegaard d'une manière analogue à celle de la vie éternelle du chrétien, en termes éthiques, comme la répétition du choix du bien par Dieu.
C'est également dans les mêmes termes que Kierkegaard évoque, dans un langage métaphorique sur le statut duquel nous reviendrons, le monde atemporel des êtres naturels dépourvus de conscience. Les lys de la vallée apprennent à l'homme qu'il y a une vie dans le présent : « il y a un aujourd'hui, il *est* » – au sens où pour eux « il n'y a aucun, strictement aucun souci pour le lendemain ou le matin suivant ». Leur présent n'est plus celui qui s'oppose au passé et à l'avenir, pour eux « ce jour malheureux qui est une invention du bavardage et de la désobéissance n'existe pas ». La vie silencieuse des lys peut être dite, métaphoriquement, « joyeuse », car être joyeux est « être soi-même présent », mais « être soi-même présent en vérité » : « la joie est le temps présent en mettant tout l'accent sur : le temps présent ». De même « Dieu est bienheureux, lui qui dit éternellement aujourd'hui, lui qui, éternellement et infiniment, est lui-même présent en étant aujourd'hui »[1]. Dans ces textes, et dans d'autres plus tardifs, Kierkegaard pense l'*en soi* atemporel des êtres dépourvus de conscience et le *pour soi* de l'éternité divine de la même manière qu'il pense la joie du chrétien, comme un présent répété. À tel point que la joie des lys et celle de Dieu paraissent ne pas être exemptes de la souffrance qui, chez le croyant, est inhérente à la vie éternelle.

C'est en effet un trait fondamental de la vie éternelle selon Kierkegaard, auquel il importe de prêter maintenant attention. Si la vie éternelle ici-bas n'est accessible qu'à celui qui, par amour pour Dieu, se détourne du désir fini, agit selon le commandement d'amour et accepte la mort, et si c'est par cette renonciation que lui est restituée la vie temporelle, sous la forme du fini infinitisé, alors la dimension de la souffrance est définitivement

1. *Le lys des champs et l'oiseau du ciel*, OII, 739.

inséparable du bonheur éternel : « quand l'éternité accomplit son œuvre de guérison, le désir continue de causer la douleur (et il doit en être ainsi, car l'éternel ne retire pas du temps celui qui souffre), mais il n'y a pas de gémissements »[1]. En ce sens, la vérité chrétienne est effrayante : « l'homme recèle au fond de lui-même une angoisse et une peur secrète de la vérité, une crainte d'en apprendre trop »[2]. Elle est pour Kierkegaard tragiquement simple : si nous vivons en chrétiens nous serons crucifiés, à l'image du Christ, nous trouverons le salut, mais dans la mort et les souffrances ; et si nous vivons dans le péché, nous crucifions le Christ, sans sortir pour autant du désespoir[3].

Dans les pires difficultés, dans la mort, l'éternité n'est pas, comme il pourrait le sembler d'un point de vue fini, infiniment loin et incertaine, elle est « toute proche » pour le croyant[4]. Mais cela ne signifie pas qu'elle lui restitue à l'identique ce qu'il a perdu. L'éternité ne lui rendra pas les choses et les êtres finis tels que celui qui vit dans le monde les désire, elle ne le fera pas échapper à l'atrocité de la mort physique. Celui qui désire un tel état ne désire pas l'éternel. Ce que l'éternité lui restitue est cependant, dans le temporel, une compensation pour cette perte : la vie libérée du temps. Le souffrant, sans cesser de souffrir, devient « une synthèse de temporel et d'éternel »[5]. C'est dans le temporel que la joie d'être cette synthèse existe : « l'éternité t'a visité, et il est éternellement certain que tu retrouveras ce que tu as perdu » : « c'est comme l'on était assuré contre la mort en étant un mort »[6].

La meilleure image de la vie éternelle est certainement celle que propose le texte célèbre de *Crainte et tremblement* sur le *chevalier de la foi*. L'apparence de celui-ci n'est aucunement transformée par le saut de la foi. Mais son regard sur le monde, et son action dans celui-ci, ont été métamorphosés. « Il se réjouit de tout, participe à tout… » ; « le voici chez lui, à sa fenêtre, à contempler la place sur laquelle donne son logement et tout ce qui s'y passe », « il a perçu la douleur de renoncer à tout, à ce que l'on a de plus

1. *Discours édifiants*, T13, 113.
2. *Discours chrétiens*, T15, 162.
3. *Ibid.*, T15, 163.
4. *Ibid.*, T15, 127.
5. *Ibid.*, T15, 133.
6. *Ibid.*, T15, 134 et 140.

cher ; et pourtant il goûte la finitude aussi bien que celui qui n'a jamais rien connu de plus haut », « il a cette confiance qui le fait se réjouir comme si c'était la chose la plus sûre de toutes » ; « toute cette figure terrestre qu'il promeut est une création nouvelle en vertu de l'absurde » ; « vivre de la sorte content et heureux chaque instant en vertu de l'absurde, voir à chaque instant l'épée planer au-dessus de la tête de la bien-aimée et cependant ne pas trouver le repos dans la douleur de la résignation, mais dans la joie en vertu de l'absurde… voilà qui est miraculeux »[1].

L'épée reste suspendue sur la tête du chevalier de la foi. C'est pourquoi l'image du paradis comme un lieu exempt de souffrance suscite constamment les sarcasmes de Kierkegaard, pour lequel une telle représentation est incompatible avec le christianisme : le bonheur éternel n'est ni la transfiguration magique de la vie d'ici-bas en joie et allégresse ni un au-delà fantasmagorique. Il existe une fausse solution au malheur : l'adoration de Dieu de ceux qui ne doutent pas qu'il n'y a que de la joie au ciel, sans douleur, qui « ne soupçonnent pas que, dans les cieux, il n'y a pas seulement de la joie, mais du chagrin également »[2]. Le véritable amour de Dieu commence lorsque l'homme découvre qu'il doit renoncer
à tout ce à quoi il aspire, et cela parce que Dieu l'aime, qu'il ne l'a pas destiné au malheur, que le désir de bonheur absolu a un sens. Le sauveur est celui qui peut faire renaître le pécheur, lui faire comprendre ce qui est incompréhensible pour lui : qu'il doit s'anéantir, n'être rien devant Dieu, pour ne pas être annihilé. C'est par l'incarnation que Dieu fait comprendre cela aux hommes lorsqu'il devient l'homme le plus humble, l'égal de chacun, en prenant l'apparence d'un serviteur et en acceptant d'être crucifié.

À ce contresens sur le bonheur éternel, Kierkegaard oppose l'idée que « le fardeau reste ainsi en un sens le même, puisqu'il est la souffrance, la lourde souffrance ; et cependant il devient léger »[3]. Une des faces du paradoxe, dont il sera question plus loin, est qu'il n'y a pas de contradiction entre la souffrance liée à la perte du fini et l'accès à l'infini. Kierkegaard insiste sur l'idée selon laquelle le christianisme ne console pas dans le fini, ne

1. *Crainte et tremblement*, OI, 897-908.
2. *Miettes philosophiques*, OI, 1002.
3. *Discours édifiants*, T13, 229.

promet pas une amélioration de la condition humaine, mais annonce que le chrétien souffre tout au long de sa vie. Mais cette souffrance n'est qu'un moment face à l'éternité de la victoire sur la souffrance : « la seule fois de la souffrance est l'instant, et la seule fois du triomphe est l'éternité; la seule fois de la souffrance, une fois passée, n'est donc aucune fois, et de même, en un autre sens, la seule fois du triomphe, puisqu'elle n'est jamais passée; la seule fois de la souffrance est un passage ou une transition; la seule fois du triomphe est un triomphe qui dure éternellement ». À l'aide de l'éternité, on ne souffre qu'une fois : « une illusion te fait croire qu'elle [la souffrance] te transperce et te fait périr, alors que c'est toi qui la traverses »; « toute la souffrance de la temporalité est une fantasmagorie et la mort elle-même, au point de vue de l'éternité, est une comédienne ». Seul le péché, peut-être, n'est jamais surmonté dans l'éternité : « le péché n'est pas l'instant, il est une éternelle renonciation à l'éternel ». Partout présente dans cet écrit édifiant est l'idée selon laquelle les difficultés dans le fini, la souffrance et le malheur, éveillent l'individu à l'éternel[1]. La joie de la foi est la joie « à la pensée que la souffrance signifie ce rapport [à une béatitude éternelle] ». Le paradoxe est qu'il n'y a pas de souffrance dans le bonheur éternel, mais que quand une personne entre en relation avec ce bonheur par la souffrance, « le rapport s'exprime très correctement par la souffrance »[2]. Celle-ci est selon Kierkegaard le divin mystère de l'existence terrestre, selon lequel c'est seulement dans et par la souffrance que l'alliance de l'homme avec Dieu est possible, que nous sommes un néant, mais un néant *devant Dieu*[3]. Kierkegaard exprime cela dans une formule extrêmement dense, qui articule l'appel divin et l'effort humain : « il acquiert donc son âme qui, prise au monde, lui vient de Dieu, par son propre effort »[4]. La mort, pour le chrétien, est un bourreau qui torture un absent : « qu'est-ce donc que supplicier un absent? »[5].

La restitution du fini dans l'éternité ne va donc pas sans perte, la joie sans résignation – ce qui ne signifie pas que la résignation et la foi se confondent. La vie éternelle est certes un « changement de couleur » de

1. *Discours chrétiens*, T 15, 91-96.
2. PS, 379.
3. *Discours chrétiens*, T15, 40.
4. *Dix-huit discours*, T6, 154.
5. *Ibid.*, T6, 304.

l'existence terrestre, mais elle n'annule pas son caractère tragique. « Là-dessus, on meurt – et puis on devient immortel »[1]. Certes. Mais celui qui dit cela en s'imaginant que le moment de la mort n'est rien, qu'il est résorbé dans l'immortalité, annule illusoirement son statut de créature, refuse de penser qu'il peut accéder au bonheur absolu *en tant que créature*. Kierkegaard va même, dans son souci de ne pas résorber la souffrance de la perte du fini dans la vie éternelle, jusqu'à envisager dans certains textes que la souffrance n'est pas absente de l'éternité divine elle-même. Elle est déjà présente, métaphoriquement, dans cette image de l'éternité divine qu'est le monde en soi des êtres naturels dépourvus de conscience (le lys, « bien qu'il porte un chagrin si infiniment profond, est pourtant inconditionnellement la joie même »[2]). Elle est évidemment présente dans ce « prototype » qu'est le Christ crucifié, dont l'agonie douloureuse n'est pas annulée par la confiance qu'il met en Dieu. Et la souffrance du Christ, celle de la crucifixion, celle de la conscience qu'il lui est impossible d'éviter que l'homme ne pèche, sont une souffrance de Dieu *in Christo*[3]. Kierkegaard n'a certes jamais montré beaucoup d'intérêt pour la question théologique des rapports entre les personnes divines. La trinité n'est jamais thématisée par lui en tant que telle (le mot même n'apparaît que rarement dans son œuvre). Il est clair cependant qu'il y a chez lui une tendance, sous l'effet de la priorité qu'il donne à l'éthique, à estomper la distinction entre Dieu et le Christ, jusqu'à attribuer dans certains textes la souffrance à Dieu lui-même.

l'intériorité

La reconnaissance de l'existence comme une sphère indépendante de celle de la nature, dans laquelle le sujet est confronté au problème éthique de savoir comment être heureux, en d'autres termes comment accéder à l'être, c'est-à-dire à la vie éternelle – un problème d'un tout autre genre que celui des problèmes théoriques – est ce qui autorise Kierkegaard à considérer l'*âme* comme une région ontologique particulière, celle de la conscience de soi, qui est aussi celle de l'affectivité. On l'a vu, c'est le désir d'éternité

1. *Stades sur le chemin de la vie*, OII, 235.
2. *Le lys des champs et l'oiseau du ciel*, OII, 741.
3. *La maladie mortelle*, OII, 866-7.

qui, au sein de cette sphère, conduit à l'être divin et, au terme d'une longue dialectique, à la foi, toujours caractérisée par Kierkegaard autant comme un sentiment que comme une croyance, celui qui témoigne de l'accord avec l'existence : « le religieux est l'expression de la conviction que l'être humain est, avec l'aide de Dieu, plus léger que le monde entier »[1]. Le scandale, l'impossibilité d'effectuer le saut de la foi, appartient lui aussi à l'ordre de l'affectivité. Il est, sous ses différentes formes, un amour malheureux, l'ensemble des affects que Kierkegaard range sous le nom de désespoir (une de figures en est le sarcasme douloureux dénonçant l'idée d'un Dieu qui aimerait l'homme au point de lui promettre la vie éternelle, mais à la condition qu'il accepte de renoncer au fini et de mourir). Plus généralement, toute position éthique est pour Kierkegaard une modalité de l'affectivité. Mais ce dernier terme ne doit pas égarer. Les affects, chez Kierkegaard, ne se laissent pas appréhender dans l'opposition traditionnelle de la passivité et de l'activité. Le scandale, à l'instar de toute autre position face à l'existence (la foi, la vie vouée à la recherche des satisfactions finies, etc.) est pour Kierkegaard une passion inséparable d'un choix, dont l'individu est responsable : « le scandale est toujours un acte, pas un événement »[2]. Un des gestes philosophiques les plus originaux de Kierkegaard est d'avoir reconnu le champ de l'affectivité tout en arrachant celle-ci à la sphère de la passivité, ou plutôt d'avoir mis en évidence que toute passion, même quand elle prend l'allure d'un accablement (quand par exemple « l'entendement ne peut pas se mettre le paradoxe dans la tête »[3]), est un acte de volonté en réponse à une sollicitation de l'être transcendant auquel le sujet accède dans l'intériorité.

Dès *Le concept d'ironie*, un écrit de jeunesse encore très marqué par l'influence de Hegel, Kierkegaard met en place les éléments fondamentaux d'une théorie de la conscience de soi et de l'affectivité – sa « psychologie » – qui, même si du point de vue chronologique elle précède souvent l'ontologie et l'éthique qui ont été restituées plus haut, ne se laisse comprendre que dans le cadre de celles-ci. Pour les besoins de l'analyse, il est possible de distinguer quelques principes fondamentaux de cette « psychologie », même s'ils sont étroitement interdépendants.

1. *Ou bien…ou bien*, OI, 495.
2. OI, 1019
3. *Miettes philosophiques*, OI, 1022.

1) L'ironie, dans *Le concept d'ironie*, est d'emblée définie comme une attitude non pas par rapport à tel ou tel objet ou fait particulier, mais par rapport à la « réalité entière »[1]. Chez Socrate, elle prend la forme de la conscience que tous les buts finis sont vains. Il en va de même de toutes les autres positions existentielles que Kierkegaard explorera par la suite, qui consistent en une appréhension de l'existence comme un tout.

2) L'ironie, à l'instar des autres positions existentielles, est une figure du désir, une manière d'accorder ou de ne pas accorder le désir d'éternité et celui qui a pour objet les choses et les êtres finis. À ce titre, quelle que soit sa composante intellectuelle, elle consiste en affects (l'ironie socratique est le plaisir de mettre en évidence la vanité de tous les buts finis, l'ironie romantique est une succession d'humeurs, qui finit par engendrer l'ennui). Lorsque Kierkegaard passe en revue, sans souci d'exhaustivité, quelques positions existentielles fondamentales, c'est toujours en termes d'affects qu'il les caractérise : « au lieu où la jalousie forme ses desseins, à la demeure du chagrin où le ver de la concupiscence ne meurt point, où la désespérance contemple sa perte, où la misérable sagesse des railleurs emplit autrui d'angoisse, où la langue de la calomnie trahit le trop-plein du cœur… »[2]. Plus généralement, toute activité humaine, qu'il s'agisse de l'art, de la poésie et même de la science, « présuppose un sentiment » – une vérité qui a été oubliée de nos jours, répète Kierkegaard[3].

3) L'ironie, comme toutes les positions existentielles à l'exception de la foi, est à la fois une « preuve de santé » et une « preuve de maladie », au sens où elle appréhende l'absolu sous une certaine forme (en l'occurrence celle du néant) tout en le méconnaissant (en tant que le sujet se détache du fini de manière purement intellectuelle, sans engager une transformation de sa vie en réponse à l'appel du divin). C'est pourquoi le désespoir, dans *La maladie mortelle*, pourra, sous ses formes les plus conscientes en particulier, être considéré comme un stade indispensable du mouvement de l'âme vers la foi, c'est-à-dire vers elle-même.

4) La qualification précédente implique qu'il existe pour Kierkegaard un *telos*, qui est la foi, et que l'ironie, en tant que position existentielle, est ce que Kierkegaard nommera plus tard un *stade* vers la foi comme réconciliation

1. *Le concept d'ironie*, T2, 229.
2. *Dix-huit discours…*, T6, 260
3. *Le concept d'angoisse*, OII, 14.

de l'infini et du fini. L'âme, en tant que contradiction de l'éternel et du temporel, n'est possédée par le sujet que « comme devant être acquise et non comme un bien extérieur »[1]. Ce n'est que rétrospectivement, depuis la position de la foi, que tel stade, incapable d'appréhender sa signification, peut apparaître dans sa vérité. Un tel schéma, qui pourrait sembler être encore hégélien, se distingue cependant de celui mis en œuvre dans *La phénoménologie de l'esprit*, nous le verrons, par bien des aspects (non seulement la nature du *telos* en question, mais aussi celle du passage d'un stade à l'autre, qui n'est pas chez Kierkegaard un processus dialectique au sens que Hegel donne à ce terme).

5) L'ironie est aussi, conformément aux analyses des sections précédentes, une position par rapport au temps. Dans sa version romantique, elle suscite l'ennui, un affect qui fait l'objet, chez Kierkegaard, d'analyses particulièrement précises (à la différence de ce qui est le cas dans l'œuvre de Heidegger, où il est bien pensé aussi comme une « tonalité affective », mais n'est pas déterminé aussi précisément que le sont l'angoisse et la sérénité). L'ennui sera défini plus tard par Kierkegaard comme une « notion panthéiste », une prise de position par rapport au tout de l'existence et au temps dans son ensemble (dans l'ennui, le temps est ce qui ne peut susciter rien de nouveau) : « l'ennui repose sur le néant qui s'insinue à travers l'existence; le vertige qu'il provoque est comme celui que l'on éprouve en plongeant le regard dans un abime infini »[2]. Un tel affect suscite deux réactions qui sont l'une et l'autre des positions par rapport au temps : on peut lutter contre lui extensivement (en changeant de lieu, dans l'*espoir* qu'il existe un ailleurs) ou intensivement (en restant sur place, mais en se réfugiant dans la *remémoration* ou l'*oubli*, deux manières de ne pas se tenir au temps présent). On vérifiera plus loin que toute position existentielle est, à l'instar de la foi, le choix d'une attitude par rapport au temps.

6) L'ironie, comme toute position existentielle, détermine une forme de subjectivité (en l'occurrence, avec l'ironie socratique, une subjectivité vide qui jouit d'elle-même). Chacune de ces formes prend place sur un axe qui va de la subjectivité dispersée et malheureuse à la pleine subjectivité, unifiée et réconciliée. L'ironie, dit Kierkegaard, manque « la vraie félicité où le sujet

1. *Dix-huit discours...*, T6, 151.
2. *Ou bien...ou bien*, OI, 287-289.

ne rêve pas, mais se possède lui-même dans l'infinie clarté, où il est à lui-même absolument transparent »[1]. Les formes de subjectivité qui précèdent la foi, celles corrélatives des multiples attachements aux choses et individus finis, sont caractérisées par la dispersion et une tension inévitable : oublier l'éternel, c'est laisser sa vie s'éparpiller en moments qui sont autant de passions, lesquelles se combinent diversement dans ce que Kierkegaard nomme des *mixtes*, qu'il distingue soigneusement de la synthèse de l'infini et du fini qu'est la foi. La caractéristique de ces passions mixtes est qu'elles ne se connaissent pas elles-mêmes, qu'elles relèvent de l'illusion cruelle par laquelle nous nous trompons nous-mêmes. L'ignorance de soi et l'ignorance de Dieu sont une seule et même chose[2].

7) Dans *Le concept d'ironie*, texte de jeunesse, le *stade* est encore proche du *moment* hégélien. L'ironie y est définie comme un « moment transitoire » vers la subjectivité infinie du christianisme. Mais le mouvement vers le *telos* est déjà clairement pensé par Kierkegaard comme distinct d'un processus nécessaire, chaque passage au stade supérieur résultant d'une libre décision individuelle. Dans l'ordre de l'existence, l'histoire est, pour Kierkegaard, à la fois orientée et contingente. Il n'y a là aucune contradiction : l'âme a un *telos* au sens où elle n'atteint la pleine conscience d'elle-même que dans la foi, mais celle-ci suppose un saut qui, même s'il peut être motivé par un choc extérieur (la perte soudaine d'un état de sécurité par exemple[3]) reste un acte libre. Il en va de même de toutes les positions existentielles. Le désespoir est choisi, même si les différentes formes de celui-ci correspondent à des choix distincts (un choix, pour Kierkegaard, peut être plus ou moins conscient, relever ou non de la catégorie du péché, etc.). Quoi qu'il en soit de ces distinctions, le mouvement de l'âme n'est jamais pensé comme un progrès, ni au niveau individuel, ni au niveau collectif : chaque génération, dans la recherche du bonheur, ne peut compter sur l'aide de la génération précédente, elle ne peut que repartir de zéro[4].

1. *Le concept d'ironie*, T2, 270.

2. « ...quelle illusion, et cruelle, que leur volonté de l'Un! Car les plaisirs, les honneurs, la richesse, la puissance et toutes les choses du monde ne sont l'Un qu'en apparence; cette seule chose que l'on veut n'est pas l'Un et ne saurait le devenir pendant que tout change et que l'on change » (*Discours édifiants*, T 13, 26-30).

3. *Stades sur le chemin de la vie*, OII, 390-391.

4. *Crainte et tremblement*, OI, 974.

8) L'opposition entre le mouvement de l'âme selon Kierkegaard et le mouvement de l'esprit selon Hegel se cristallise vite, dès *Le concept d'ironie*, autour du statut du principe de contradiction. On ne peut être à la fois dans une position existentielle et dans une autre. Kierkegaard ne cessera de répéter, plus tard, qu'il faut choisir entre les deux branches de l'alternative, que l'on ne peut servir deux maîtres en même temps, etc. Dans l'ordre de l'existence, le sujet affronte « les plus épouvantables oppositions » : « d'un côté se manifestent la vérité, la justice et la sainteté, de l'autre les plaisirs, les penchants, les sombres passions et la perdition »[1]. Certes, le saut de la foi réussit la synthèse de désirs que l'entendement pense incompatibles, puisque le choix de l'infini restitue finalement, dans la vie éternelle, le monde fini auquel le croyant a renoncé. Mais Kierkegaard s'élève en permanence contre la confusion de ce type de dépassement avec l'idée hégélienne de médiation. Pour la pensée spéculative, la contradiction n'existe pas dans la mesure où elle finit par se résorber dans une unité supérieure; dans l'ordre de l'existence, pour la liberté, la contradiction existe. La liberté « n'est pas parfaite parce qu'elle accueille le mal de plus en plus, mais parce qu'elle l'exclut de plus en plus; or l'exclusion est précisément le contraire de la médiation »[2]. Les différents stades du mouvement de l'âme doivent être soigneusement tenus séparés en respectant ce que Kierkegaard nomme la « dialectique qualitative » : le poète qui se hasarde dans le religieux est un « gâcheur » et le religieux qui se complait dans l'esthétique est un « imposteur »[3]. Le refus de la médiation, du compromis, de l'équilibre, sont une constante de l'éthique de Kierkegaard. Le désespoir y est souvent défini comme le fait d'avoir deux volontés, celle de l'infini et celle du fini[4]. Les seules passions humaines qui se composent sont celles qui ont pour objet les choses finies. Il est à remarquer que cette position, qui pourrait sembler impliquer une certaine forme d'intolérance, garantit au contraire chez Kierkegaard l'indépendance de chacun des stages existentiels[5]. À propos

1. *Ou bien…ou bien*, OI, 592.
2. *Ibid.*, OI, 607.
3. PS, 366.
4. *Discours édifiants*, T13, 33.
5. Les pseudonymes témoignent de l'indépendance de chaque position existentielle : « On a, ces temps-ci, et depuis déjà bien longtemps, perdu l'idée qu'être auteur est et doit être un acte et donc une manière personnelle d'exister » (*Point de vue sur mon activité d'écrivain*, OII, 1128).

de ceux qui, surestimant ou sous-estimant le fini, perdent la relation du mariage à l'infini ou refusent de se marier en invoquant un supposé amour pour Dieu, Kierkegaard appelle au respect de chaque décision éthique : « Pas d'ardeur à juger ; le plus faible aussi a son droit »[1].

9) Il est possible, enfin, de vérifier l'originalité de cette conception du mouvement de l'âme en confrontant la totalité hégélienne avec ce qui pourrait lui correspondre chez Kierkegaard. Le mouvement de l'esprit, selon Hegel, progresse en conservant dans la nouvelle totalité, à titre de moments, les états dépassés (dans le langage peu révérencieux de Kierkegaard, chaque nouvelle totalité « gobe la précédente », comme il l'écrit dans son *Journal*). Chez Kierkegaard, la validité maintenue du principe de contradiction, qui exclut ce type de dépassement, n'implique pas pour autant une relation d'extériorité entre les différents stades. Du fait même de la contingence du processus, toujours incertain et réversible, un stade peut subsister dans le stade ultérieur, mais d'une manière différente de ce qui est le cas chez Hegel. L'ironie, par exemple, n'est pas résorbée dans la foi pour subsister en elle à titre de moment, elle apparaît plutôt, au sein de celle-ci, comme une position à laquelle il est possible de faire périodiquement retour, dans un mouvement de régression, lorsque la foi devient incertaine, mais tout aussi bien comme un exercice vivifiant celle-ci (l'ironie est l'équivalent pour la vie de ce qu'est le doute pour la science, dit *Le concept d'ironie*, en insistant sur la valeur de ce doute[2]). Plus généralement, une personne vit toujours de telle manière qu'il a quelques éléments de toutes les attitudes en lui, comme le répète Kierkegaard dans son *Journal*. Il va même plus loin encore, on l'a mis en évidence plus haut, en affirmant que le passage à un stade supérieur, loin d'être un dépassement reprenant sans reste le stade antérieur, n'efface pas la douleur de la perte. Le renoncement au fini est la condition de l'accès à la vie éternelle, mais ce renoncement demeure, jusque dans le bonheur – et sa persistance est une extrême douleur.

Il est impossible, dans les limites imparties par cette étude, de s'attarder sur les typologies des attitudes existentielles dans l'œuvre de Kierkegaard. Cela ne semble pas nécessaire non plus. Kierkegaard n'a cessé d'explorer les divers choix possibles face à la « terrifiante contradiction » qu'est l'existence

1. *Stades sur le chemin de la vie*, OII, 389.
2. *Le concept d'ironie*, T2, 295.

humaine, mais il n'a jamais élaboré une classification systématique et définitive de ceux-ci. La distinction entre l'*esthétique* (les multiples manières de s'attacher au fini analysées dans *Ou bien… ou bien*), l'*éthique* (l'attitude fondée sur la reconnaissance de la validité de l'universel, face auquel la singularité individuelle doit s'effacer[1]) et le *religieux* (la reconquête de la singularité dans le rapport à Dieu) unifie ces diverses attitudes, à un moment de l'évolution de la pensée de Kierkegaard. Mais les choix face à l'existence peuvent être étudiés sous d'autres angles, sans reprendre explicitement cette distinction, comme c'est le cas dans *La maladie mortelle*, la tentative sans doute la plus systématique de penser, sous la catégorie de désespoir, l'unité des attitudes existentielles.

On ne s'étonnera pas que le rapport au temps serve de guide à Kierkegaard dans l'analyse de ces différentes attitudes face à l'existence. Si le désir d'éternité est en chaque homme une voix que rien ne peut réduire au silence, les attitudes existentielles peuvent être comprises comme autant d'interprétations de l'espérance de vie éternelle, du « peut-être » qui est la marque fondamentale de l'existence : on peut, comme le fait le désespéré, répéter sans cesse ce « peut-être », ou comme le défiant se moquer de tout espoir, ou comme l'habile renoncer à l'éternité et s'adonner aux activités temporelles, ou comme « l'esprit frivole » se réjouir de l'instant malgré la caducité de celui-ci[2]. Dans *Le plus malheureux* (*Ou bien… ou bien*), cette typologie des attitudes existentielles fondée sur leur rapport au temps est particulièrement précise. Le texte y distingue six figures du malheur absolu, six manières pour l'individu de ne pas être présent à lui-même dans le présent, de posséder « son idéal, le contenu de sa vie, la plénitude de sa conscience, son être propre en dehors de lui-même », dans le passé ou le futur, l'espoir ou le souvenir ou dans diverses combinaisons de ceux-ci[3]. Anticipant les analyses de *La maladie mortelle*, *Ou bien…ou bien* peut ainsi ranger sous la catégorie de désespoir l'ensemble des attitudes existentielles reposant sur le sentiment que « l'on ne peut accepter ce monde, que l'on vient à la fois trop tard et trop tôt en ce monde, que l'on ne peut trouver sa place dans la vie ; car celui qui se possède lui-même éternellement ne vient

1. Dans *Ou bien… ou bien*, le mariage est l'institution où l'autre est reconnu comme un humain et pas seulement comme un objet du désir, comme c'est le cas dans le désir esthétique.

2. *Discours édifiants*, T6, 198.

3. *Ou bien…ou bien*, OI, 220-223.

ni trop tôt ni trop tard en ce monde, et celui qui se possède lui-même en sa valeur éternelle trouve bien sa signification en cette vie »[1].

Mais ces attitudes peuvent aussi bien être appréhendées sous l'angle de leur caractère plus ou moins conscient, sur un axe qui va des formes les plus mondaines (où le désir d'éternité n'émerge jamais de manière explicite, mais s'exprime « par la raillerie, par l'ivresse prosaïque de l'entendement, par l'agitation, par l'enthousiasme de la vie temporelle, etc. » ou bien prend la forme naïve d'un au-delà merveilleux) jusqu'à ce que Kierkegaard nomme le démoniaque (la révolte de Satan contre Dieu), en passant par les formes plus élaborées intellectuellement (les multiples versions métaphysiques du sujet pensé comme « le moi pur, l'éternelle conscience de soi »[2]). Que cette perspective se ramène à la précédente apparaîtra avec évidence si l'on se souvient que pour Kierkegaard le rapport au temps et le rapport à soi sont une seule et même chose : l'âme ne se conquiert elle-même que dans la synthèse de l'infini et du fini où elle accède à la vie éternelle.

C'est *La maladie mortelle* qui construit la typologie des attitudes existentielles la plus simple et la plus compréhensive à la fois, au sens où elle est capable d'intégrer les différentes perspectives que nous venons d'envisager. Les diverses attitudes existentielles y sont déployées comme autant de figures orientées vers le *telos* qu'est la vie éternelle comme synthèse de l'infini et du fini, un état où la conscience individuelle s'atteint elle-même, en s'accordant au commandement divin, dans le sentiment de « sa signification en cette vie ». C'est dans ce texte que Kierkegaard donne la définition la plus dense et la plus complète de l'*âme* ou *moi* : l'esprit humain est une relation du fini et de l'infini qui est « dérivée », c'est-à-dire « établie » par un autre, et qui toujours « se relie elle-même à elle-même », dans le double sens où elle est consciente d'elle-même, d'être ce qu'elle est et de ne pas s'être posée elle-même, et en même temps consciente d'être libre par rapport à cette non-position d'elle-même, de pouvoir l'ignorer, la refuser ou, dans la foi, l'accepter. Sur la base d'une telle définition – qui ne fait que reprendre en termes plus abstraits une conception de l'homme présente dès les premiers écrits de Kierkegaard – les attitudes existentielles peuvent être rangées, par opposition à celle qui définit la foi, sous la catégorie du désespoir comme

1. *Ibid.*, OI, 623.
2. *Le concept d'angoisse*, OII, 144-145.

maladie « à la mort », c'est-à-dire conduisant l'âme à sa mort spirituelle, au malheur indissociable de l'ignorance ou du refus de son statut de créature mortelle – « le tourment du désespoir est précisément de ne pas pouvoir mourir » – sous les trois formes du « désespoir de ne pas être conscient d'avoir un moi propre », « de ne pas vouloir être soi-même » et de vouloir, par ses propres forces, « être soi-même »[1].

Chacune de ces formes fait l'objet d'analyses particulièrement précises, où Kierkegaard s'astreint – ce qui n'est pas toujours le cas – à une grande rigueur conceptuelle. Dans le cadre de la seconde forme, « ne pas vouloir être soi-même », il peut reprendre l'ensemble des critiques qu'il a toujours adressées aux postulations romantiques vers un « ailleurs », quelle que soit la nature de celui-ci (il peut prendre des formes apparemment religieuses, comme l'élan mystique vers un Dieu imaginaire). Les voies de la conscience malheureuse sont multiples : ne pas vouloir être ce que les circonstances ont fait de soi, ne pas vouloir être un soi, vouloir être un autre soi (cette dernière forme est la plus comique : « eh bien, s'il devenait un autre – se reconnaîtrait-il ? »[2]). Dans le cadre de la troisième forme du désespoir, « vouloir être soi-même par soi-même », qui a son origine dans le fait que Dieu « qui a fait de l'homme ce rapport le laisse pour ainsi dire échapper de sa main, autrement dit [...] que ce rapport se rapporte à lui-même »[3], Kierkegaard rassemble l'ensemble des attitudes où le sujet veut « détacher son moi de la puissance qui l'a posée », qui vont de la négation stoïcienne du malheur à la révolte « démoniaque », en passant par les diverses figures du défi[4].

On vérifierait aisément, en suivant Kierkegaard dans l'exploration plus précise des multiples formes du désespoir qui fait l'objet de la section C de la *Première section* et de la *Deuxième section*, que les attitudes existentielles se laissent caractériser comme autant d'impossibilités d'accorder l'infini et le fini (le « désespoir de l'infini » aspire à un ailleurs et un futur qui ne rejoint jamais le fini, le « désespoir du fini » s'en tient à un présent qui fuit sans cesse vers le « jour suivant »), c'est-à-dire aussi bien d'accorder la possibilité et la nécessité (le « désespoir de la possibilité » est dépourvu

1. *La maladie mortelle*, OII, 762.
2. *Ibid.*, OII, 797.
3. *Ibid.*, OII, 772.
4. *Ibid.*, OII, 764.

de « la force d'obéir, de se courber devant le nécessaire que l'on porte en soi », il est le fait d'un moi qui ignore ses limites, refuse « que le moi qu'il est soit un quelque chose de tout à fait déterminé et donc le nécessaire » ; le « désespoir de la nécessité » ne parvient pas à penser que « ce qui est décisif est : à Dieu, tout est possible », en d'autres termes qu'il est possible de sortir du temps[1]).

Le détail des analyses de Kierkegaard ne peut nous retenir ici. Il suffira de noter qu'elles fournissent un riche matériau pour construire ce que Kierkegaard nomme la « psychologie », par quoi il n'entend ni la psychologie rationnelle (l'étude *a priori* de l'âme comme branche de la métaphysique, dont Kant a fait la critique), ni la psychologie en tant que science empirique, mais l'exploration des diverses figures du désir proprement humain, pris entre les deux postulations vers le fini et l'infini. Dans *Ou bien... ou bien*, qui envisage une grande variété d'attitudes existentielles, Kierkegaard présente en particulier une analyse remarquablement détaillée du désir « esthétique », c'est-à-dire du désir sensuel, portant sur les choses et êtres finis. Il y met en place des catégories permettant de comprendre les multiples figures de ce désir (le *désir rêvant* du page dans le *Figaro* de Mozart, pour qui la dualité du sujet et de l'objet ne s'est pas encore éveillée, où l'objet est encore représenté comme indéterminé et vécu dans l'affect de mélancolie, comme sentiment de ne pas pouvoir encore désirer ; le *désir cherchant* de Papageno, où l'objet apparaît explicitement, mais se disperse en multiples apparitions, suscitant le sentiment de brefs instants de joie exubérante ; le *désir désirant* de Dom Juan, se fixant sur un objet, puis sur un autre, dans le sentiment de la victoire triomphante et de l'anxiété toujours renaissante ; le *démoniaque*, avec Faust, qui choisit le sensuel comme péché contre l'esprit, etc.). Si l'on peut parler, à propos de ces études, de psychologie, c'est parce qu'à chacune des figures du désir correspond un type de sujet, une âme dispersée ou en cours d'unification (« sa vie est une somme de moments récurrents qui n'ont pas de cohésion, sa vie est, en tant que moment, une somme de moments, ou en tant que somme de moments, un moment »[2]).

1. *Ibid.*, OII, 780-781.
2. *Ou bien...ou bien*, OI, 98.

La contribution de Kierkegaard à une telle « psychologie » peut paraître tout aussi éclairante dans le cas des formes plus élaborées du désir humain, celles qui portent non sur tel ou tel objet fini, mais, comme dans la tradition des sagesses antiques, sur le souverain bien. La fin de *La maladie mortelle* relève certes de ce que Kierkegaard nomme la « psychologie chrétienne pour l'édification et le réveil ». Mais ce serait sous-estimer leur valeur philosophique que de les réduire à cette fonction d'édification.
L'analyse des formes ultimes du désespoir, les plus conscientes, propose en effet une lecture de l'aspiration au bonheur et à la liberté qui, bien que dépendante de la problématique chrétienne de Kierkegaard – le désespoir est l'interprétation philosophique qu'il donne du péché – a le mérite philosophique de mettre en évidence la structure de cette aspiration et de dégager quelques-unes des réponses qu'elle suscite. Ces formes du désespoir sont celles qui naissent « grâce à l'éternel » et elles consistent en un « désespoir désespéré de vouloir être soi-même » : « c'est ce moi qu'il veut désespérément être, détachant le moi de tout rapport à la puissance qui l'a posé, ou le détachant de la représentation qu'une telle puissance

existe ». Kierkegaard interprète l'histoire de l'éthique, dans la tradition philosophique et religieuse occidentale, comme l'ensemble des réponses de l'homme au désir d'éternité et au désir de liberté. Le terme de *désespoir*, sous lequel il range ces réponses, ne doit pas faire oublier, on l'a dit plus haut, que toutes les formes du désespoir sont, pour Kierkegaard, des actes, non des réactions émotionnelles à la condition humaine. Tel est le cas du stoïcisme, par exemple, qui atteint la forme la plus abstraite du moi, celle où l'individu veut être maître de lui-même, c'est-à-dire se créer lui-même, commencer non *avec* le commencement, mais *au* commencement : « il ne veut pas se revêtir de son moi, ne veut pas voir dans le moi qui lui a été donné sa tâche; il veut, en s'aidant du fait qu'il est la forme infinie, se construire lui-même ». On peut évidemment questionner le jugement de Kierkegaard (le stoïcien ne peut parvenir à un moi stable, sa finitude se rappelle irrémédiablement à lui, il finira, « cloué à cette servitude », comme un roi sans royaume, et découvrira que le moi reste toujours une énigme[1]). On peut aussi considérer que cette lecture interprète de manière convaincante toutes les tentatives de se débarrasser non pas du désir

1. *La maladie mortelle*, OII, 811-813.

d'éternité et de liberté – qui font l'objet des analyses du début de l'ouvrage – mais de la servitude du fini.

Les dernières formes du désespoir, celles qui relèvent de la résignation, du défi et de la révolte « démoniaque », mettent également en évidence des positions par rapport à l'existence qui, à partir du XIXe siècle, seront cultivées par ceux que ne satisfont ni les sagesses antiques ni l'éthique chrétienne. Le sentiment du tragique ou de l'absurdité de l'être au monde, qui n'a rien de spécifiquement moderne, est appréhendé par Kierkegaard comme une constante de l'existence humaine : « il s'est assuré que cette écharde dans la chair ronge si profondément qu'il ne peut en faire abstraction (…), aussi veut-il bien, pour ainsi dire, l'assumer éternellement. Il s'en scandalise, ou plus exactement il s'en autorise pour se scandaliser de l'existence tout entière; par défi, il veut être lui-même avec elle… ». Au cœur d'une telle attitude, il y a bien encore, nous dit Kierkegaard, le désir d'éternité et de liberté : « il veut être lui-même; il a commencé par l'abstraction infinie du moi, et maintenant il est devenu, pour finir, si concret que ce serait une impossibilité, en ce sens, de devenir éternel, et cependant il veut dans son désespoir être lui-même »[1].

comprendre le paradoxe

La reconnaissance de l'existence comme sphère indépendante de celle de la connaissance conduit Kierkegaard à borner le pouvoir de la raison. Il le fait en récusant toute preuve de l'existence de Dieu, en interprétant la foi comme un saut paradoxal et, ce qui a moins retenu l'attention des commentateurs, en développant un usage *arationnel* du langage philosophique, au sens où ce discours a recours, sans se confondre avec le langage poétique, aux métaphores et aux fictions. Mais avant de conclure cette étude par l'examen du statut de ce nouvel usage de la métaphore, et pour élucider celui-ci, il importe d'abord d'essayer de comprendre le sens que Kierkegaard donne au paradoxe.

La conception de l'être et du bien absolu restituée au début de ce chapitre, qui délimite avec la plus grande netteté les domaines de la connaissance et de l'éthique (au sens large de la recherche du bonheur), est évidemment

1. *Ibid.*, OII, 814-816.

incompatible avec toute preuve de l'existence de Dieu, qu'elle soit de nature empirique (il ne serait possible de rendre compte de l'ordre du monde ou de sa contingence qu'en recourant à une cause première) ou *a priori* (à la manière de l'argument ontologique de Descartes)[1]. Dieu ne se donne pas autrement que dans le sentiment que j'existe et que je recherche un bien qui m'appelle à être, il est donné comme une évidence dans ce que Kierkegaard nomme l'intériorité, qui n'est autre que l'éternité en l'homme[2]. Alors que les preuves de l'existence de Dieu sont quelque chose dont le docte et le métaphysicien ne s'occupent que ponctuellement, « la pensée de Dieu s'impose en toute circonstance »[3]. L'éternité n'est pas un concept qui pourrait faire l'objet d'une connaissance théorique – lorsque le sujet adopte une telle attitude, c'est le signe qu'il a choisi de rester, dit Kierkegaard, dans une des formes du désespoir – car Dieu est avant tout un « modèle » pour l'existence humaine, une promesse qui est indissociablement un commandement, celui d'être devant ce modèle[4]. Au plus profond de l'intériorité, Dieu existe seulement lorsque le sujet se juge par la voix qui le juge : « tu te parles à toi-même par cette voix qui s'élève »[5]. Il n'est que dans ce dialogue calme et sérieux avec soi-même qu'est l'âme, c'est-à-dire l'éternité en l'homme. Et lorsque ce dialogue débouche sur la décision de la foi, cette décision est non seulement étrangère à la raison, comme l'est la pensée de Dieu, mais pour elle incompréhensible. Le *paradoxe* réside dans le fait, répète Kierkegaard, que la vie éternelle est un *scandale* pour la raison. Le saut en lequel la foi consiste est une croyance *en vertu de l'absurde.* On sait que Kierkegaard n'a eu de cesse de dénoncer sa génération et sa société, celle de la chrétienté « au sens géographique » – comme il la dénomme avec humour – laquelle, avec le secours de quelques esprits géniaux estimant être allés au-delà du point atteint par les apôtres, entendait comprendre la révélation par l'entendement[6].

1. L'ordre de la nature est une considération absente des écrits de Kierkegaard. Lorsqu'il invoque un ordre des choses, c'est toujours dans une perspective éthique : « La proposition éthique que tout être humain a une vocation est l'expression du fait qu'il y a un ordre raisonnable des choses où chaque être humain, s'il le veut, remplit sa place » (*Ou bien…ou bien*, OI, 720).

2. « l'intériorité est en conséquence l'éternité » (*Le concept d'angoisse*, OII, 143).

3. *Le concept d'angoisse*, OII, 133-134.

4. *Discours chrétiens*, T15, 38.

5. *Trois Discours*, T 8, 8.

6. *Le livre sur Adler*, T12, chap. III, Conclusions.

Comprendre philosophiquement ce qu'est le saut de la foi pour Kierkegaard, nous l'avons dit plus haut, est une tâche contradictoire. Mais un tel constat ne doit pas être évoqué à la manière d'un argument paresseux. Car Kierkegaard écrit, et abondamment, au sujet du saut de la foi. Il est donc nécessaire, si l'on veut restituer sa démarche, de le suivre dans son effort d'explicitation de la particularité de l'ordre de l'existence. Il le distingue de celui de la connaissance comme l'ordre de l'action et de la volonté libre. La vie éternelle n'est pour Kierkegaard ni un état du monde ni un état supposé exister au-delà du monde – que le sens commun et les métaphysiciens se représentent d'ailleurs toujours sur le modèle d'un phénomène du monde. Elle n'est rien qui pourrait faire l'objet d'une connaissance, scientifique ou métaphysique. Elle se confond avec l'acte qu'est le choix éthique du sujet. La vie éternelle, dit-il abruptement, en interprétant à sa manière l'image du Jugement dernier, c'est le *jugement éthique* : « l'immortalité est le jugement, ou la séparation des justes et des injustes », « elle est la séparation, de sorte que toute vie se poursuit assurément, mais dans la séparation », « la pensée de l'éternité porte que les hommes se séparent dans cette vie ici-bas »[1]. Une des manières de refuser le bonheur éternel – une des formes du désespoir – est le contresens qui transforme l'immortalité en question « pour la pensée » alors qu'elle est pour Kierkegaard une tâche, celle qui consiste à séparer le bien du mal. Une tâche relève toujours du devoir, de ce qui « doit être » et, ajoute Kierkegaard, lorsque nous sommes en face d'un devoir, « il ne doit pas être question du devoir, mais uniquement de savoir si je fais mon devoir », si je vis selon ce qu'exige, en moi, le désir d'éternité qui manifeste le bien absolu et l'être divin. C'est pourquoi Kierkegaard affirme qu'il n'y a pas de sens à demander si nous sommes immortels : « Dieu t'a complètement épargné cette peine; tu es immortel et tu rendras compte à Dieu de la façon dont tu as vécu, toi qui es immortel »[2]. Une telle affirmation ne paraîtra inacceptablement dogmatique qu'à ceux qui auront oublié ce qu'est Dieu pour Kierkegaard : l'être que l'irrécusable désir d'éternité ne peut pas ne pas poser comme étant sa propre origine. Dans une telle perspective, la seule manière possible de connaître Dieu, c'est de devenir ici-bas un autre homme : « de ce côté du tombeau, il est une sorte

1. *Discours chrétiens*, T15, 195 et 196.
2. *Ibid.*, T15, 194-195.

de résurrection chaque fois qu'un homme, en voulant tout faire ou tout souffrir, surgit dans la décision et demeure debout en elle avec le Bien »[1]. Kierkegaard, qui juge sévèrement les différentes versions du mysticisme, répète que Dieu ne se laisse pas saisir « par une admiration rêveuse et une contemplation visionnaire », mais seulement par le repentir, la conscience de notre néant, la transformation de notre manière d'agir et l'assistance qui nous fait renaître, manifestant par là que Dieu est toujours créateur (« là où Dieu est en vérité, il est toujours créateur », « il entend, en devenant connu de l'homme, créer en lui un homme nouveau »)[2].

On objectera à Kierkegaard que la distinction entre ces deux ordres n'implique pas, en elle-même, que l'acte éthique doive être pensé comme un acte non rationnel. Les diverses sagesses antiques reposent sur l'idée selon laquelle le sage, en faisant usage de sa raison, peut se réconcilier avec l'ordre du monde. Il y a bien, en un sens, dans ces doctrines, un dépassement de la mort, qui fait accéder à l'état où le sage est « comme un dieu », selon la formule d'Épicure. Une telle sagesse, tout spécialement celle du stoïcisme, fait d'ailleurs l'objet d'une attention particulière de la part de Kierkegaard, qui y voit une des positions possibles face à l'existence. La question demeure donc de savoir pourquoi Kierkegaard décrit comme un acte non rationnel cette décision qu'est la foi. Pourquoi l'entendement ne peut-il comprendre qu'il faille passer par la mort pour atteindre la vie éternelle ?

La notion de paradoxe, chez Kierkegaard, a un champ d'application particulièrement vaste. Est qualifié de paradoxe tout ce qui, dans le christianisme, se présente comme une violation du principe de contradiction – un principe qui, dans le champ théorique, a pourtant une valeur constamment réaffirmée par Kierkegaard, contre Hegel en particulier, et qui, dans le champ éthique, régit également la nécessité de choisir. Le « ou bien ou bien » est un leitmotiv des écrits de Kierkegaard : on ne peut servir deux maîtres à la fois, il faut choisir entre le monde fini et l'éternité, etc. Mais au-delà de la nécessité de juger, le choix éthique particulier qu'est celui de l'éternité, lui, n'est pas régi par le principe de contradiction. Affirmer qu'une vie dite éternelle est accessible à celui qui, par amour pour Dieu,

1. *Discours édifiants*, T 13, 109.
2. *Dix-huit discours*, T6, 295.

ne se révolte plus contre la mort ; accepter qu'un homme puisse être Dieu ou qu'un Dieu puisse se faire homme ; admettre que le fils de Dieu puisse sauver l'humanité sans pouvoir se sauver lui-même, etc., constituent autant de violations du principe de contradiction. Toutes les affirmations peuvent se ramener à cette contradiction fondamentale : l'accès à une vie nouvelle passe par la mort, la vie éternelle surgit « dans cette nuit du désespoir », quand « l'espérance est contre toute espérance »[1]. Le scandale réside dans le fait que le désir d'éternité est reçu par le sujet comme une promesse de vie alors même que l'auteur de cette promesse ne peut l'honorer qu'en exigeant de celui à qui il promet qu'il accepte la mort. Une telle promesse semble, du point de vue logique, incompatible avec le concept de promesse, qui n'a de sens que si celui à qui elle s'adresse existe pour pouvoir en bénéficier. C'est pourquoi la souffrance de la foi, le fait que l'homme n'entre dans une alliance avec Dieu que par la souffrance, est le divin mystère de l'existence terrestre[2]. Si l'idée d'un homme-Dieu semble une folie (« ce qui est fou, c'est qu'un simple individu veuille être Dieu, (...) une plus grande bestialité philosophique n'est pas concevable »[3]), c'est d'abord et essentiellement parce que cet homme, pour devenir Dieu, doit être crucifié.

À cela, on répondra qu'une action rationnelle peut fort bien être contre-intuitive, que pour parvenir à un objectif donné il arrive qu'il faille d'abord aller dans la direction apparemment opposée, et qu'il n'est pas inconcevable, comme en témoignent les sagesses antiques ou le bouddhisme, qu'il faille accepter la mort pour accéder à un état de bonheur qui, parce qu'il neutralise le temps, pourrait être dit éternel (l'ataraxie, chez Épicure, est un état irréversible, le sage est « paré pour toujours », il ne peut plus rien lui arriver). Kierkegaard n'envisage pas cette objection, mais ses écrits avancent, au-delà des formulations divergentes, une argumentation qui peut permettre de comprendre pourquoi le choix de l'éternité est nécessairement paradoxal, c'est-à-dire non rationnel.

Au centre de celle-ci est le constat de l'incommensurabilité des objets que visent le désir d'éternité et le désir portant sur les choses finies. La découverte, dans l'intériorité, du bien absolu qui émane de Dieu, qui est

1. *Quatre discours, Pour un examen de conscience*, T18, 136.
2. *Préfaces*, T7.
3. *Pratique du christianisme*, OII, 915.

Dieu, c'est-à-dire l'être qui, par son appel à être, fait être toute chose, est pour Kierkegaard la découverte du « différent absolu », c'est-à-dire de ce que l'entendement, dont la fonction est de comprendre et maîtriser les choses finies, ne peut penser et qui, de ce fait, ne peut qu'être donné dans un sentiment, celui de la « passion de l'entendement » se heurtant à « l'inconnu comme limite »[1]. Le paradoxe commence donc déjà, pour Kierkegaard, avec ce constat que nous, être finis, désirons l'éternité, c'est-à-dire avec la découverte de Dieu dans l'intériorité. La présence de Dieu est certes pensée par Kierkegaard comme une compréhension, jamais comme une vision mystique, mais cette compréhension a son origine dans un étonnement : « là où le désir pousse ses racines les plus profondes, là où cet inconnu semble se faire jour, apparaît l'étonnement, perception immédiate de Dieu et commencement de toute compréhension plus profonde ». Cette compréhension, en retour, développe l'étonnement en un sentiment où se mêlent « la crainte et la félicité ». Dans cette dialectique du sentiment et de la compréhension, il apparaît que le désir d'éternité inclut déjà une compréhension, celle du fait qu'il y a de l'incompréhensible : « l'expression suprême de l'étonnement, si tant est qu'il se laisse préciser, fait voir en Dieu la vie sous la forme d'un tout inexpliqué »[2]. Une telle compréhension est ce que Kierkegaard nomme le paradoxe, ou « la passion de la pensée », par laquelle celle-ci ne peut que vouloir sa propre ruine :

> Mais la puissance suprême de toute passion, c'est de toujours vouloir sa propre ruine, et donc la souffrance suprême de l'entendement est aussi de vouloir le scandale, bien que le scandale doive devenir, d'une manière ou d'une autre, sa ruine. C'est le paradoxe suprême de la pensée de vouloir découvrir quelque chose qu'elle n'est pas capable de penser elle-même[3].

Cette incommensurabilité des objets que vise le désir humain est à la fois ce qui fonde le primat du principe de contradiction dans le champ éthique (le « ou bien, ou bien », la nécessité de choisir l'un ou l'autre) et ce qui fait que le choix de l'éternité est un scandale pour la raison. Une fois posé le hiatus entre le bonheur éternel et celui qui résulte de la satisfaction des désirs portant sur le fini, il ne reste plus en effet que deux solutions : soit

1. *Miettes philosophiques*, OI, 1015.
2. *Trois discours*, T8, 15-16.
3. *Miettes philosophiques*, OI, 1018.

considérer que la réconciliation de ces deux désirs est impossible, qu'elle est impensable par la raison, soit considérer qu'elle n'est possible que par un choix qui échappe au principe de contradiction. La première solution, Kierkegaard insiste souvent sur ce point, est fondée et légitime. Celui que cette réconciliation scandalise a en un sens raison, c'est pourquoi il est plus proche de la foi que celui que le message évangélique ne scandalise pas ou qui en fait l'objet d'un choix rationnel. Sa raison, cependant, ne va pas jusqu'à reconnaître sa propre limite. Lorsqu'il est confronté à un problème théorique ou à un problème pratique, celui qui vit dans le seul monde fini n'affronte jamais que des hypothèses ou options commensurables, qu'elles soient compatibles ou contradictoires : telle hypothèse peut être confrontée avec telle autre, leurs mérites respectifs peuvent être examinés, de sorte que l'une peut être réduite à l'autre, ou l'englober, ou encore l'exclure, sans jamais pour autant relever d'un autre ordre qu'elle; et il en va de même, au niveau de l'action, des différentes options auxquelles nous confronte le monde. Mais le désir d'éternité et le désir portant sur les choses finies appartiennent, comme le dit le *Livre sur Adler*, à deux sphères radicalement différentes, « la sphère paradoxale-religieuse » et « la sphère de l'immanence ». Telle est, selon Kierkegaard, la structure de l'existence humaine. En tant que mixte d'infini et de fini, elle est le lieu où surgit un problème d'une autre nature que ceux qui se posent dans le fini, celui qui consiste à décider de produire ou de ne pas produire la « synthèse du fini et de l'infini », d'accorder ou non le désir d'éternité et le désir portant sur le fini, de rendre possible ou non le paradoxe en tant que « celui-ci concilie précisément la contradiction, [qu'il] est la réalisation éternelle de l'historique et l'historicisation de l'éternel »[1].

La solution de ce problème – celle que, selon Kierkegaard, chaque individu, dans un dialogue avec la révélation, découvre ou ne découvre pas dans son intériorité – est évidemment scandaleuse d'abord parce qu'elle exige que le sujet abandonne les objectifs mondains, sacrifie ses désirs finis et accepte de mourir. Cette solution semble incompatible avec l'idée même de désir, donc avec le désir d'éternité lui-même. Mais le plus scandaleux est que ce scandale ne puisse être dépassé que par l'abdication de la raison. L'existence, mixte d'infini et de fini, qui s'impose comme un ensemble

1. *Ibid.*, OI, 1030.

hétérogène incompréhensible, relève d'un ordre qui peut conduire le sujet, au travers d'une série de stades – les différentes attitudes existentielles – vers une solution dont l'évidence outrepasse celle de sa raison. Ce sujet, qui se pensait comme promis à être dans le monde par la puissance de la pensée, se découvre alors, lorsqu'il tente de comprendre sa propre nature – mixte de fini et d'infini – comme une créature qui, pour devenir ce à quoi la promesse de l'infini le destine, s'il choisit de le devenir, doit renoncer à la raison : « l'élu sait de prime abord que sa tâche est de travailler contre lui-même »[1]. En d'autres termes, sa raison découvre qu'elle doit faire appel à un autre qu'elle-même, dans ce que Kierkegaard décrit comme une action par laquelle elle découvre sa propre passivité : « l'intériorité de l'action est la souffrance (...); la souffrance est l'action intérieure la plus haute »[2]. La souffrance de la mort, au-delà du sentiment de ma propre disparition, est celle de mon entendement réduit au silence : « pourtant, tu es mort à ta raison, qui se tait en cet état; mais si elle reprend jamais la parole, c'est à ce mot : 'il n'y a pas d'espoir', où elle s'est interrompue ». C'est le moment du « pourquoi m'as-tu abandonné ? », où le sujet découvre que la promesse de maîtrise n'était qu'une illusion, où la douleur n'est pas tant celle de l'anéantissement que de l'incompréhension. Mais ce qui, dans cette solution qui paralyse la raison, est le *summum* du paradoxe est la découverte que la seule voie pour concilier les inconciliables, c'est-à-dire pour être, consiste non seulement à reconnaître que l'on n'est *rien* (ce que la raison peut à la limite admettre), mais que l'on ne peut être qu'en choisissant d'être rien devant un être *qui prête attention à ce rien* : « ...la déraison apparaît quand le fait de n'être rien fixe l'attention générale. Il y a bien là de quoi perdre le sens »[3]. Le sujet découvre alors que « l'absolument différent » – ce qui ne peut être pensé par l'entendement et ne peut être appris que de cet absolument différent lui-même – n'est appréhendé comme transcendant et étranger à lui que parce qu'il est lui-même responsable d'une telle incompréhension par son refus de répondre à l'invitation d'être son égal. La conscience d'être pécheur est celle par laquelle le sujet découvre qu'il est lui-même à l'origine de la compréhension de Dieu comme différence

1. *Quatre discours, Pour un examen de conscience*, T18, 114.
2. PS, 364.
3. *Quatre discours, Pour un examen de conscience*, T18, 136 et 219.

absolue, c'est-à-dire de la méconnaissance de son égalité absolue avec Dieu :

> Alors, le paradoxe devient encore plus terrible, avec un double aspect par lequel il se manifeste en tant qu'absolu ; négativement, en avançant la différence absolue du péché, positivement en voulant faire cesser cette différence absolue dans l'égalité absolue[1].

Arrivé à ce point, il est difficile d'en dire plus sans faire soi-même le saut de la foi ou, en récusant l'argumentation qui précède, en refusant de le faire. Quoi qu'il en soit, il revient à Kierkegaard d'avoir mis en évidence que, si l'on accepte la prémisse dont il part (l'existence est un mixte de désir fini et de désir d'éternité), il n'y a pas de science éthique, de voie rationnelle vers le bien absolu. Sur la base d'un tel constat, il est conduit à affirmer qu'il existe cependant une solution, et une seule, au problème éthique, à l'articulation des deux désirs constitutifs de l'humain, et que seul l'individu lui-même peut découvrir, dans l'intériorité, la voie vers cette solution – ou ne pas réussir, ou ne pas vouloir, la découvrir, en choisissant une autre attitude existentielle. On peut évidemment refuser cette affirmation si l'on adopte l'une ou l'autre des deux positions suivantes : (1) si l'on considère que le désir d'être, ou d'éternité, à supposer qu'il soit présent en tout être humain, ne mérite pas qu'on lui accorde un quelconque intérêt (il pourrait être une simple condition de possibilité de la vie animale, sélectionnée par l'évolution) ou (2) si l'on considère que ce désir d'être se fait puissamment sentir en chaque humain, ne se laisse nullement éliminer, mais ne peut que coexister avec les désirs finis en donnant naissance au sentiment d'une existence définitivement tragique.

Un dernier point, suscité par les remarques qui précèdent, reste cependant à éclaircir. Kierkegaard décrit toujours le choix de l'éternité à la fois comme une décision libre (c'est le cas pour lui de toute attitude devant l'existence), comme un acte non rationnel (un saut paradoxal) et comme un acte contraignant celui qui effectue ce saut : « à partir du moment où l'on amène un homme à se tenir à la croisée des chemins, de sorte qu'il n'y ait pas d'autre issue pour lui que de choisir, il fait le juste choix »[2].

1. *Miettes philosophiques*, OI, 1017.
2. *Ou bien...ou bien*, OI, 601.

Une telle description pourrait cependant être moins contradictoire qu'il n'y paraît. Le saut est irrationnel par rapport à l'entendement, pour lequel, dans l'ordre de la connaissance, il reste toujours une aventure incertaine et folle, mais il est une « preuve » (Kierkegaard n'hésite pas à employer ce mot, alors même qu'il récuse toute preuve théorique de l'existence de Dieu[1]) dans l'ordre de l'existence, non seulement un choix de l'obéissance, mais, pourrait-on dire, un choix par obéissance. En d'autres termes, il existe une contrainte qui n'est pas d'ordre rationnel, qui est celle de la volonté se dirigeant librement vers le bien. Lorsque Kierkegaard parle de « preuve », même si le terme peut paraître ambigu, c'est pour signifier que le chrétien n'est jamais indécis et hésitant. Il existe une « certitude » qui n'est pas de l'ordre de la connaissance, une contrainte existentielle : « la conclusion de la foi n'est pas une conclusion, mais une résolution, et voilà pourquoi le doute est exclu »[2]. Le saut de la foi apparaît ainsi à la fois libre, au sens où aucune raison ne peut conduire à l'effectuer, et déterminé, obéissant à la logique – si l'on peut employer ce mot – qui régit le champ de l'éthique, un champ qui est celui de la volonté et non de la raison. Le

mouvement de l'âme du chrétien est une joyeuse obéissance qui « loue non ce que l'homme comprend, mais ce qu'il ne comprend pas »[3] :

> ...cependant ce n'est que le profond mouvement intérieur, l'indescriptible émotion du cœur, qui t'assure que ce que tu as reconnu t'appartient, sans qu'aucune puissance puisse te l'enlever car seule la vérité qui édifie est vérité pour toi[4].

Si la foi demeure également marquée par l'incertitude, celle-ci n'est pas de même nature que l'incertitude théorique. Le terme, sous la plume de Kierkegaard, désigne soit le fait que la foi n'est pas susceptible de la certitude propre à l'entendement (elle ne dispose d'aucune preuve de la gloire du Christ, car puisque le Christ n'a pas dit qu'il était dans la gloire du Père depuis cette gloire, mais « dans les conditions de son abaissement », il s'ensuit que de « de son retour dans la gloire, on ne peut rien savoir, on peut, au sens le plus strict, le croire »[5]), soit le fait que le

1. « on prouve l'existence de Dieu par l'adoration – non par des preuves » (PS, 454).
2. *Miettes philosophiques*, OI, 1049.
3. *Discours chrétiens*, T15, 79.
4. *Ou bien...ou bien*, OI, 778.
5. *Pratique du christianisme*, OII, 891.

chrétien n'est jamais certain de ne pas pécher, c'est-à-dire d'aimer Dieu (« la foi est toujours en lutte ; mais tant qu'il reste à lutter, il y a possibilité de défaite »[1]). C'est pourquoi Kierkegaard, en dégageant la spécificité de la croyance chrétienne, peut la comprendre comme une attente qui n'attend rien de particulier. La certitude de la foi n'est pas dans l'assurance que l'attente sera comblée, mais dans l'attente elle-même, c'est-à-dire dans la certitude qu'on a la foi[2]. Le temps ne peut ni lui donner substance (en réalisant tel état particulier) ni la réfuter (en ne réalisant pas cet état). En d'autres termes, elle est, pour Kierkegaard, *patience*. La possession de soi-même se confond avec cette patience qui acquiert l'âme à l'éternité, « même à l'instant de la mort si l'on meurt dans la persévérance »[3].

La distinction des deux ordres, celui de la connaissance et celui de l'éthique, est la contribution majeure de Kierkegaard à la philosophie. Dès ses œuvres de jeunesse, il remarquait que ce qui caractérise notre époque est le fait que le développement du savoir scientifique ne s'est pas accompagné d'un développement équivalent au niveau de la vie, et qu'il nous faut aujourd'hui « transférer les résultats de la science dans la vie personnelle », car nous avons oublié qu'une réalisation n'a aucune valeur si elle ne fait pas l'objet d'une appropriation personnelle[4]. La suite de l'œuvre mettra en évidence que donner un sens à sa vie est une tâche d'un tout autre ordre que celui d'une tâche théorique ou de toute autre tâche pratique. Kierkegaard rappelle l'intérêt qu'il a pris aux sciences naturelles, mais « la vie m'a toujours intéressé davantage et mon désir a toujours été de clarifier et de résoudre l'énigme de la vie »[5]. Le journal contemporain de *Ou bien... ou bien* s'attache à distinguer les deux concepts de vérité correspondant à ces deux ordres. La vérité éthique est subjective et concerne l'action, elle n'est pas la connaissance théorique (de la nature, de la société ou de l'histoire) : « ce dont j'ai réellement besoin, c'est d'avoir des idées claires sur ce que je dois faire, non sur ce que je dois savoir, sauf dans la mesure où le savoir doit précéder l'action » ; le seul but, dans l'ordre de l'éthique,

1. *Miettes philosophiques*, OI, 1071.
2. *Dix-huit discours édifiants*, T6, 26-28.
3. *Ibid.*, T6, 161.
4. *Le concept d'ironie*, T2, 295.
5. *Journal*, entrée du 1er juin 1835, *in* H.V. et E.H. Hong, *Kierkegaards Writing III*, Princeton University Press, 1987, p. 456 (traduit de l'anglais par mes soins).

est de savoir ce que Dieu attend que je fasse, une vérité « pour moi », « trouver l'idée pour laquelle je dois vivre et mourir » ; « je veux vivre une vie pleinement humaine, non simplement une vie de savoir », pouvoir m'en tenir à « quelque chose qui est lié aux racines les plus profondes de mon existence, par quoi je suis, pour ainsi dire, greffé sur le divin, auquel je puisse me raccrocher même si le monde entier s'effondre », car « on doit d'abord apprendre à se connaître soi-même avant de connaître quelque chose d'autre »[1].

Une telle distinction de l'ordre de la connaissance et de l'ordre de l'éthique, loin de sous-estimer le champ de la raison scientifique, en clarifie les limites et la légitimité, comme c'était déjà le cas avec la distinction pascalienne de l'ordre du cœur et de l'ordre de la raison. Le Dieu de Kierkegaard n'a plus aucune fonction cosmologique, il relève exclusivement de l'ordre de l'éthique. Le contrecoup d'une telle délimitation est d'expulser la métaphysique non seulement de la sphère de l'éthique, mais aussi de celle de la connaissance. La critique du désir faustien de savoir absolu (« saisir la multiplicité de la nature, de la vie et de l'histoire dans une vue d'ensemble ») est constante chez Kierkegaard. Un tel désir, parce qu'il confond les sphères de l'existence et de la connaissance en réduisant la première à la seconde, est condamné à être insatisfait et conduit au désespoir[2]. Derrière Faust, c'est évidemment Hegel qui est visé, et plus généralement tout projet de connaissance métaphysique. Gagner son âme, ce n'est pas, pour Kierkegaard, savoir ce qu'elle est : « s'il ne commence par l'acquérir, il ne la connaît pas »[3]. La psychologie rationnelle, pour parler comme Kant, est de ce fait immédiatement discréditée.

les métaphores éthiques

La limitation du pouvoir de la raison a, chez Kierkegaard, un second versant qu'il ne faut pas confondre avec l'affirmation mystique, théologique (celle de la théologie négative) et philosophique (présente chez Heidegger et le premier Wittgenstein, par exemple) selon laquelle

1. *Journal*, entrée du 1er août 1835, *in* H.V. et E.H. Hong, *Kierkegaards Writing IV*, Princeton University Press, 1987, p. 361-364 (traduit de l'anglais par mes soins).

2. *Journal*, entrée de mars 1837, *in Kierkegaards Writing III*, p. 456 (traduit de l'anglais par mes soins.).

3. *Dix-huit discours*, T6, 159.

il n'y aurait d'accès à Dieu, à l'être ou au bien absolu que par un langage irrationnel, ayant recours aux ressources poétiques de la langue. Certes, Kierkegaard fait un abondant usage de ces ressources. Mais l'essentiel est le sens qu'il donne aux métaphores, fictions et autres procédés littéraires qui, tels les pseudonymes, fascinent trop vite ceux qui ne perçoivent pas leur portée critique. Il est apparu que Kierkegaard ne s'intéresse pas à la clarification théorique du concept de vie éternelle. Parler de l'éternité dans un langage métaphorique ne signifie pas pour lui évoquer, dans un langage particulier, une réalité indicible que le *logos* ne parviendrait jamais à saisir adéquatement. Tout au contraire, en multipliant des formules qui sont plus critiques ou ironiques que révélatrices (au sens où un langage non rationnel permettrait, comme chez les mystiques et le dernier Heidegger, de révéler l'indicible), il fait surgir la vanité non pas de la raison en général, mais de la raison métaphysique. Des premiers écrits jusqu'aux derniers « discours édifiants », Kierkegaard multiplie les affirmations qui ruinent la prétention des concepts de la métaphysique et de la théologie : le chrétien vit dans l'éternité, tout en entendant sonner la pendule dont les coups n'écourtent pas, mais allongent celle-ci ; Dieu est immuable car hors du temps, mais, chaque jour, il dit « ce jour même » ; le paradis est un état de perfection dans lequel « il n'y a pas seulement de la joie, mais du chagrin également », etc. Ces formules, et bien d'autres du même genre, ne sont que le versant négatif, qui va parfois jusqu'au comique, d'une reprise de ces notions qui, en leur ôtant toute validité théorique, leur redonne un sens éthique, les ramène du ciel des idées à la question de savoir comment les humains peuvent accorder leur désir d'infini et celui qui les porte vers le fini. L'annulation du temps, théoriquement parlant, est une absurdité. Éthiquement parlant, c'est une formule imagée qui, d'un côté, dénonce le discours prétentieux des théologiens sur l'éternité, de l'autre décrit sans ambiguïté ni mystère l'état dans lequel vit le chrétien qui a vaincu le temps ici-bas, pour qui l'affliction d'avoir à mourir n'est plus le malheur absolu.

Il est vrai que l'on pourrait avoir l'impression que Kierkegaard reprend à son compte une théorie traditionnelle de ce que Pascal nomme la *figure*. Il répète que la voix de Dieu, dans l'Évangile, s'adresse à des hommes dont l'existence est un mixte d'infini et de fini. Elle est de ce fait adaptée à l'homme : « l'Évangile s'abaisse doucement et avec amour jusqu'à l'être humain et [...] il lui parle avec retenue pour l'attirer vers le bien »[1]. La parole humaine de Dieu le ménage, elle est métaphorique, anthropomorphe, car l'homme vit sur un plan « psycho-sensoriel ». L'avènement de l'esprit se fait en opposition avec le sensible psychique, mais il doit s'annoncer de manière psychique sensible[2]. L'Évangile n'oppose pas frontalement l'éternité à la temporalité : « tant que la temporalité durera, et l'espèce humaine en elle, il faudra qu'il soit le Dieu de patience, car sinon la désobéissance humaine ne serait pas supportable »[3].

Mais le sens de ces formules s'éclaire lorsqu'on confronte le langage de la révélation, ainsi compris, à celui que met en œuvre Kierkegaard dans ce qu'il nomme ses « discours édifiants ». L'un de ceux-ci, *Le lys du champ et l'oiseau du ciel*, un court recueil publié en 1849, est sans doute l'écrit antonyme qui manifeste le mieux les cinq régimes de la parole que sont aux yeux de Kierkegaard le discours édifiant (celui de l'auteur commentant dans ces pages un extrait de l'Évangile selon Matthieu), la parole révélée de l'évangéliste (« regardez les oiseaux du ciel... regardez les lys du champ... cessez de vous inquiéter et de dire : qu'allons-nous manger? ou qu'allons-nous boire...Cherchez plutôt d'abord le royaume de Dieu »), la parole poétique (celle d'un poète réagissant à l'invitation de Matthieu), la prière et, enfin, le silence en tant qu'il est une des modalités du langage humain. La nature du discours édifiant et du silence éclaire en retour, dans cet écrit, celle de la parole révélée. S'affranchissant de toute orthodoxie et des règles de l'herméneutique régissant le sermon (un genre auquel le discours édifiant ressemble extérieurement), Kierkegaard construit en effet une interprétation de l'invitation évangélique de Matthieu pleinement cohérente avec la manière dont il explicite, partout dans son œuvre, la notion de vie éternelle. L'invocation des oiseaux du ciel et des lys des champs n'est pas comprise par Kierkegaard comme une comparaison anodine, un procédé littéraire familier dans les Évangiles. Mais si elle est d'emblée interprétée par lui métaphysiquement, c'est uniquement pour dénoncer la prétention théorique de cette interprétation et la ramener à une signification éthique. Assumant un langage anthropomorphique, Kierkegaard invite en effet le

1. *Le lys des champs et l'oiseau du ciel*, OII, 720.
2. *Les œuvres de l'amour*, T14, 193.
3. *Le lys des champs et l'oiseau du ciel*, OII, 732.

lecteur à écouter le silence de l'oiseau et du lys, lesquels, à la différence du poète dont le langage erre loin de la recherche du royaume de Dieu, « obéissent » aux lois divines et, pour cette raison, sont « joyeux » (ne sont pas joyeux pour telle ou telle raison, mais « sont la joie »). Kierkegaard, jouant avec la tentation métaphysique, construit alors une temporalité imaginaire, celle des plantes et des animaux vivant dans un présent sans passé ni futur, à la manière de la *mens momentanea* leibnizienne. Mais cette temporalité, et le silence qui témoigne de leur obéissance, sont bien vite reconduits par Kierkegaard à des fictions révélant, par contraste, la situation des humains qui, eux, ne s'en tiennent pas au temps présent, écartés qu'ils sont entre le passé et l'avenir, incapables, dans leur inquiétude, non pas d'être joyeux à propos de telle ou telle chose finie, mais d'être la joie même. Vivre dans le temps et parler sont d'ailleurs, pour Kierkegaard, une seule et même chose : « du moment que l'on parle, ne serait-ce que pour dire un mot, on laisse échapper l'instant ». La fiction de la temporalité imaginaire, du silence obéissant des oiseaux et des lys, s'efface devant la question éthique, proprement humaine, de savoir comment l'homme peut vivre l'éternité dans le temps, une question qui se confond avec celle de savoir comment il peut se taire, vivre le présent, ne pas se projeter anxieusement vers le passé et le futur, comme le fait le poète, et cesser de récriminer contre Dieu. Le mouvement vers l'extérieur et la métaphysique sommaire et ironique qui l'accompagne font retour à l'intériorité et à la voix qui invite à l'adoration et au silence : « si c'est un avantage de pouvoir parler, il ne s'ensuit pas que ce ne devrait pas être un art de savoir se taire ou que ce serait un art médiocre ; au contraire, c'est justement parce que l'homme peut parler que c'est un art de savoir se taire, et c'est justement parce qu'il est si facilement tenté par cet avantage que c'est un grand art de savoir se taire ». Il n'y a de silence qu'humain, le silence de la nature – qui fascine tant le poète, dans ce texte – n'est qu'une métaphore, mais c'est une métaphore éthique. Ce silence de l'adoration n'a rien à voir avec le silence mystique tendu vers un reste à dire à jamais indicible. Il n'est rien d'autre, si l'on peut dire – car c'est le saut difficile de la foi – que le silence de l'humain qui, ici-bas, a réussi à effectuer la synthèse de l'infini et du fini, accède à la vie éternelle qui se confond avec la conscience de ce que Kierkegaard nomme, dans ce texte, « l'instant ».

L'usage du langage que Kierkegaard met en œuvre dans ses discours édifiants éclaire ainsi, rétrospectivement, la nature de cet autre usage du langage qui est celui de la révélation. Kierkegaard maintient toujours fermement la distinction entre ces deux usages (à la différence du théologien confus qu'était Adler, il ne s'est jamais pris pour un nouvel apôtre). Il n'en demeure pas moins que les discours édifiants s'inscrivent, très clairement, dans le prolongement d'un langage qui, parce qu'il est de nature éthique, ou si l'on préfère existentiel, n'a pas à se situer sur le terrain de la théorie. La vie éternelle, dans les Évangiles, reste une notion théoriquement indéterminée[1]. Elle n'a pu retenir l'attention de millions d'humains que par le contenu éthique auquel donnent accès les métaphores et les paraboles. L'interprétation philosophique du texte révélé, chez Kierkegaard, s'inscrit dans la même méfiance à l'égard des questions théoriques. En témoignent l'hostilité grandissante, dans ses écrits, à l'égard de la métaphysique (Hegel), de la théologie et de l'usage du langage qui en est inséparable, et le développement, parallèlement, d'un langage métaphorique à portée exclusivement éthique. Les commentateurs ont souvent été fascinés par les pseudonymes (par ce que Kierkegaard nommera plus tard, lorsqu'il abandonnera cette pratique, la « communication indirecte »), mais ont plus rarement prêté attention aux images et fictions que Kierkegaard a empruntées ou forgées pour caractériser les diverses attitudes existentielles. Dans *Ou bien, ou bien*, il prolonge une pièce de jeunesse de Goethe en imaginant un personnage qui aurait reçu une lettre contenant une information sur ce qui le rendra heureux, mais dont les caractères sont si petits et si peu lisibles qu'il ne parvient pas à la déchiffrer, qu'il tente de la lire et relire sans fin avec anxiété et agitation en doutant de son sens, jusqu'à ce que « le temps passant, l'écriture devient plus pâle et plus imperceptible, finalement le papier lui-même tombe en poussière et il ne lui reste rien d'autre que ses yeux aveuglés par les larmes »[2]. Dans *La maladie mortelle*, le démoniaque est appréhendé par la fiction d'un imprimé contenant une faute consciente d'elle-même, laquelle refuse d'être corrigée pour pouvoir

1. *Cf.*, entre autres, les articles relatifs à l'éternité dans *Evangelical Dictionary of Theology* (sous la direction de W. A. Elwell, Ada, Baker Academic, 2001) et dans le *Dictionnaire critique de la théologie* (sous la direction de J.Y. Lacoste, Paris, P.U.F., 2007).

2. *Ou bien…ou bien*, OI, 190.

continuer à témoigner de la médiocrité de l'auteur – une fiction qui fait écho à la célèbre fable sur la foi, dans le même ouvrage, où un paysan misérable reçoit une lettre du roi lui proposant de devenir son gendre et ne parvient pas à croire qu'elle s'adresse à lui.

Le concept de « meilleur état de choses possible dans ce monde », nous l'avons constaté en restituant le concept du *supportable* chez Voltaire, devait nécessairement se confronter à une difficulté tenant au fait qu'un affect émergeant de la composition d'un ensemble de sentiments finit toujours par réintégrer cet ensemble, ouvrant ainsi la voie à la recherche infinie d'une totalisation définitive. On vérifierait qu'il en va de même avec d'autres concepts du « meilleur état de choses possibles dans ce monde ». La *béatitude* cartésienne, ce « *parfait* contentement d'esprit » qui naît de la conscience de « n'avoir jamais manqué de résolution et de vertu pour exécuter toutes les choses que nous jugeons être les meilleures », doit bien coexister avec l'*heur* (bon ou mauvais). Descartes est alors conduit, dans la lettre à Élisabeth déjà citée, à parler étrangement, à propos de celui qui, sage et vertueux, a atteint la béatitude et qui, en plus, est bien né, en bonne santé et ne manque de rien, d'un « *plus parfait* contentement » que celui du sage « pauvre, malsain et contrefait ».
Le problème auquel se heurtent ceux qui définissent le bonheur comme le « meilleur état de choses concevable » est d'une autre nature. Ils n'ont pas, comme on le voit chez Kierkegaard, à articuler la sommation des sentiments finis avec le sentiment infini. Un chrétien qui, au moment de mourir, placerait ses joies et peines mondaines sur un plateau de la balance et sur l'autre son sentiment d'avoir, par sa foi et l'ensemble de ses actions, vaincu la mort serait évidemment un personnage comique. Il ne s'agit plus, pour Kierkegaard, de combiner le fini et l'infini, mais de neutraliser le fini pour le retrouver restitué par la foi. Méditant les dernières paroles du Christ, Kierkegaard met sans cesse en garde contre ceux qui seraient tentés de croire qu'une telle neutralisation fait disparaître toute souffrance. Tout au contraire, alors que la combinaison des joies et des peines, comme chez Épicure et Voltaire, adoucit la souffrance, la « synthèse de l'infini et du fini » ne peut que, paradoxalement, la neutraliser en l'intensifiant : « quand l'éternité accomplit son œuvre de guérison, le désir continue de causer la

douleur (et il doit en être ainsi, car l'éternel ne retire pas du temps celui qui souffre), mais il n'y a pas de gémissements »[1]. On n'échappe au désespoir que par la foi qui allège la souffrance sans l'adoucir (« la charge est légère même si la souffrance est lourde »), en la transformant en « résignation infinie » sans prétendre illusoirement, comme le faisaient les sagesses antiques, l'avoir éliminée. Dans les cieux, comme le répète Kierkegaard, « il n'y a pas seulement de la joie, mais du chagrin également ».

La question demeure cependant de savoir si, en échappant au problème de la *totalisation* que suscite toute tentative de composer les sentiments, la solution de Kierkegaard parvient à résoudre autrement que de manière verbale le problème de l'*unification* dont il a été question à la fin de l'introduction de cette étude. La joie dans la douleur intensifée est-elle possible ? Qu'est-ce qu'un Paradis où cohabitent la joie et le chagrin ?

Ces pages ont essayé de mettre en évidence que la reconstruction de Kierkegaard est claire et, dans son effort pour rassembler, articuler et interpréter les différents éléments constitutifs de la tradition chrétienne, cohérente. La pensée chrétienne, selon Kierkegaard, est tout entière orientée vers la question du bonheur. Le mouvement vers l'intériorité, qui détourne le sujet du monde fini, témoigne de l'aspiration à un état de calme et de sécurité qui, pourrait-on dire si le terme de connaissance était approprié, est la *ratio cognoscendi* de l'être divin, lequel est la *ratio essendi* de l'âme et de son désir d'éternité. Dieu n'a pas seulement créé le monde hors du néant, il a fait un « prodige plus grand encore » : il a « fait naître en ton cœur impatient et versatile, la nature incorruptible d'un esprit paisible »[2]. Le calme de l'âme et l'être de Dieu ne sont, au-delà de l'immense différence qui les sépare, qu'une seule et même chose, et c'est pourquoi ils sont appelés à se rejoindre. Le sujet est créé par l'être pour avoir à être, pour devenir un jour un esprit serein. C'est ce sentiment d'appartenance à l'être qui transforme le désir de bonheur en amour de Dieu et en commandement émanant de lui, en ordre de trouver le repos et de se reposer dans l'immuabilité divine[3].

1. *Discours édifiants*, T13, 113.
2. *Dix-huit discours*, T6, 37.
3. *L'instant*, T19.

Qu'une telle reconstruction présuppose des concepts et arguments qui, parce qu'ils relèvent d'une décision, ne sont pas universellement convaincants, cela témoigne seulement de l'appartenance de cette reconstruction au genre de discours que nous nommons philosophique. Face à une telle argumentation, tout lecteur, quels que soit l'intérêt et l'admiration qu'une œuvre philosophique suscite en lui – *a fortiori* lorsqu'elle a l'ampleur et la puissance de celle de Kierkegaard – doit affronter cette question : suis-je, finalement, convaincu ? J'ai fait part, ici et là, dans ces pages, des décisions qui, dans l'argumentation de Kierkegaard, restent pour moi des points d'achoppement. En reprenant, dans l'ordre inverse de celui de la présentation qui vient d'en être faite, les thèses fondamentales de Kierkegaard qui constituent son éthique, je résumerai de la manière suivante les deux thèses qui m'apparaissent être des acquis décisifs de celle-ci, et les deux séries de questions, doutes et objections qu'à mes yeux elle suscite :

1) Mieux qu'aucun autre philosophe avant lui et après lui, Kierkegaard a identifié l'affectivité, au sens de l'ensemble des sentiments que nous développons face à l'existence, comme cette sphère qui donne naissance à une question d'une nature fondamentalement différente de celles que nous nommons théoriques : m'est-il possible de mourir heureux ? Les différentes attitudes existentielles, qu'il repère et analyse comme autant de décisions en réponse à cette question, sont certes orientées vers le *telos* qu'est la foi comme synthèse du désir infini et du désir fini. Mais même pour celui qui ne considère la foi que comme une position existentielle parmi d'autres, la « psychologie » de Kierkegaard, dans son contenu comme dans les formes argumentatives et littéraires dans lesquelles elle se déploie, peut constituer un point de départ d'une grande richesse pour l'exploration de la diversité des postures éthiques possibles, comme en témoigne l'intérêt qu'ont porté à Kierkegaard des philosophes éloignés de toute problématique chrétienne.

2) Le concept de *vie éternelle ici-bas*, qui est le centre de la reconstruction que Kierkegaard fait de la notion chrétienne de *foi*, est, j'espère l'avoir montré, dépourvu de toute naïveté. Il n'est d'ailleurs pas sans rapport avec certaines doctrines philosophiques de l'Antiquité qui, elles aussi, tentaient de penser la possibilité, pour la vie mortelle, de dépasser le désir, la souffrance, le temps et, finalement, la mort. La pensée chrétienne de

Kierkegaard exacerbe ce paradoxe jusqu'au point où le chrétien, en suivant l'appel de Dieu et en obéissant au commandement d'amour, dépasse la souffrance sans cesser de souffrir, meurt finalement sur la croix serein et plein d'espoir : « la charge est légère, même si la souffrance est lourde ». Un lecteur attentif à l'articulation et à la cohérence de la pensée de Kierkegaard, même s'il refuse finalement un tel concept de bonheur, peut reconnaître le sens et la force de cette décision de penser la foi comme un saut incompréhensible pour la raison. L'athée qu'est Hume ne dit pas autre chose – même s'il faut faire la part de la prudence et de l'ironie dans les pages qu'il consacre à la foi dans *l'Enquête sur l'entendement humain* – en dénonçant « les ennemis déguisés de la religion chrétienne qui ont entrepris de la défendre par les principes de la raison humaine ». La religion, pour Hume, comme pour Paul, Pascal ou Kierkegaard, ne peut être fondée que sur la foi :

> La simple raison est insuffisante pour convaincre de sa vérité : et quiconque est porté par la foi à la recevoir, a le sentiment d'un miracle continuel dans sa propre personne, un miracle qui renverse tous les principes de son entendement et le détermine à croire ce qu'il y a de plus contraire à l'habitude et à l'expérience[1].

3) La principale question que j'ai adressée à la reconstruction de Kierkegaard porte sur la plus fondamentale des décisions qu'elle met en œuvre, l'acception du concept de *summum bonum*, de bien absolu (« le meilleur état de choses concevable » de Moore). C'est une interprétation déterminée du désir d'être, c'est-à-dire du bien pris en ce sens absolu, qui conduit Kierkegaard à définir la tâche éthique comme celle consistant à accorder le désir d'éternité et les désirs dont les objets sont les biens de ce monde. Celui qui nie l'existence d'un tel désir infini ou ne lui accorde pas la moindre importance n'a plus à poser la question éthique de la manière dont le fait Kierkegaard. On peut également penser que c'est une telle interprétation du désir d'éternité, la décision de le prendre au sérieux, qui conduit Kierkegaard à hypostasier l'objet de ce désir en un être infini, éternel et infiniment bon, qui est à la fois la fin vers laquelle tend ce désir et l'origine de celui-ci, c'est-à-dire de l'âme humaine, et, plus largement, de toute créature. On a bien souvent l'impression, en lisant Kierkegaard,

1. Hume, *Enquête sur l'entendement humain*, trad M. Malherbe, Paris, Vrin, 2008, p. 337.

que son ontologie est appelée par son éthique, que c'est le désir d'être, du bien absolu, qui, contrairement à ce qu'il affirme, engendre l'être absolu. 4) Peut-on, finalement, sortir du temps dans le temps ? Échapper à la souffrance dans, et même par la souffrance ? Le problème du concept de « meilleur état de choses concevable » est qu'il doit, s'il veut être consistant, neutraliser la souffrance de la mort d'une manière ou d'une autre. Celle que Kierkegaard entend nous aider à penser est la pointe la plus intelligente et raffinée de la solution que la tradition chrétienne nous a léguée. Mais que peut et que vaut ce saut ? *Hic Rhodus, hic salta*... On peut tenter et réussir ce saut. On peut aussi, à la manière de Hume, se souvenir, avant de sauter, que le recours au paradoxe peut être une figure de rhétorique et un instrument de pouvoir : « si cette théologie n'allait pas au-delà de la raison et du sens commun, ses doctrines apparaîtraient trop aisées ou trop familières. Il faut absolument susciter l'étonnement, donner l'apparence de la contradiction, rechercher l'ombre et l'obscurité et fournir un fondement au mérite des adeptes dévots, qui désirent une occasion d'humilier leur raison rebelle, en accordant leur croyance aux sophismes les plus inintelligibles ».[1]

À celui qui rejetterait ce concept de bonheur absolu, il ne resterait plus qu'à saluer poliment et avec admiration l'effort de Kierkegaard (et celui des sagesses antiques qui mettent en œuvre un concept similaire) et à se tourner soit vers ceux qui ont essayé d'expliciter l'idée du « meilleur état de choses dans ce monde » (Voltaire), soit vers ceux qui, comme nous allons le voir avec Heidegger, refusent cette alternative pour explorer l'idée d'un meilleur état de choses non pas *dans le monde*, mais pour l'homme en tant qu'il est *au monde*, soit vers ceux qui renoncent à toute idée de « meilleur état de choses ».

1. Hume, *Histoire naturelle de la religion*, trad. fr. M. Malherbe, Paris, Vrin, 1971, p. 78.

chapitre 3
Heidegger et la sérénité

Peut-on envisager un dépassement de l'alternative de Moore, celle d'un « meilleur état de choses concevable » et d'un « meilleur état de choses possible dans ce monde »?

L'objet de ce chapitre est de mettre en évidence l'existence de théories du bonheur qui affirment que le « meilleur état de choses » n'est à chercher ni hors de ce monde ni dans ce monde mais dans la présence au monde. La tâche ne va nullement de soi, car ces théories se gardent généralement d'utiliser le terme de *bonheur* pour désigner l'accomplissement de l'homme vers lequel tend la culture des sentiments ontologiques. C'est le cas dans l'œuvre de Heidegger, où le langage normatif omniprésent (l'homme doit devenir lui-même par la pensée de l'être) prend constamment ses distances par rapport à toute interprétation de cet accomplissement en termes de *valeur*, *bien* ou *bonheur*[1]. Il semble cependant difficile de nier que la pensée de Heidegger, plus particulièrement dans les dernières œuvres, s'inscrit

1. Dans *Apports à la philosophie*, par exemple, l'homme doit s'accomplir par la méditation de l'être, mais celle-ci est pensée comme « son propre but », constamment mise à distance de ces tonalités « qui ont pour présupposé la notion de valeur (*agathon*) et les interprétations traditionnelles de l'étant et la conception courante de l'être humain » (Heidegger, *Apports à la philosophie. De l'avenance*, trad. fr. F. Fédier, Paris, Gallimard, 2013, p. 32).

dans la tradition du souverain bien et du salut, en proposant une version nouvelle, et particulièrement problématique, du « meilleur état de choses ».

Avant d'examiner ces théories sous l'angle de l'éthique (telle qu'elle a été définie dans les chapitres précédents), rappelons ce qui est au cœur de celles-ci, l'idée d'une appréhension affective de notre présence au monde. Existe-t-il un (ou des) sentiment(s) du monde?[1]
Un courant issu de la phénoménologie et de la pensée de Heidegger a développé, particulièrement en France, l'idée d'un sentiment qui naîtrait de l'expérience de l'être et non de la considération des étants. Renaud Barbaras a excellemment résumé l'idée centrale de ce courant, en prenant appui sur les travaux de Mikel Dufrenne pour distinguer le sentiment (face au monde) de l'émotion (face à tel ou tel objet du monde) :

> Tout d'abord le sentiment doit être distingué de l'émotion et, pourrions-nous ajouter, des affects en général. Ceux-ci expriment un certain rapport à un monde déjà donné et à ce qui surgit en lui, ils relèvent de la sphère affective au sens restrictif de ce que nous éprouvons au contact avec l'extérieur, de ce qui advient en nous à la faveur de notre commerce avec le monde. L'émotion n'ouvre donc qu'à des événements ou des étants intramondains, ou plutôt elle présuppose cette ouverture. La portée du sentiment est tout autre : le sentiment ne répond pas à un événement du monde déjà-là ; il ouvre bien un monde et, en ce sens, est du côté de la connaissance. (…)
> Mais si le sentiment donne à connaître, dévoile, c'est-à-dire vise quelque chose, cette visée n'est pas celle de la connaissance, objectivante et représentative : elle excède le plan de la représentation, déborde le niveau des objets, c'est-à-dire des apparences, au profit d'un monde. (…)
> C'est donc une connaissance d'un genre nouveau, et d'un être nouveau : une visée singulière, qui convient à la profondeur et l'indétermination du monde[2].

Avant lui, d'autres avaient souligné le fait que le sentiment en est peu à peu venu, avec Heidegger en particulier, à acquérir un statut philosophique

1. Ce chapitre poursuit, avec une conscience plus claire des difficultés de la notion d'*a priori pathique*, une recherche commencée dans deux ouvrages antérieurs, *Borges et la métaphysique* et *Ontologie et poésie. Trois études sur les limites du langage* (Paris, Vrin, 1990 et 1995) et dans un article intitulé « Existe-t-il un a priori pathique? » (*Archives de philosophie*, Octobre-Décembre 1998, tome 61, cahier 4).

2. R. Barbaras, *Métaphysique du sentiment*, Paris, Éditions du Cerf, 2016; Kindle Edition, loc. 2156-2172.

nouveau. Henri Maldiney, en forgeant l'expression d'*a priori pathique*[1], affirmait que notre rapport au monde, distinct de notre rapport aux objets du monde, consiste en un sentiment (*pathos*) préalable (*a priori*) à toute rencontre avec les objets du monde. De nombreux commentateurs, dans la même perspective, se sont attachés à construire l'histoire philosophique de la notion d'affectivité et celle de la reconnaissance progressive, au sein d'un courant philosophique issu de l'idéalisme allemand, d'une valeur révélatrice à ce que Kant n'avait isolé sous le nom de *Gefühl* (sentiment) que pour lui refuser tout rapport à la connaissance[2].

Mais est-il légitime de distinguer les objets qui peuplent le monde du monde lui-même (quels que soient les termes qu'on utilise, *étants* et *être* chez Heidegger, par exemple) et, parallèlement, les émotions devant les objets (les émotions ontiques, comme la peur) et les sentiments face au monde (les sentiments ontologiques) ? De telles distinctions, je l'ai dit au début du chapitre I, peuvent éveiller la méfiance.

Il n'est pas possible de répondre à cette question sans faire retour sur la conférence de Heidegger de 1929, *Qu'est-ce que la métaphysique ?* Ce texte – même s'il ne constitue qu'une étape dans la pensée de Heidegger – est le premier à avoir formulé en toute clarté le concept que nous nommons aujourd'hui, en termes techniques, *affectivité transcendantale*. Il existerait un sentiment qui, parce qu'il ouvrirait le monde dans lequel paraissent tous les objets du monde, serait la condition de possibilité de tout rapport aux objets. Mais contrairement à ce qu'a pu affirmer la tradition qui a solidifié ce texte fondateur, une telle idée n'a jamais été qu'une hypothèse. De nombreux commentateurs ont par trop tendance à considérer, en passant sous silence l'ancrage historique de l'idée d'affectivité transcendantale et les objections qu'elle suscite, que les notions de *Befindlichkeit* (sentiment de la situation, c'est-à-dire de l'être-au-monde) et de *Stimmung* (tonalité affective révélatrice de cet être-au-monde) ont été définitivement établies dans leur validité par Heidegger, cela par un acte en rupture radicale avec la tradition philosophique antérieure. C'est pourquoi il est nécessaire de

1. H. Maldiney, *Penser l'homme et la folie*, Grenoble, J. Millon, 1992.

2. *Cf.* F. Dastur, « Heidegger et le ton de retenue de la pensée », *Epokhé*, n°2, Grenoble, J. Millon, 1991 et J.-Fr. Courtine, *Heidegger et la phénoménologie*, Paris, Vrin, 1990.

rappeler plusieurs difficultés auxquelles se heurte la thèse d'une affectivité transcendantale, en examinant précisément d'une part comment celle-ci est construite dans la conférence, d'autre part quel prolongement lui a donné plus tard Heidegger en introduisant progressivement le concept de *sérénité* (*Gelassenheit*).

Considérer comme une évidence l'existence d'un ou de plusieurs sentiments du monde conduit à passer sous silence le fait que d'autres attitudes philosophiques sont possibles à l'égard de que l'on peut appeler, d'une manière neutre, l'affectivité et, corrélativement, à l'égard du concept de monde. Cela apparaît clairement si l'on distingue, en reprenant brièvement le schéma qui a été présenté au chapitre I, quatre questions auxquelles la conférence de Heidegger apporte des réponses qui, pour particulièrement claires et fortes qu'elles soient, ne sont pas les seules possibles :
1) existe-t-il des sentiments susceptibles de révéler une vérité relativement au monde défini comme la dimension où paraît tout ce qui est ?
2) comment un discours visant une telle dimension – puisqu'après tout on finit par parler de ce sentiment et par forger un concept de monde – est-il possible ?
3) quelle signification convient-il de donner à l'idée, étroitement liée à celle de sentiment du monde, d'une conscience d'être au monde radicalement différente de la conscience des objets (cette dernière étant pensée, selon les termes de R. Barbaras, comme une « connaissance objectivante et représentative »), en d'autres termes d'une conscience qui serait une présence sans distance au monde, et à soi comme étant au monde ?
4) faut-il, lorsque l'on veut expliciter cette dimension, dépasser le discours logique (*logos apophantikos*) vers un langage illogique et poétique (*apophatique*) ?

L'argumentation développée par Heidegger dans ces pages célèbres s'articule autour de quatre affirmations centrales :
1) il existe des sentiments du monde, et parmi eux un sentiment privilégié, l'angoisse ;
2) un discours relatif à ce qui se révèle dans ce sentiment, « l'étant dans son ensemble », est possible ;

3) par ce sentiment et ce discours, l'homme prend conscience de lui-même comme existant (*Dasein*) ;
4) ce discours, enfin, n'est pas un discours logique, cela parce qu'il détrône l'entendement de sa prétention à être la « suprême instance »[1].

De telles affirmations suscitent de nombreux problèmes d'interprétation et, au-delà, ouvrent le débat sur la pertinence du concept de *sentiment du monde*. Il est possible de les expliciter, en restant au plus près du texte, et de les questionner de la manière suivante :

1) Il existe une « expérience fondamentale », celle du néant. Rare et peu durable, elle consiste à « se sentir au milieu de l'étant en son ensemble ». Bien que la totalité des étants ne soit jamais saisie en tant que telle par l'homme, puisqu'elle consiste en une infinité qui ne se laisse pas appréhender comme un objet, il faut bien reconnaître pourtant que l'étant est « dévoilé en son ensemble d'une manière ou d'une autre », en d'autres termes que tout étant *est*, c'est-à-dire appartient au monde. À ce dévoilement du monde, l'homme n'accède que par des sentiments (*Stimmungen*), et de manière privilégiée dans l'angoisse. Dans l'oppression en laquelle elle consiste (l'impression d'étrangeté, d'*unheimlich*) apparaît en effet une indifférenciation (*Gleichgültigkeit*) des étants (c'est-à-dire des choses, des autres hommes et de moi-même). Cette indifférenciation, qui oppresse dans l'angoisse (qui ne *m'*oppresse pas, puisque le moi ne se distingue plus des autres étants, mais oppresse l'existant, « le pur *Dasein* réalisant sa présence »), Heidegger la nomme le *néant*, un rien d'étant qui n'est pas rien pour autant. Par quoi il entend, en poursuivant sa description de l'angoisse, non pas une simple disparition des étants, mais un glissement (*Entgleiten*) de l'ensemble des étants par lequel « dans leur recul comme tel, les choses se tournent vers nous ». C'est en effet dans cet engloutissement, cette quasi-disparition de l'étant, que ce dernier paraît en son ensemble, « dans sa parfaite étrangeté jusqu'alors voilée », comme ce qui se distingue du néant. Le sentiment du néant est donc en même temps sentiment de l'être (« à savoir qu'il y ait de l'étant – et non pas rien »). Ou plutôt, comme

1. La traduction utilisée est celle de H. Corbin (M. Heidegger, *Questions I*, Paris, Gallimard, 1972). J'ai suivi M. Froment-Meurice dans les quelques modifications qu'il propose dans son édition de la conférence (Paris, Nathan, 1985). Le texte de la conférence étant court et bien connu, les références des citations sont omises, dans un souci d'allègement.

le précisera un supplément, *Le retour au fondement de la métaphysique* de 1949, ces deux sentiments n'en font qu'un, puisque le rien de l'angoisse, le rien d'étant, doit être « compris de la sorte comme l'être lui-même » (la *Postface* de 1943 à la conférence insistait également sur ce point).

L'idée de tels sentiments du monde (en termes techniques les tonalités affectives ontologiques) est cependant loin d'aller de soi. Comment l'expérience de l'angoisse, rare et peu durable, peut-elle ouvrir le rapport à l'étant ? Cette ouverture, en tant que condition de possibilité de l'accès à de l'étant comme tel, ne doit-elle pas être toujours là ? Comment, en d'autres termes, l'événement continuel (des objets du monde) et l'avènement rare et peu durable (du monde) peuvent-ils cohabiter ? Faut-il faire appel, pour résoudre cette contradiction, à un sentiment caché (*verstellt*)[1] ? Mais si *caché* signifie à la fois présent et non senti, et si le néant ne peut être que senti, qu'en est-il alors de cette présence ? Ou, autre manière de formuler la même perplexité, comment faut-il comprendre la tension entre ces deux affirmations : l'angoisse *est* ce qui, toujours, ouvre la dimension où paraît l'étant, mais en même temps elle *doit être* sentie ? La fin de la conférence exhorte en effet l'homme à philosopher, c'est-à-dire à s'insérer « dans les possibilités fondamentales du *Dasein* », à « lâcher prise soi-même dans le néant, c'est-à-dire s'affranchir des idoles que chacun possède », à « laisser cours aux oscillations de cet état de suspens, afin qu'elles nous ramènent sans cesse à la question fondamentale de la métaphysique, celle qui extorque le néant lui-même : Pourquoi, somme toute, y a-t-il de l'étant plutôt que rien ? ».

Quel rapport, par ailleurs, ces sentiments ontologiques dominants (Heidegger envisage, dans ce texte et dans d'autres, la possibilité de plusieurs *Stimmungen*, sans vraiment thématiser le sens de cette multiplicité[2]) entretiennent-ils les uns avec les autres ? Les sentiments ontologiques autres que l'angoisse (ou certains d'entre eux ?), l'ennui profond ou la

1. « ...le néant nous est tout d'abord et le plus souvent caché dans son caractère originel ».

2. La *Conférence* fait allusion à des tonalités dérivées (plus ontiques qu'ontologiques ?), l'anxiété, l'audace, la joie, le « courage pour l'offrande » et, déjà, la sérénité (dont il est dit qu'elle entretient une « secrète alliance » avec l'angoisse de l'audacieux). Dans *Apports à la philosophie*, les tonalités affectives ontologiques sont au nombre de trois (sursaut de frayeur, retenue et pudeur, selon la traduction de F. Fédier) ou de quatre (le renoncement fait aussi une apparition). *Cf.* aussi, entre autres, les analyses sur l'ennui dans *Les concepts fondamentaux de la phénoménologie* (trad. fr. D. Panis, Paris, Gallimard, 1992).

joie de la présence, « nous dérobent le néant que nous cherchons ». Mais, si ces autres sentiments sont bien ontologiques, comment expliquer ce privilège de l'angoisse, comment peuvent-ils mettre en présence de l'étant en son ensemble sans mettre en présence du néant ? Et quels rapports les *Stimmungen* entretiennent-elles avec les sentiments ontiques ? Si ceux-ci (l'anxiété, l'affairement, le repli sur soi…) sont à comprendre comme une angoisse réprimée, qu'est-ce, à nouveau, qu'un sentiment qui s'ignore ?

2) La conférence établit qu'un discours ontologique, et pas seulement un sentiment ontologique, est possible. Elle le fait en s'élevant contre la prétention de la raison qui, parce qu'elle définit le néant comme « la négation de la totalité de l'étant », estime qu'elle peut récuser la question *qu'est-ce que le néant ?*, qui tend à penser celui-ci comme un étant. Heidegger entend au contraire montrer qu'il ne peut y avoir de négation que parce qu'*il y a le néant*, et qu'un discours sensé sur le néant et l'être, même s'il diffère considérablement de celui de la raison, est possible et nécessaire.
Il n'en demeure pas moins que l'articulation d'un tel discours et du sentiment dont la conférence établit la priorité est délicate. Le néant doit être « tout d'abord donné » dans le sentiment. Mais que signifie exactement ce *tout d'abord* ? Heidegger pose le sentiment d'angoisse comme condition de possibilité de tout rapport à l'étant, mais il ne peut le faire qu'en écrivant sur l'angoisse, pour dire qu'elle se vit et qu'elle est cette condition de possibilité. En faisant retour sur cette expérience, il en dit le sens afin de parachever le dévoilement en quoi elle consiste. Mais l'articulation de ces deux temps accumule les difficultés. Le sentiment d'angoisse, en ouvrant le rapport à l'étant, semble se suffire à lui-même. Quelle est alors la nécessité de l'écriture ? Il faut bien que le *comprendre* déployé par le texte renvoie à une insuffisance du *sentir*[1]. Ce rapport de la compréhension (*Verstehen*) et du sentiment d'être au monde (*Befindlichkeit*), dont on a souvent noté qu'il était un point délicat de la pensée heideggérienne, reste ici inéclairci. Et il l'est d'autant plus que l'angoisse commence par couper la parole. Ce devant quoi nous sommes oppressés ne peut être dit, car cela n'est rien d'étant. Même le mot qui distinguerait *cela* de tout étant paraît d'abord imprononçable : « parce que l'étant glisse dans son ensemble et

1. L'affect révèle le monde, mais cette révélation demande à être « saisie conceptuellement » (Heidegger, *Être et Temps*, trad. fr. F. Vezin, Paris, Gallimard, 1986, p. 237).

qu'ainsi justement le néant nous accule, toute proposition qui énoncerait *l'être* (dirait le mot *être*) se tait en sa présence ». Le sentiment d'oppression lui-même ne peut pas davantage être dit : si le langage commun affirme que, face à l'angoisse, « on se sent oppressé », ce n'est pas pendant cette expérience, mais « avec le clairvoyant regard que porte le souvenir tout frais ». Mais pourquoi et comment la parole, ou plutôt l'écriture, finit-elle par reprendre et dire ce qui ne pouvait ni ne devait se dire : « il y a de l'étant – et non pas rien » ? Pourquoi et comment le sentiment ontologique devient-il, non seulement dans cette conférence, mais dans toute l'histoire de la métaphysique à laquelle il donne naissance, parole et texte ?

Mais faut-il accepter de poser la question ainsi ? Ou doit-on partir – en prenant appui sur le fait que la conférence relate une expérience de l'angoisse sans thématiser cette relation – de l'idée que l'angoisse est aussi, dans ce texte, un *mot*, au centre d'un intense travail d'écriture ? Après tout, Heidegger ne dit à aucun moment qu'il relate une expérience personnelle. Et il n'est pas illégitime de se demander si *cette* expérience-là de l'angoisse peut exister en dehors d'une écriture qui la relate (s'il était permis de parler d'une expérience de Heidegger, il ne faudrait pas oublier non plus celle de l'écriture, que laissent entrevoir ces magnifiques pages[1]). Un tel renversement de perspective conduirait alors à prêter attention à d'autres textes – des textes, non des sentiments – qui, dans ces pages, parlent, plus que Heidegger ne veut bien le dire dans l'esquisse de l'histoire de la métaphysique qui clôt la conférence. L'expérience de l'angoisse est en effet présentée, dès l'ouverture du texte, comme celle, potentiellement universelle, d'un homme en rapport avec l'ensemble de l'étant, non comme un sentiment de la poésie lyrique ou un thème de la métaphysique allemande. C'est bien plutôt cette expérience qui nous ouvre à une compréhension de l'histoire de la métaphysique (« notre interrogation sur le néant doit nous présenter la métaphysique elle-même »)

1. Serait-ce dans cette expérience esthétique que se constitue la tonalité affective de l'angoisse ? Ce n'est pas la voie qu'emprunte la conférence. On sait que d'autres textes vont dans ce sens, en liant le sentiment du monde à la parole et à « ce qui se décèle au niveau oral dans l'intonation, la modulation, le tempo de la parole, dans la *manière de parler* ». La découverte de l'existence, dit Heidegger, « peut être la fin que se fixe la parole qui parle en poème » (*Être et temps*, p. 209). Si l'on suivait cette suggestion, il resterait à répondre à deux questions : le sentiment du monde est-il encore une *expérience* ou doit-il être pensé comme *produit* par l'œuvre d'art dont il est inséparable ? et pourquoi l'œuvre d'art produirait-elle tout particulièrement cette tonalité qu'est l'angoisse ?

en tant que discours qui dépasse l'étant et questionne en vue de l'être. La fin de la conférence fait d'ailleurs explicitement retour sur l'histoire de la métaphysique et sur sa manière équivoque de penser le néant, de le révéler tout en le masquant. Mais le lecteur ne peut réprimer alors un embarras qui, tout au long de la brillante interprétation de l'histoire de la notion de néant qu'esquisse Heidegger, va croissant : le recours à l'histoire de la métaphysique ne valide-t-il pas une conception du néant qui en est tout entière issue? Rétrospectivement, le sentiment de l'angoisse perd alors la naïveté (toute relative, puisque cette expérience reste exceptionnelle) qui la caractérisait au début du texte et, par là même, son statut d'expérience, et d'expérience universelle. Est-ce tout homme qui *sent* le néant ou bien un philosophe qui *parle* du néant, et de l'expérience de celui-ci, depuis une longue tradition culturelle (qui a érigé ce mot en concept) ? Tradition sur laquelle « l'évocation historique sommaire » de la fin du texte reste, en partie, silencieuse. Si Heidegger, dans les dernières lignes, fait une rapide allusion à l'idée hégélienne de l'identité de l'être pur et du néant (pour marquer clairement ce qui distingue cette conception de la sienne), il ne dit cependant mot de la riche tradition métaphysique qui a bien pensé, contrairement à ce qu'il affirme, que Dieu peut connaître le néant. Cette idée, commune dans la tradition mystique allemande, est à l'évidence reprise par l'idéalisme allemand, et particulièrement par Schelling[1]. À la lumière de cet éclairage historique, l'expérience de l'angoisse pourrait apparaître comme la réécriture, en termes psychologiques, d'un récit plus ancien. Une telle interprétation ne disqualifierait certes pas cette réécriture, qui pourrait toujours prétendre exhiber la vérité ontologique de cette tradition. Mais la question demeurerait posée de savoir pourquoi le rapport à ce récit religieux et métaphysique est occulté dans la conférence, et cette prétention n'éliminerait pas les difficultés dégagées ci-dessus, inhérentes, abstraction faite de cet ancrage historique, à l'idée de *sentiment du monde* et à celle d'un discours ontologique supposé reprendre, dans le concept, une expérience affective.

1. Schelling conçoit Dieu comme advenant à partir de son propre abîme (*Ungrund*) tumultueux et chaotique, animé par le désir *(Sehnsucht)* qu'éprouve l'éternellement Un de s'enfanter soi-même (*Œuvres métaphysiques 1805-1821*, trad. fr. J.-Fr. Courtine et E. Martineau, Paris, Gallimard, 1980, p. 145).

3) Le dévoilement de l'étant dans son ensemble ne fait qu'un avec le *sentiment de soi comme transcendance*, par lequel le *Dasein* se sent comme se déprenant – libre, mais fini puisque ne pouvant pas ne pas se déprendre – de l'étant dans son ensemble, vient à paraître à lui-même dans le néantissement, dans ce recul de toutes choses constitutif de l'angoisse : « se retenant à l'intérieur du néant, d'ores et déjà chaque *Dasein* émerge hors de l'étant dans son ensemble ». Malgré tout ce qui distingue la transcendance, telle que la conférence la définit, de la conscience de soi dont elle est la condition de possibilité (le supplément de 1949, *Le retour au fondement de la métaphysique*, insistera sur ce point : « être un *soi* caractérise sans doute l'essence de cet étant, qui existe, mais l'existence ne consiste pas dans *l'être soi* »), il n'en demeure pas moins que l'angoisse est pensée par Heidegger comme ce par quoi le *Dasein* advient à soi (comme ex-sistant, c'est-à-dire comme l'étant qui transcende). Et c'est aussi à partir du concept de conscience de soi qu'est pensée l'histoire de la métaphysique (comme discours qui appartient à « la nature de l'homme » en ce qu'en lui l'homme pense son essence, qui est d'être en relation à l'avènement de l'Être). Malgré

le rejet de la notion de sujet, c'est bien à l'idéal de la présence de soi à soi qu'exhorte la fin de la conférence.

Si l'idée de conscience de soi, au sens de présence de soi à soi, est bien, malgré les dénégations de Heidegger, au centre de la conférence, la question des rapports de la métaphysique à la pensée heideggérienne, et plus précisément celle du rapport du Dieu de l'idéalisme allemand au *Dasein*, peut être posée[1]. Le *Dasein* pourrait bien se révéler, dans cette perspective, comme une ombre du Dieu de la métaphysique. Les divergences, à l'intérieur de la phénoménologie, entre diverses manières de penser le *sentiment du monde* – celles de Heidegger et de Michel Henry,

1. Depuis la métaphysique d'Aristote, le divin a été caractérisé comme un intellect qui se pense lui-même (*Métaphysique*, L 7-9 : dans ce texte la présence de soi à soi est également un affect de plaisir). L'image, issue du *Charmide de* Platon, de l'œil qui se voit lui-même, traverse toute l'histoire de la métaphysique (de Plotin à M. Henry en passant par Husserl). La critique de la métaphysique s'attachera à réfuter cette idée. Pour Kant, la pensée ne peut représenter le sujet autrement que comme phénomène; pour Schopenhauer, « la connaissance de la connaissance est impossible » (*De la quadruple racine du principe de raison suffisante*, trad. fr. F. X. Chenet, Paris, Vrin, 1991, p. 110); pour Nietzsche : « une naïveté : la connaissance de la connaissance » (*Œuvres philosophiques complètes*, textes établis par G. Colli et M. Montinari, volume XII, Paris, Gallimard, 1970-1989, p. 261). La même critique est au centre de l'œuvre de Wittgenstein (cf. *infra*, chapitre IV, p. XXX).

par exemple – apparaîtraient alors inessentielles. Ces théories reconduisent toutes à la figure métaphysique de la présence de soi à soi, c'est-à-dire au concept de Dieu. En ce sens M. Henry livre peut-être la vérité de cette tradition en prenant appui sur Husserl pour faire explicitement retour au Dieu de l'idéalisme allemand.

4) La conférence fonde enfin la possibilité d'un langage non apophantique, radicalement oblique. L'idée qu'un discours ontologique est possible, qu'il est sensé de parler du néant (de poser la question *qu'en est-il du néant?*) et de l'être est d'emblée affirmée avec force. Même si l'angoisse coupe la parole, ce discours se déploie peu à peu. Ce devant quoi l'angoisse s'angoisse sera finalement dit, et de manière prolixe : l'indifférenciation, le recul de toutes choses, le glissement de l'étant dans son ensemble, le néant qui néantit... Le mot *être*, qui était imprononçable, sera finalement articulé (« à savoir qu'il y ait de l'étant – et non pas rien », « l'essence de l'être même comporte dès l'origine le néant »). L'être doit bien « accéder au langage », dira le supplément de 1949. Il le fait, dans la conférence, dans un langage irréductiblement métaphorique et, parce qu'il outrepasse le principe de contradiction, non logique. Ce langage articule malgré tout
le mot *être* dans des propositions, alors même que le *logos apophantikos* vient d'être détrôné, et cherche à faire entendre, dans ce dire inadéquat, ce qui doit se dire mais ne le peut que d'une manière apophatique[1].
L'idée selon laquelle les principes de la logique, y compris celui de non-contradiction, pourraient être révisés et abandonnés, peut surgir à l'intérieur même de l'activité rationnelle, comme on peut le constater chez Quine, par exemple. La perspective de Heidegger est tout autre. La logique y est déposée non pas en vue de rendre compte de propriétés nouvelles de l'étant (comme c'est le cas pour Quine, qui envisage une modification partielle de ses principes afin de penser les phénomènes de la physique quantique) mais parce qu'un sens, déjà présent dans le sentiment ontologique, exige d'être articulé. C'est sous cette exigence qu'une sortie de la logique (et non une révision partielle de celle-ci) s'impose et que s'ouvre l'horizon du

1. Le mot *être*, parce qu'il ne renvoie ni à un étant ni à un concept (être n'est pas un genre, fût-il suprême) mais à un événement, ou plutôt à l'Événement qui rend possible tout étant, tout concept et tout événement, ne peut ni être défini ni prendre place dans un discours prédicatif (*cf.* le commentaire de Heidegger dans *Aristote, Métaphysique T1-3*, trad. fr. B. Stevens et B. Vandevelde, Paris, Gallimard, 1991, p. 43-44).

langage apophatique (la fuite infinie des métaphores, la multiplication des paradoxes, l'épuisement du langage dans la répétition des tautologies ou les variations parataxiques, etc., en un mot ce que Heidegger désignera par l'expression de « phénoménologie de l'inapparent »[1]). Mais l'existence d'une telle expérience et d'un tel sens, censés être extérieurs au texte qui les relate, ne va pas de soi, pas plus que le rapport de cette expérience au discours. Et s'il n'est pas impossible d'envisager l'angoisse comme un objet interne du texte heideggérien, et au-delà comme une pièce majeure et ultime du jeu de langage de la métaphysique, alors la déposition de la logique et l'idée d'un langage illogique peuvent apparaître à leur tour sous un autre jour. Le discours apohatique pourrait alors être questionné dans deux directions. D'une part quant à ses conditions de possibilité conceptuelles : à partir de quel embrouillamini du langage, pour parler comme Wittgenstein, en vient-on à penser qu'il est nécessaire de parler de cette manière ?[2]. D'autre part en direction non plus des sentiments ontologiques qu'il cherche à dire mais de ceux que, en tant qu'écriture, il produit[3].

104 Il est particulièrement périlleux d'essayer d'articuler les textes de Heidegger des années 20 sur l'angoisse comme tonalité affective du *Dasein* et ceux, plus tardifs, qui font de la sérénité (*Gelassenheit*) la tonalité affective – si ce mot convient encore – correspondant à l'ouverture de l'être (à la « clairière de l'ouvert », ou « contrée » : *Lichtung, Gegend*). Même si l'angoisse semble s'effacer des textes de l'après-guerre, il serait imprudent de dire qu'elle a cédé la place à la sérénité, cela en raison du fait que la pensée de Heidegger a subi une inflexion importante (le fameux « tournant »),

1. Heidegger, *Question IV*, 339, trad. fr. Beaufret *et alii*, Paris, Gallimard, 1970.

2. L'idée d'un sens des mots (être, néant) indépendant de leur usage dans une proposition semble bien être une condition de possibilité conceptuelle de l'apophatisme chez Heidegger. En privilégiant le mot par rapport à la phrase, en interrogeant *être* quant à sa signification hors du contexte des énoncés où il paraît, Heidegger présuppose à la fois une théorie du sens (il appartient au mot) et de l'analyse (elle explicite progressivement ce sens) que Carnap (pour qui un mot n'a de signification que si sa syntaxe, c'est-à-dire la forme propositionnelle dans laquelle il entre, est fixée et que si l'on sait à quelles conditions elle est vraie ou fausse) et Quine (pour qui l'analyse ne dégage pas un sens caché mais élimine un mot en le paraphrasant dans un autre langage) nous ont appris à questionner.

3. Hume, par exemple, s'attache à exhiber les effets de pouvoir produits par le discours paradoxal : « il faut absolument susciter l'étonnement, donner l'apparence de la contradiction, rechercher l'ombre et l'obscurité… », sans quoi les doctrines religieuses apparaîtraient trop proches du sens commun (*Histoire naturelle de la religion*, trad. fr. M. Malherbe, Paris, Vrin, 1971, p. 78).

dont la portée fait l'objet de débats entre les spécialistes. Il n'est pas nécessaire, dans le cadre de cette étude, d'entrer dans un tel débat. Il suffira de rappeler qu'avec ce « tournant » Heidegger pense l'ouverture de l'être moins à partir de et du fait du *Dasein*, comme un horizon ouvert par cet étant particulier qu'est l'homme, que comme un « événement [*Ereignis*] » (les guillemets s'imposent pour interdire toute acception ontique de ce terme) qui « advient » en « appelant » l'homme à lui « correspondre » : « L'horizon, dans ce qui lui est propre, n'est donc que le côté tourné vers nous d'une Ouverture qui nous environne »[1]. Cette « désubjectivation » de l'ouverture de l'être – pour reprendre un terme de Reiner Schürmann[2] – s'accompagne d'un accent nouveau mis sur deux thèmes qui, même s'il n'est pas impossible de les repérer déjà dans *Être et temps*, ne sont pas au centre de cet ouvrage. D'une part, la pensée de l'Être, plus encore que dans *Qu'est-ce que la métaphysique*, abolit l'opposition du sujet et de l'objet (dans l'expression « la pensée de l'être », le « de » a le double sens du génitif, objectif et subjectif) et il en va de même, corrélativement, du sentiment qui en est inséparable, lequel caractérise aussi bien l'Être lui-même (de la « clairière de l'Ouvert », Heidegger dit qu'elle est « la paix du spacieux qui rassemble en lui-même ce qui ensuite procure l'état d'être hors de tout retrait »[3]). D'autre part, ce sentiment consiste désormais en une déprise, un délaissement, un renoncement au vouloir, un laisser, une sérénité, ou encore une égalité d'âme (tous ces termes ont été utilisés pour essayer de traduire le mot *Gelassenheit*, sur lequel nous reviendrons). Les trois citations qui suivent nouent de manière particulièrement dense le « tournant » (l'homme correspond à l'ouverture de l'Être), l'abolition de la représentation (de l'opposition du sujet et de l'objet) et l'accent mis sur la *Gelassenheit* (qui est aussi bien le renoncement de l'homme en réponse à l'appel de l'Être que le renoncement par lequel l'Être laisse être paisiblement les étants) :

1. Heidegger, « Pour servir de commentaire à sérénité », in *Questions III et IV*, Paris, Gallimard, 1976, p. 155.

2. R. Schürmann, *Le principe d'anarchie. Heidegger et la question de l'agir*, Bienne, Diaphanes, 2013.

3. Heidegger, « La fin de la philosophie et le tournant », in *Questions III et IV*, p. 298.

> Le cœur en paix qu'est la *Lichtung*, clairière de l'Ouvert, tel est l'asile au sein duquel trouve son site l'accord de l'être et la pensée, autrement dit de la présence et de son accueil[1].
>
> Tout dit le renoncement qui conduit vers le Même. Le renoncement ne prend pas, mais il donne. Il donne la force inépuisable du Simple. Par l'appel, en une lointaine Origine, une terre natale nous est rendue[2].
>
> ...la Contrée, comme si rien ne se produisait, rassemble toutes choses, les mettant en rapport l'une avec l'autre et toutes avec toutes ; elle les amène à reposer en elles-mêmes et à demeurer dans ce repos (...) ; [elle] s'ouvre elle-même, de sorte qu'en elle l'Ouverture est contenue – tenue de laisser aussi toute chose éclore dans son repos[3].

Quel est le chemin qui a conduit Heidegger de l'angoisse à la sérénité ? En l'absence de réponse précise à cette question dans ses écrits, deux hypothèses pourraient être avancées. La première prendrait appui sur la double face qui est celle de l'angoisse dans *Qu'est-ce que la métaphysique ?* Le retrait des étants dans leur indifférenciation est un recul, nous dit Heidegger, où « les choses viennent vers nous ». En d'autres termes, l'ensemble de l'étant apparaît. Comme le précisera plus tard Heidegger, le néant, dans cette

conférence, doit être compris comme « l'être lui-même ». Même si l'étant dans son ensemble sera plus tard distingué de « l'être lui-même » par Heidegger, il serait possible d'interpréter l'angoisse et la sérénité comme les deux faces inséparables d'un même sentiment, celui du retrait des étants et de l'apparaître de l'être. À une telle interprétation, il incomberait la tâche de rechercher ce qui, dans les premiers écrits de Heidegger, correspond à la sérénité et, dans les derniers, à l'angoisse[4]. Il ne semble pas que ce que *Le chemin de campagne* nomme l'*affliction*, ou l'allusion à ce que Heidegger, dans une note à son traducteur, nomme la « touche de mélancolie » incluse dans la sérénité, puisse tenir lieu de l'angoisse (le contexte semble indiquer que l'affliction en question fait référence à un sentiment plus banal, ontique plutôt qu'ontologique, même s'il est bien

1. *Ibid.*, p. 299.

2. Heidegger, « Le chemin de campagne », in *Questions III et IV*, p. 15.

3. Heidegger, « Pour servir de commentaire à sérénité », in *Questions III et IV*, p. 157.

4. Il a été rappelé en note, plus haut, que la *Conférence*... fait allusion à la sérénité (dont il est dit qu'elle entretient une « secrète alliance » avec l'angoisse de l'audacieux). Le texte de transition qu'est *Apports à la philosophie* noue étroitement, sous d'autres noms, des sentiments ontologiques apparentés à l'angoisse et à la sérénité.

difficile de savoir quel statut exact Heidegger donne à ce sentiment). Il en va de même de remarques du type de celle de *L'expérience de la pensée* : « Quel homme, aussi longtemps qu'il fuit la tristesse, pourrait être jamais touché par un souffle vivifiant? La douleur dispense sa force de guérison, là où celle-ci est le moins soupçonnée »[1]. La seconde interprétation, qui se laisse d'ailleurs articuler avec la première, pourrait considérer que c'est le « tournant » lui-même, la désubjectivation de l'ouverture de l'Être, qui fait passer la sérénité au premier plan. L'angoisse, trop subjective, s'effacerait (sans nécessairement disparaître, car elle pourrait être une composante de la réponse de l'homme à l'appel de l'Être) pour laisser la place à la sérénité qui, nous l'avons dit, est aussi bien un sentiment subjectif que la tonalité affective de l'Être lui-même. Nous reviendrons sur cette interprétation qui, si elle semble la plus probable, est particulièrement problématique : pourquoi la pensée de l'Être, du « sans pourquoi », devrait-elle susciter ce sentiment plutôt qu'un autre (la nausée, l'ennui, l'indifférence, etc.)?

Quoi qu'il en soit, la sérénité est bien, pour le dernier Heidegger, le sentiment ontologique qui correspond à la donation de l'Être. Il est facile de vérifier qu'il présente les quatre caractéristiques qui étaient celles de l'angoisse. 1) L'ouverture de l'Être s'accompagne, ou plutôt se confond, avec la sérénité, la confiance, l'harmonie (la « quiétude », la « noblesse patiente », ou encore le « remerciement »[2]; « tout devient serein dans une harmonie unique »[3], « l'âme égale en présence des choses »[4]). 2) Ce sentiment marque l'accès à une pensée qui dépasse la représentation et l'opposition du sujet et de l'objet qui en est inséparable. 3) Même si Heidegger récuserait l'idée que cette pensée est une « conscience de soi sans distance » (l'expression risquant de reconduire vers l'idée d'une intériorité), c'est bien de cela dont il s'agit. 4) Enfin, ce sentiment de sérénité s'explicite dans un discours dont Heidegger soulignera de plus en plus le caractère apophatique, en ayant recours à la métaphore, au paradoxe et en s'acheminant, dans certains textes, vers un silence pensé comme une modalité du langage : « Ce qui compte, c'est uniquement que la vérité de l'Être vienne au langage et que la pensée atteigne à ce langage. Peut-être alors le langage exige-t-il beaucoup

1. Heidegger, « L'expérience de la pensée », in *Questions III et IV*, p. 27.
2. Heidegger, « Temps et être; Pour servir de commentaire à sérénité », in *Questions III et IV*.
3. Heidegger, « Le chemin de campagne », p. 14.
4. Heidegger, « Sérénité », p. 146.

moins l'expression précipitée qu'un juste silence. Mais qui d'entre nous, hommes d'aujourd'hui, pourrait s'imaginer que ses tentatives pour penser sont chez elles sur le sentier du silence ? »[1].

L'angoisse était, à l'époque de *Qu'est-ce que la métaphysique ?*, la tonalité affective fondamentale du *Dasein* en tant qu'être fini, ouvert sur un monde dans lequel il est en même temps inclus, en tant qu'être mortel. Il pourrait sembler qu'avec la sérénité, l'accent mis sur la finitude s'efface progressivement. Heidegger va jusqu'à écrire, dans *Le chemin de campagne*, que « la sérénité qui sait est une porte donnant sur l'éternité »[2]. Mais une lecture plus attentive des derniers textes met facilement en évidence que la sérénité est le sentiment par lequel l'humain *mortel*, séjournant entre le ciel et la terre, répond à l'appel de l'Être. Cette réponse, est « la façon dont les hommes accomplissent sur terre et sous la voute du ciel leur migration de la naissance vers la mort », une migration qui « demeure fondamentale pour celui dont le séjour se déploie entre ciel et terre, naissance et mort, joie et douleur, œuvre et parole »[3].

Ce lien entre la sérénité et la finitude est cependant particulièrement problématique. Il fait l'objet de la première d'une série d'objections que suscite la pensée de l'Être du dernier Heidegger.

Ce n'est que très exceptionnellement que Heidegger utilise le mot *bonheur*. Dans le prologue à *Temps et Être*, il rappelle que la philosophie, par contraste avec la science dont les travaux ne peuvent être compris que d'une petite minorité, « doit fournir une *sagesse de vie*, si ce n'est même des directives *pour une vie bienheureuse* ». Les italiques quelque peu condescendantes maintiennent la distance entre la philosophie et la pensée de l'Être, dont Heidegger nous dit « qu'il se pourrait qu'une telle pensée se trouve aujourd'hui placée dans une situation qui exige des méditations fort éloignée d'une sagesse utilisable »[4]. Il n'en demeure pas moins que la sérénité est incontestablement pensée, dans les derniers textes de Heidegger, comme ce vers quoi *doit* tendre l'homme. Mais pourquoi celui-ci devrait-il « garder » la différence ontologique, être le « berger de l'Être » ? Les textes

1. Heidegger, « Lettre sur l'humanisme », in *Questions III et IV*, p. 103.
2. Heidegger, « Le chemin de campagne », p. 15.
3. Heidegger, « Hebel », in *Questions III et IV*, p. 51.
4. Heidegger, « Temps et être ; Pour servir de commentaire à sérénité », p. 193.

sur « l'arraisonnement [*Gestell*] de l'étant » par la technique, même s'ils se défendent de confondre le danger que la technique représente pour l'homme avec celui qui réside dans « l'essence de la technique », c'est-à-dire dans l'oubli de l'Être dont elle est le point culminant, mobilisent en permanence le langage du devoir-être. Penser l'essence de la technique est un impératif. Le dévoilement de la signification de la technique comme dernière étape de la métaphysique, c'est-à-dire de l'oubli de l'Être, permet à l'homme « de contempler la plus haute dignité de son être et de s'y rétablir ». Dira-t-on, à la lumière de cette formule et d'autres semblables, qu'il s'agit, comme chez Nietzsche, d'un perfectionnisme, d'un idéal que l'homme doit chercher à rejoindre et non de l'impératif éthique d'être heureux ? Mais comment Heidegger justifierait-il un tel perfectionnisme ? Celui de Nietzsche a d'ailleurs toujours une signification éthique, même s'il lui répugne d'utiliser le terme de *bonheur*, associé pour lui à l'utilitarisme anglais. Il n'en va pas très différemment de Heidegger, qui manque rarement une occasion de se maintenir à distance de l'idéal moderne et démocratique du « bonheur pour tous ici-bas »[1]. Et contrairement à ce qu'affirme Reiner Schürmann, l'idée du salut est omniprésente dans les derniers textes de Heidegger[2]. Le dévoilement est « ce qui sauve », il est un « retour au pays natal »[3]. Mais s'il en est ainsi, l'impératif d'avoir à penser l'être et d'accéder à la sérénité s'inscrit bien dans la tradition éthique de recherche d'un *summum bonum*, d'un « meilleur état de choses », même si celui-ci n'est accessible ni dans le monde ni au-delà de ce monde mais dans le rapport au monde, ou pour le dire dans le langage du dernier Heidegger, dans le laisser advenir de l'Être : « …la limitation essentielle, la finitude,

1. Dans *L'époque des « conceptions du monde »*, une caractéristique de la modernité est l'interprétation « culturelle » (les guillemets sont de Heidegger) des apports de l'histoire humaine. La « culture » est l'interprétation de ces apports en termes de valeurs suprêmes pour le bien de l'homme. À l'époque de l'arraisonnement technique, elle prend la forme non plus de la recherche religieuse du salut mais celle de l'idéal du bonheur pour tous ici-bas (*Chemins qui ne mènent nulle part*, Paris, Gallimard, 1962, p. 100 *sq.*).

2. « Rien ne permet d'affirmer que "si le rapport de l'être à l'homme" "un jour venait, dévoilé, à la lumière", la vie en serait plus vivable. L'"essence salvatrice" de la technologie ne recèle aucun salut pour l'homme » (R. Schürmann, *Le principe d'anarchie. Heidegger et la question de l'agir*, p. 303).

3. Heidegger, « La question de la technique » (p. 43) et « Science et méditation » (p. 76), in *Essais et conférences*, Paris, Gallimard, 1958.

est peut-être la condition de l'existence authentique. Pour l'homme qui vit réellement il y a toujours du temps »[1].

Il s'agit donc, bien, pour Heidegger, de savoir comment nous pouvons « habiter le monde » de manière authentique. Le langage de l'authenticité n'a jamais disparu des derniers écrits : « tout ce qui est vrai et authentique n'arrive à maturité que si l'homme est disponible à l'appel du ciel le plus haut, mais demeure en même temps sous la protection de la terre qui porte et produit »[2]. Mais comment la sérénité peut-elle intégrer ce que Heidegger nomme l'affliction ? Ce problème, nous l'avons vu dans le chapitre précédent, est au centre de la reconstruction que Kierkegaard fait du christianisme. Le désir d'infini, la recherche du bien absolu, s'y articule avec le renoncement aux désirs finis et l'acceptation de la mort. Il semble en aller de même dans les derniers écrits de Heidegger, où il existe comme un équivalent du *saut* kierkegaardien : « La parole du chemin éveille un sens, qui aime l'espace libre et qui, à l'endroit favorable, s'élève d'un bon au-dessus de l'affliction elle-même pour atteindre à une sérénité dernière »[3]. Mais comment la sérénité neutralise-t-elle l'affliction ? La mort est, étrangement, absente des derniers textes. L'homme y est certes toujours pensé comme un mortel, dont la tâche est d'habiter la terre, non de s'élever au-dessus de sa finitude, mais on ne trouve que peu de traces de la souffrance, de la maladie, de la vieillesse et de la douleur d'avoir à mourir. Les sagesses antiques, stoïciennes ou épicuriennes, pensaient dépasser l'affliction et prescrivaient le chemin de son dépassement, comme le fera plus tard le christianisme. Mais tout se passe, chez Heidegger, comme si la sagesse ou le salut étaient possibles sans qu'on ne puisse jamais savoir comment la sérénité peut inclure l'affliction. Les textes où celle-ci n'apparaît pas comme dépassée mais plutôt comme une condition de l'accès à la sérénité ne sont guère plus clairs, ils se contentent de reprendre un lieu commun du romantisme allemand (« la douleur dispense sa force de guérison »). Si la *Gelassenheit* est difficilement traduisible, c'est surtout parce que ce terme réfère à un sentiment particulièrement problématique, comme en témoigne la définition qu'en donne Heidegger, en réponse à

1. Heidegger, « Séminaire du Thor », in *Questions III et IV*, p. 447.
2. Heidegger, « Le chemin de campagne », p. 12.
3. *Ibid.*, p. 14.

la question de son traducteur. La sérénité est un « gai savoir », par quoi il faut entendre une « gaieté qui sait et dont la mine paraît souvent morose ». Heidegger la nomme d'un terme souabe, *das Kuinzige*, que le traducteur rend par « sagesse malicieuse », et que Heidegger explicite comme « un état de sérénité libre et joyeux, aimant à se dissimuler, marqué par une ironie affectueuse et par une touche de mélancolie : mélancolie souriante, sagesse qui ne se livre qu'à mots couverts »[1]. Mais comment la joie et la mélancolie en viennent-elles à se composer en un seul sentiment ? La voie qui était celle de Voltaire est évidemment fermée, puisqu'il ne s'agit pas là de sentiments ontiques, suscités par les étants du monde. La voie de Kierkegaard est fermée également, la sérénité n'étant pas la joie divine (malgré, on l'a vu, certaines formulations de Heidegger qui en font l'antichambre de l'éternité).

Nous avons déjà eu l'occasion, en examinant les rapports de l'angoisse et de la sérénité, de formuler la seconde objection. Pourquoi la pensée de l'Être ferait-elle naître la sérénité plutôt qu'un autre sentiment ? On répondra qu'à partir du moment où l'on admet, comme le fait Heidegger, l'idée d'une pensée qui n'est plus une représentation, ou ce qui est pensé se confond avec ce qui pense, il ne peut évidemment y avoir de discordance entre les deux. Si la pensée de l'Être est celle du Simple, du Même, de la Contrée qui amène toutes les choses « à reposer en elles-mêmes et à demeurer dans ce repos »[2], de la Parousie qui est « le perpétuel avoir-séjour, dont la venue à lui regarde l'homme, quiétude qui l'atteint et qui lui est offerte »[3], elle est nécessairement accordée à ce qu'elle accueille : « Le cœur en paix qu'est la *Lichtung*, clairière de l'Ouvert, tel est l'asile au sein duquel trouve son site l'accord de l'être et la pensée, autrement dit de la présence et de son accueil »[4]. Mais cette réponse suffit-elle à réduire au silence l'objection ? À supposer qu'un tel dépassement de la représentation soit possible, pourquoi serait-il l'expérience du Simple plutôt que du Multiple ? L'expérience du Simple n'est-elle pas également, chez Heidegger lui-même, celle du Pli de l'Être et de l'étant ? L'interprétation « anarchique » que

1. *Ibid.*, p. 14.
2. Heidegger, « Pour servir de commentaire à Sérénité », p. 157.
3. Heidegger, « Temps et être ; Pour servir de commentaire à sérénité », p. 209.
4. Heidegger, « La fin de la philosophie et le tournant », p. 299.

Reiner Schürmann propose de la « présence » dans les derniers textes de Heidegger, même si elle ne rend pas compte de l'ensemble de ceux-ci, peut ne pas paraître totalement injustifiée : « *Cela* qui donne, non seulement ne porte aucun nom humain, mais se trouve situé dans le langage de telle sorte qu'il interdit de penser l'origine autrement que comme anarchique, non principielle, multiple… »[1]. La sérénité, chez Heidegger, est le sentiment qui naît du renoncement à la *Machenschaft* (que l'on pourrait traduire par « mainmise », ou mieux, comme le propose Schürmann, par « machination », pour faire entendre à la fois le *machen*, le faire, et la machine), c'est-à-dire à l'emprise sur l'étant qui caractérise l'époque de l'arraisonnement technologique, forme extrême de l'oubli de l'Être. Mais ce renoncement débouche-t-il nécessairement sur la quiétude et l'harmonie? De Michaux à Borges, nombreux sont ceux pour qui la passivité (pensée comme tout aussi active que celle dont nous parle Heidegger[2]) ouvre sur l'expérience du multiple[3]. Au-delà, nous le verrons avec Wittgenstein, se profile la pointe extrême de cette objection : une pensée échappant à la représentation est-elle possible?

La troisième objection pourrait se formuler de la manière suivante : qu'est-ce qu'un « salut » – puisqu'après tout Heidegger emploie ce mot, même si, selon une stratégie habituelle, il lui donne un sens différent de celui qu'il reçoit dans la tradition chrétienne – qui, pour l'instant du moins, est réservé à un petit nombre de penseurs? « Le nombre de ceux qui connaissent encore le Simple comme un bien qu'ils ont acquis diminue sans doute rapidement. Mais partout ces peu nombreux sont ceux qui resteront »[4]; « une telle méditation n'est ni nécessaire pour tous, ni possible pour tous, ni seulement supportable par tous »[5]. Certes, Heidegger maintient l'idée d'une transformation culturelle qui sortirait l'humanité de la *Machenschaft* (de la « machination »), qui rendrait possible « de séjourner parmi les choses d'une manière toute nouvelle », qui lui garantirait « une autre terre,

1. Schürmann, *Le principe d'anarchie*, p. 220.

2. « …peut-être la sérénité recouvre-t-elle un acte plus haut que ne le font les grandes actions du monde », un « acte supérieur qui pourtant n'est pas une activité » (*Pour servir de commentaire à Sérénité*, 152).

3. *Cf.*, dans le chapitre V ci-dessous, les pages consacrées à Borges.

4. Heidegger, « Le chemin de campagne », p. 14.

5. Heidegger, « Compléments à L'époque des « conceptions du monde », in *Chemins qui ne mènent nulle part*, p. 126.

un autre sol, sur lequel, tout en restant dans le monde technique, mais à l'abri de sa menace, nous pourrions nous tenir et subsister »[1]. Nous venons trop tard pour les dieux, répète Heidegger, et trop tôt pour l'Être[2]. C'est peut-être dans *La fin de la philosophie et le tournant* (1968) que Heidegger a exprimé le plus clairement l'impossibilité, à l'époque de la technologie déchaînée, d'une « action immédiate » de la pensée de l'être, tout en formulant l'hypothèse de la « possibilité que la civilisation mondiale telle qu'elle ne fait que commencer, surmonte un jour la configuration dont elle porte la marque technique, scientifique et industrielle, comme l'unique mesure d'un séjour de l'homme dans le monde », cela « à partir de la disponibilité des hommes pour une destination pour laquelle en tout temps un appel, qu'il soit ou non entendu, ne cesse de venir jusqu'à nous »[3]. Mais le ton de la suite de la conférence reste très pessimiste quant à la probabilité d'une sortie de l'arraisonnement (*Gestell*) par la technique. Le *Séminaire du Thor* de l'année suivante parle bien de la possibilité d'une nouvelle tradition, mais qui ne pourra voir le jour que « dans un lointain avenir » car « ce n'est pas en dix ou vingt ans qu'on peut mettre de côté un héritage bimillénaire »[4]. Il est bien difficile d'interpréter ces textes : ne font-ils que reprendre une tradition religieuse (le salut est une perspective située à l'infini) ou témoignent-ils d'une éthique pessimiste, douloureusement consciente de son impuissance ? Même le penseur est « en attente dans la sérénité qui nous rattache à la libre Étendue, laquelle nous voile encore son être propre »[5].

Rainer Schürmann tente de donner un sens plus concret à cette vague possibilité de transformation de notre culture, pour essayer de sauver Heidegger du reproche de don-quichottisme. Mais il doit bien reconnaître que ces indications de Heidegger « ne sont jamais développées pour elles-mêmes » ; « on aimerait en savoir un peu plus long sur les actions précises qui doivent précéder l'entrée dans l'événement ». Il constate finalement qu'il n'y a pas chez Heidegger de « programme d'action »[6].

1. Heidegger, « Sérénité », p. 146.
2. Heidegger, « L'expérience de la pensée », p. 21.
3. Heidegger, « La fin de la philosophie et le tournant », p. 288.
4. Heidegger, « Séminaire du Thor », in *Questions III et IV*.
5. Heidegger, « Pour servir de commentaire à Sérénité », p. 171.
6. Schürmann, *Le principe d'anarchie*, p. 353-354.

chapitre 4
de Wittgenstein à Carnap :
le sentiment ontologique *en question*

Peut-on, comme tente de le faire Rainer Schürmann, unifier les fragments que Heidegger consacre à la *sérénité* pour reconstituer à partir d'eux une doctrine de l'agir et, peut-être, une éthique? On peut lui accorder qu'il y a bien, chez Heidegger, une priorité de l'agir sur le connaître. Il établit de manière convaincante que déjà à l'époque de *Être et temps* l'appropriation des possibilités existentielles précédait l'ontologie existentiale, que l'authenticité, qui signifie « me comporter à l'égard de mon être de telle sorte que celui-ci me soit propre (*eigen*) »[1] était une condition de la pensée. On peut lui accorder aussi que Heidegger interprète l'idée d'une éthique, au sens de la recherche du bonheur, comme une figure de la métaphysique, c'est-à-dire de l'oubli de l'être. Heidegger le dit explicitement du salut chrétien : au Moyen Âge, être signifie « être sûr de son salut ». Le bonheur est pour lui une forme de l'emprise de la subjectivité[2]. Dans des pages éclairantes, Schürmann rappelle que la finalité fait l'objet d'une critique

1. R. Schürmann, *Le principe d'anarchie. Heidegger et la question de l'agir*, Bienne, Diaphanes, 2013, p. 345.
2. *Ibid.*, p. 274.

constante, chez Heidegger, tant au niveau théorique qu'au niveau pratique. Alors que pour Aristote toute investigation comme toute action tendent vers un bien, il n'en va pas de même pour Heidegger. Les chemins ne mènent nulle part : « sous le concept de *Holzwege*, Heidegger tâche de penser une certaine abolition de la finalité dans l'agir »[1]. Celle-ci a son origine dans la fabrication, elle ne doit pas être étendue à l'agir. Lorsqu'une telle extension a lieu, on peut être certain que l'agir est « arraisonné », asservi à la raison.

Mais quelle signification peut-on donner au concept d'un agir qui ne vise pas un bien, à ce « déplacement a-téléocratique » dont nous parle Schürmann, effectivement présent chez Heidegger ?[2] Schürman reconnaît en même temps que la pensée de Heidegger est « on ne peut plus soucieuse d'un avenir meilleur pour l'homme »[3]. Le moins que l'on puisse dire est que cet effort pour accorder des affirmations contradictoires ne débouche sur rien de précis. Ce qui tiendrait la place de l'éthique chez Heidegger serait un agir anarchiste : « pour suivre le jeu sans pourquoi de la présence, il faut vivre sans pourquoi »[4]. Mais cette interprétation ne tire-t-elle pas

abusivement Heidegger du côté de Nietzsche ? Heidegger affirme certes que la pensée de l'être n'est pas orientée vers le salut ou la sagesse : « Peut-être, la pensée est-elle un chemin inévitable, qui ne prétend pas être une voie de salut et qui n'apporte pas une nouvelle sagesse »[5]. Mais lorsqu'il récuse la recherche éthique d'une fin métaphysique (le salut chrétien, « le bonheur du plus grand nombre », etc.), c'est bien encore au profit d'une fin : demeurer, habiter la terre, c'est-à-dire « être content, mis en paix »[6].

Un tel salut (le mot revient fréquemment sous la plume de Heidegger) consiste à « proprement libérer une chose, la laisser revenir à son être propre »[7]. Et ce retour, comme en témoigne ce texte et de nombreux autres, est bien pensé en termes de contentement. « Bienheureux qui peut appartenir à la funeste fissuration de l'être [*Zerklüftung des Seyns*] »

1. R. Schürmann, *Le principe d'anarchie*, p. 367.
2. *Ibid.*, p. 373.
3. *Ibid.*, p. 391.
4. *Ibid.*, p. 411.
5. Heidegger, « La chose », in *Essais et conférences*, Paris, Gallimard, 1958, p. 221.
6. Heidegger, « Bâtir, habiter, penser », in *Essais et conférences*, Paris, Gallimard, 1958, p. 175.
7. *Ibid.*, p. 177.

déclare *Apports à la philosophie*[1]. Si la fissuration de l'être est, selon les termes de Schürmann, l'incomplétude dont témoigne la mort (« la mort indique l'impossibilité que tout soit dévoilé, elle est l'unité du présenter et de l'absenter ; les mortels sont donc des hommes pour autant que des étants leur sont appropriés et expropriés »), le fait que « la présence totale est hors de portée », comment devient-on bienheureux par cette funeste fissuration[2] ? Emmanuel Cattin, dans son examen du sens de la notion de sérénité chez Heidegger, pose la question à la fin de son livre : « En quel sens le domaine de la *Gelassenheit* est-il le domaine de la paix ? en quel sens l'adieu ouvre-t-il le domaine de la paix ? quel est au juste cette paix qui s'étend alentour ? »[3]. Dans un des textes les plus explicites que Heidegger ait écrits sur la mort après *Être et temps*, il est dit que

> Seul l'homme meurt. L'animal périt. La mort comme mort, il ne l'a ni devant lui ni derrière lui. La mort est l'Arche du Rien, à savoir de ce qui, à tous égards, n'est jamais un simple étant mais qui néanmoins est, au point de constituer le secret de l'être lui-même. La mort, en tant qu'Arche du Rien, abrite en elle-même l'être même de l'être. En tant qu'Arche du rien, la mort est l'abri de l'être. Aux morts, nous donnons le nom de mortels – non pas parce que leur vie terrestre prend fin, mais parce qu'ils peuvent la mort en tant que la mort. C'est en tant que mortels que les mortels sont ceux qu'ils sont, trouvant leur être dans l'abri de l'être. Ils sont le rapport, qui s'accomplit, de l'être en tant qu'être[4].

Mais comment la mort, « arche du rien » et, conformément à une équivalence constante chez Heidegger, « abri de l'être » (de l'être comme « rien d'étant »), c'est-à-dire comme un laisser advenir de l'être où « les mortels trouvent leur être » – comment cette mort, en tant que délaissement, peut-elle, en dehors d'une perspective chrétienne, être un contentement[5] ?

1. La traduction est celle que donne R. Schürmann dans *Des hégémonies brisées* (Bienne, Diaphanes, 2017, p. 671).

2. Schürmann, *Le principe d'anarchie*, p. 330.

3. E. Cattin, *Sérénité. Eckhart, Schelling, Heidegger*, Paris, Vrin, 2012, p. 237.

4. Heidegger, « La chose », p. 212-213.

5. Emmanuel Catin souligne justement que la mort, « secret de l'être », est « ce qui donne à chacun de laisser ». Il cite une phrase fondamentale d'*Apports à la philosophie* : « la mort le plus haut, l'extrême témoignage de l'être » (p. 131). C'est l'expérience de la mort qui nous sort de l'arraisonnement, du règne aveugle de la *Machenschaft*, qui ouvre le « laisser être » débouchant sur la sérénité.

Chez Eckart, le délaissement, le dénuement, est aussi *Saelichkeit*, béatitude, car le cœur détaché est dans l'égalité avec Dieu, comme l'est le Christ en croix. Mais comment le sentiment de l'Être comme le Simple permet-il, chez Heidegger, de dépasser l'affliction ? Heidegger compare l'état atteint dans la pensée de l'être à la liberté « d'un homme qui surmonte (*verwunden*) sa douleur au sens où, loin de s'en défaire et de l'oublier, il l'habite »[1]. Il semble bien qu'il soit ici au plus près de la pensée chrétienne, telle que Kierkegaard la restitue (le chrétien surmonte la mort sans cesser de souffrir) ou de la reconstruction spéculative qu'en fera Hegel (il y a sans doute quelque chose de *l'Aufhebung* dans ce dépassement qui surmonte sans oublier). On se demande parfois, à lire le dernier Heidegger, si l'équivalent de l'angoisse des premières œuvres n'est pas la détresse qui naît de la dévastation du monde par la technique : « avant que l'être puisse se montrer dans sa vérité initiale, il faut que l'être comme volonté soit brisé, que le monde soit renversé, la terre livrée à la dévastation »[2]. Il n'en demeure pas moins que ce lien entre la pensée de l'être, la mort et le contentement demeure finalement obscur : « la négation est-elle un passage et l'étrange

agir qui s'appelle *Lassen* est-il le chemin d'une restitution, en laquelle ce qui est abandonné serait redonné ? »[3]. Emmanuel Cattin touche un point essentiel lorsqu'il constate que « la question demeure alors de savoir en quel sens la mort porte en elle, avec le secret de *Sein*, la possibilité de toute *Gelassenheit*, du laisser et de la sérénité du délaissement »[4].

Il est rare que Heidegger confronte directement ses analyses à celles de philosophes qui, parce qu'ils remettent en cause les questions à ses yeux les plus fondamentales (que signifie *être* ?), engagent l'enquête dans des voies qui les conduisent vers une ontologie et une éthique différentes de celles de la *pensée de l'être*. Ou si c'est le cas, c'est très souvent pour assigner à ces philosophes une place ou une autre dans l'échelle que constitue l'oubli de l'être. Ainsi procède-t-il, dans *Apports à la philosophie*, avec ceux qui constatent l'impossibilité d'expliquer la présence de l'étant

1. Heidegger, « La fin de la philosophie et le tournant », in *Questions III et IV*, p. 311.

2. Heidegger, « Dépassement de la métaphysique », in *Essais et conférences*, Paris, Gallimard, 1958, p. 83.

3. E. Cattin, *Sérénité. Eckhart, Schelling, Heidegger*, p. 21.

4. *Ibid.*, p. 131.

dans son ensemble à partir d'un autre étant, fût-il suprême : « là où cette explication fait long feu, on se raccroche à l'inexplicable, ou bien l'on soutient logiquement que ce qui n'est pas explicable *n'est pas* »[1]. La première démarche pourrait être celle de Kierkegaard (la foi comme saut irrationnel), la seconde celle de Carnap (dans l'article de 1931 où il dénonce les *simili-énoncés* sur l'être et le néant de *Qu'est-ce que la métaphysique?*) ou de Wittgenstein (« Il n'y a pas d'énigme », déclarait la proposition 6.5 du *Tractatus logico-philosophicus*). Mais il y a peu de doutes sur le fait que Heidegger ne reconnaît la valeur de ces deux dépassements de l'explication onto-théologique que pour les considérer comme des figures, certes moins naïves, de l'oubli de l'être. En un sens, l'être est bien inexplicable, chez Heidegger, mais il demeure explicitable dans un langage apophatique; en un sens également, l'être *n'est pas*, mais pas au sens où tout énoncé portant sur lui serait un simili-énoncé.

À l'encontre de cette tendance de Heidegger à interpréter toute doctrine philosophique soit comme une confirmation encore implicite de la *pensée de l'être*, soit comme un moment signifiant mais dépassable de celle-ci, l'analyse qui suit entend, sur l'exemple de Wittgenstein, mettre en évidence comment, sur la base de préoccupations voisines de celles de Heidegger, un penseur peut en venir à récuser l'idée d'un sentiment ontologique et à s'engager dans une ontologie et une éthique d'une nature différente.

La *Conférence sur l'éthique* de Wittgenstein est un texte qui, à bien des égards, relève de la même tradition que celle de Heidegger[2]. Même si son point de départ est tributaire d'une distinction empiriste (celle du domaine des faits et du domaine des valeurs), elle met très vite en place une problématique où domine la question des rapports entre le sentiment du monde, le discours sur le monde, la conscience de soi et les limites du langage. Mais les tensions constitutives de ce texte, qui conduiront son auteur à renoncer à l'idée d'un sentiment indicible, révélant notre condition d'être parlant, montrent à quel point Wittgenstein, fasciné par une voie apophatique plus radicale encore que celle de Heidegger

1. Heidegger, *Apports à la philosophie. De l'avenance*, trad. fr. F. Fédier, Paris, Gallimard, 2013, p. 408.

2. Wittgenstein, *Leçons et conversations*, trad. fr. J. Fauve, Paris, Gallimard, 1971. Le texte de la conférence étant court et bien connu, j'omets, à quelques exceptions près dans les notes, d'indiquer la référence des citations, par souci d'allègement.

(comme en témoignent les *Carnets*) est conscient des obstacles auxquels elle se heurte nécessairement. Nul texte mieux que celui-ci, déchiré entre deux tendances, à la démarche souvent hésitante, ne met en évidence aussi clairement la pluralité des discours relatifs aux sentiments du monde.

1) Dans ce texte et d'autres de la même période, l'affectivité est pensée, en opposition implicite avec la perspective du Cercle de Vienne, d'une manière apparemment proche de celle Heidegger. La parenté des sentiments du monde de Heidegger (*Stimmungen*) et des « expériences » relatées par Wittgenstein – à la première personne, ce qui n'est pas le cas dans le texte de Heidegger – a souvent été remarquée. Cela ne doit pas faire oublier, cependant, que la conférence ne fait état de celles-ci, et tout particulièrement de « l'étonnement devant le monde », qu'au cours d'une réflexion sur le langage. Je suis en effet tenté, dit Wittgenstein, de parler, au sujet de cette « expérience particulière », lorsqu'elle « se présente à moi », de sa « valeur absolue » – au sens où le monde y prend la valeur *étonnant* et, comme on va le voir, *absolument étonnant* – cela alors même que le langage, dans son usage théorique, est porteur de significations « naturelles », c'est-à-dire réfère à des faits, toujours relatifs à d'autres, et non à des valeurs, *a fortiori* absolues. L'affectivité émerge donc, dans le texte de Wittgenstein, de l'examen d'une manière de parler, ce qui suffirait à distinguer cette conférence de celle de Heidegger.

Conformément à la théorie de la signification qui est la sienne, Wittgenstein se tourne alors, pour expliciter cette expression de « valeur absolue », vers l'usage du langage dont elle témoigne. La verbalisation d'une telle expérience – « je m'étonne de l'existence du monde » – fait intervenir, dans un jugement de valeur au sujet de ce qui, apparemment du moins, est un fait (le monde), deux mots, ceux d'*étonnement* et d'*existence*, pris en un sens absolu. Entendons par là que, à la différence de l'usage habituel, ces mots sont ici employés sans contraste : alors qu'un objet existe ou n'existe pas ou plus *dans* le monde, l'existence *du* monde, sauf à donner un sens au mot *néant* – ce que Wittgenstein refuse constamment de faire[1] – n'est relative à aucune non-existence; et alors que l'étonnement, qui naît habituellement de la rencontre avec un objet contingent et improbable, ne se comprend

1. « l'existence du monde n'est pas empirique; car nous ne pouvons pas nous représenter qu'il en soit autrement » (*Leçons et conversations*, p. 149-150).

que par différence avec la familiarité, tout contraste de ce type disparaît lorsque ce mot est appliqué à celui d'existence pris lui-même en un sens absolu. Il apparaît ainsi que la tonalité affective ontologique, qui est certes éprouvée – mais dans une expérience qui n'est pas antérieure au langage : l'état affectif est inséparable de l'inclination « à employer des phrases » – est immédiatement pensée comme un problème en raison du fait que la proposition qui la relate ne peut être qu'un non-sens. À la fois expérience irrécusable et problème sémantique, l'étonnement n'est donc pas posé, comme chez Heidegger, comme condition de possibilité de notre rapport au monde, mais comme fait de langage qu'il importe de comprendre, puisqu'il peut être interprété en plusieurs sens, aussi bien comme une erreur de catégorie que comme le témoignage d'une limite du langage.

2) Le discours que l'on pourrait qualifier, avec prudence, d'ontologique (au sens où il va s'interroger sur le sens absolu du mot *exister*) a son point de départ dans cet étonnement, qui est tout autant étonnement devant l'emploi des mots, et en particulier devant l'emploi du mot *étonnement* lui-même. Il se développe, dans la conférence, à partir de ce que Wittgenstein nomme un paradoxe : d'une part les expressions éthiques (celles qui utilisent les mots dans leur valeur absolue, à l'instar de la proposition « je m'étonne de l'existence du monde ») apparaissent comme des « simulacres » ou « allégories », c'est-à-dire des « emplois abusifs du langage », d'autre part elles se distinguent de toute allégorie connue en ce qu'elles ne renvoient à aucun fait. Elles ne sont donc pas des métaphores au sens aristotélicien du terme, puisque le terme métaphorisé ne se laisse dire en aucun langage non métaphorique : l'expression « le miracle du monde » est, en tant qu'énoncé, un fait du monde, mais elle renvoie à ce qui, parce que ce n'est pas un fait, car il n'y a de fait que dans le monde, ne peut se dire que dans une métaphore irréductible. Ce paradoxe est ce qui, dans la conférence, engendre la tension qui la caractérise. Il ouvre en effet la voie à deux discours : on peut dire que les expressions éthiques relèvent du non-sens, ou bien qu'elles cherchent à dire une expérience qui ne peut se dire. On sait comment la fin de la conférence résout cette tension, non sans tâtonnement, en privilégiant la seconde voie. Les expressions éthiques cherchent à dire un indicible, que l'on peut cependant essayer de dire de manière plus adéquate qu'elles ne le font :

> Je suis alors tenté de dire que la façon correcte d'exprimer dans le langage le miracle de l'existence du monde, bien que ce ne soit pas une proposition du langage, c'est l'existence du langage lui-même[1].

La phrase, sommet de la conférence et sans doute de l'œuvre du premier Wittgenstein, est d'une grande étrangeté. Non seulement Wittgenstein affirme que ce qui ne peut se dire que de manière radicalement métaphorique peut se dire de manière plus « correcte », mais il prétend qu'il est possible d'exprimer quelque chose *dans* le langage sous une forme qui ne soit pas celle d'une proposition. Le rapprochement avec le langage apophatique de Heidegger est tentant, mais il ne doit pas masquer l'originalité du propos de Wittgenstein. Cette expression du langage, qui n'est pas une proposition, il pourrait en effet sembler que la fin de la phrase nous la livre, et cela paradoxalement, sous la forme de la proposition : « l'existence du langage » (dont le sens serait : « le langage est existant »). Selon cette interprétation, Wittgenstein dirait « il y a du langage », d'une manière assez proche de celle de Heidegger. Entendons par là : « c'est le langage qui ouvre le monde comme dimension où tout peut paraître », proposition qui dirait plus adéquatement ce que dit l'expression « le miracle du monde » (d'une manière encore certes paradoxale puisque dans le *il y a* le verbe *exister* serait à nouveau employé en un sens absolu, puisqu'il renverrait non à l'étant paraissant dans le langage mais à la condition de possibilité de tout étant, condition qui, parce que sans contraste – nous ne pouvons nous imaginer sans langage – ne peut être dite exister[2]). Mais une autre interprétation de cette phrase étrange est possible. Wittgenstein affirme bien que la manière correcte d'exprimer dans le langage ce que « le miracle du monde » exprime de manière inadéquate ne consiste pas à produire

1. Wittgenstein, *Leçons et conversations*, p. 153. La traduction suit fidèlement le texte original (« ...the right expression in language for the miracle of the existence of the world, though it is not any proposition in language, is the existence of language itself »).

2. L'impossibilité de tout métalangage est au centre de l'œuvre du premier Wittgenstein : pour dire le langage, il faudrait un langage qui ne possède pas les possibilités logiques du langage, c'est-à-dire un impossible langage illogique (*Carnets 1914-1916*, Paris, Gallimard, 1971, p. 196). Wittgenstein est ici au plus proche de Heidegger : « C'est précisément le déploiement de la parole qui lui interdit de venir à la parole » (*Acheminement vers la parole*, trad. fr. J. Beaufret, W. Brokmeier et F. Fédier, Paris, Gallimard, 1979, p. 170). Ou encore, dans *Apports à la philosophie* : « Toute parole parle déjà à partir de la vérité de l'estre – en sortant d'elle – et elle est hors d'état de faire le saut, immédiatement par elle-même, jusqu'à l'estre » (p. 104; *Seyn* est rendu par *estre* dans la traduction de F. Fédier).

la proposition « le langage existe », mais que c'est l'existence du langage. La très curieuse construction de cette phrase ne peut faire sens que si l'on comprend d'une manière nouvelle les mots « exprimer dans le langage » : rien dans le langage ne peut dire sous forme de proposition son existence, il ne peut qu'*exprimer* celle-ci par son emploi même. L'interprétation est confirmée par tous les textes de Wittgenstein qui opposent le *dire* et le *faire*, et par la fin de la conférence où Wittgenstein écrit qu'il a fait passer l'expression du miraculeux « d'une expression par les moyens du langage à l'expression par l'existence du langage » (phrase où apparaît clairement que le paradoxe ne peut être éliminé) et conclut en affirmant qu'il existe un indicible, étroitement lié au sentiment :

> ...tout ce que j'ai fait a été à nouveau de dire que nous ne pouvons pas exprimer ce que nous voulons exprimer et que tout ce que nous disons du miraculeux absolu demeure non-sens.
> ...aucune description de ce que je saurais concevoir ne ferait l'affaire pour décrire ce que je désigne en esprit par valeur absolue[1].

3) On sait que Wittgenstein finira par rejeter cette conclusion et le raisonnement qui y conduit. L'analyse de l'expression « le monde existe » se poursuit, sur une autre voie, au-delà de la *Conférence sur l'éthique*. Mais ce qui importe pour notre propos est le fait que le discours ontologique, à ce stade de l'argumentation de Wittgenstein, même s'il se distingue fortement de celui de Heidegger, retrouve finalement lui aussi la figure de la conscience de soi. Certes, Wittgenstein ne cesse de répéter, dès les premiers écrits, qu'il n'y a pas de métalangage. Et la conférence établit bien que l'existence du langage ne peut se dire dans la proposition « le langage existe ». Il n'en demeure pas moins que le langage lui-même, dans son emploi, dit par le *faire* ce qu'il est, c'est-à-dire se montre lui-même. On sait que Wittgenstein, dès les *Carnets*, associe étroitement *utiliser* et *montrer*[2], thème qui deviendra central dans les écrits ultérieurs[3]. Dans ces premiers textes, le langage *est*, en quelque sorte, son propre métalangage : il « parle

1. Wittgenstein, *Leçons et conversations*, p. 154.

2. « ce qui n'est pas exprimé dans les signes, leur utilisation le montre » (Wittgenstein, *Tractatus logico-philosophicus*, trad. fr. P. Klossowski, 1961, Paris, Gallimard, prop. 3262).

3. « comme s'il n'y avait pas un moment où la quête du fondement parvient à un terme. Mais ce terme ce n'est pas la présupposition non fondée, c'est la manière non fondée de procéder » (Wittgenstein, *De la certitude*, trad. fr. J. Fauve, Paris, Gallimard, 1976, § 110).

pour lui-même », comme le rappelle fréquemment Wittgenstein, d'une parole qui ne peut se dire[1]. Dans le parler, comme *faire* et non comme *dire*[2], le langage advient à lui-même (on peut voir dans cet advenir à soi du langage une ombre de la *causa sui*, avec laquelle la suite de l'œuvre de Wittgenstein se débattra longtemps).

4) On ne s'étonnera donc pas de constater que, malgré tous les efforts faits par Wittgenstein pour écarter le langage apophatique, il ne puisse finalement éviter d'y avoir recours. Pour dire que l'existence du langage ne fait pas l'objet d'une proposition mais ne peut que se montrer dans l'emploi du langage, il faut bien énoncer une telle proposition et supposer que cette énonciation n'est pas un pur non-sens, qu'elle témoigne d'un vouloir dire qui travaille en secret le langage, nourrit les allégories inouïes (« le monde existe ») et exacerbe le dire jusqu'à ce qu'il engendre la phrase étrange avec laquelle culmine la conférence.

On sait que, par la suite, l'ensemble de ces thèmes (l'idée d'une expérience et d'un discours ontologique, celle d'un indicible et d'un discours apophatique) s'effacera progressivement chez Wittgenstein :

> Par la suite, il s'est montré critique à l'égard de remarques de cette sorte. Si vous avez dit ce que c'est qui ne peut pas être exprimé, on se prend à se demander en quoi l'exprimer serait différent de dire ce que c'est[3].

La reconnaissance du fait que l'inexprimable a toujours déjà été exprimé, en vidant de tout sens le concept d'inexprimable, conduira à explorer l'autre voie, et à interpréter comme une maladie du langage, une erreur de catégorie, l'expression « je m'étonne de l'existence du monde ». L'attitude de Wittgenstein à l'égard de l'étonnement, et au-delà, de l'affectivité, en sera grandement modifiée. L'impossibilité de la réflexion sur soi ne caractérisera plus seulement le langage, mais aussi le sentiment lui-même, dont le sens ne sera plus celui d'une indicible présence à soi. On comparera

1. « ce qui s'exprime soi-même dans le langage, le langage ne peut le représenter », *Tractatus logico-philosophicus*, prop. 4121.

2. « C'est une grande tentation que de vouloir rendre l'esprit explicite. Là on atteint les limites de sa propre honnêteté, là naît une sorte de tourbillon des pensées, une régression infinie : on peut *dire* ce que l'on veut, cela ne mène pas plus loin », *Remarques mêlées*, trad. fr. G. Granel, Mauvezin, TER, 1989, p. 17.

3. Wittgenstein, *Leçons et conversations*, p. 166, propos rapportés par Rush Rees.

par exemple le texte de 1930 des *Remarques mêlées*, où Wittgenstein objecte à Renan que les hommes d'aujourd'hui sont des primitifs parce qu'ils ne s'étonnent plus et croient que l'explication scientifique pourrait supprimer l'étonnement[1], aux textes plus tardifs sur le but de la philosophie (mettre fin aux étonnements dus aux embrouillaminis du langage) et à ceux où l'éthique de Wittgenstein débouche, en relation avec l'idée selon laquelle aucun contraste *absolu* de nos jeux de langage ne peut être pensé ni senti[2], sur le non-étonnement, ou plutôt le refus d'utiliser en un sens absolu les catégories d'étonnement ou de non-étonnement[3]. Mais déjà dans la conférence et les textes de la même époque se dessine cette autre voie qui conduira à l'abandon du langage apophatique. Les dernières lignes, qui se distinguent des textes contemporains de Carnap par leur souci de reconnaître un sens à ces expressions qui, du point de vue logique, relèvent du non-sens, n'en affirment pas moins que la tendance à aller au-delà du monde, c'est-à-dire au-delà du langage signifiant, d'affronter les bornes du langage en donnant du front contre les murs de notre cage, est une tendance vaine, qui nous documente seulement sur la nature de l'esprit humain[4]. On pourrait certes être tenté de prendre appui sur ces pages pour affirmer que Wittgenstein a reconnu une dimension de l'homme qui laisse une place au sentiment et au discours ontologiques, et peut-être au langage apophatique, ou simplement au silence. Mais ce serait oublier que les cours sur la religion, à peine plus tardifs, pensent les jeux de langage de la religion et de la raison comme radicalement hétérogènes, comme deux usages du langage, sans pour autant accepter l'idée d'un discours ontologique apophatique. Le sens que le jeu de langage religieux (ou métaphysique) donne au mot *existence* (dans « Dieu existe » ou « le monde existe ») est sans rapport avec celui que lui donne le jeu de langage de la

1. Wittgenstein, *Remarques mêlées*, p. 14-15.

2. « le jeu de langage est pour ainsi dire quelque chose d'imprévisible. J'entends par là : il n'est pas fondé. Ni raisonnable. (Ni non plus non raisonnable). Il est là – comme notre vie » (*De la certitude*, § 559).

3. « Prendre mon parti de mainte chose, voilà en quoi consiste ma vie » (*De la certitude*, § 344). On comparera ce texte à ceux des *Carnets* où le sentiment du monde en tant que totalité limitée (l'élément mystique, comme le dit le *Tractatus*) était inséparable du sentiment de bonheur, comme indifférence totale à l'accident (*cf.* les remarques des 6, 8 et 30/7/1916). L'acceptation du monde comme un tout a laissé la place à la résignation devant les choses multiples.

4. Elles témoignent d'une « tendance que je ne puis que respecter profondément quant à moi, et que je ne saurais sur ma vie tourner en dérision » (*Leçons et conversations*, p. 155).

raison (dans « cet objet existe »). Le premier jeu de langage emploie ce mot d'une manière « extraordinaire », telle que le sens y est intimement lié au sentiment[1], manière que, malgré la distance qui les sépare, la raison peut comprendre (le jeu de langage de la science peut restituer l'usage qui est fait de ces mots). Ainsi interprété, à partir de la notion de jeu de langage, le discours ontologique est ramené, conformément à la fin de la *Conférence sur l'éthique*, à un simple fait anthropologique. Dans la perspective sceptique de ces *Leçons sur la religion*, un tel jeu de langage est traité avec le plus grand respect mais il perd tout lien avec une quelconque vérité (il n'est pas non plus déraisonnable, puisque l'on ne peut juger ce jeu de langage à partir d'un critère de rationalité appartenant à un autre jeu). D'un tel jeu, tout ce que l'on peut dire est qu'on accepte ou non de le jouer, sans raison, puisque toutes les raisons qui peuvent être avancées de le jouer ou de ne pas le jouer appartiennent au jeu de langage de la raison.

C'est sans doute Carnap qui, discrètement, a tiré les conséquences éthiques les plus radicales de la voie que Wittgenstein explore avec hésitation. Le statut de l'affectivité ne diffère pas chez lui, pour l'essentiel, de celui que la tradition empiriste, telle qu'elle a été restituée dans le premier chapitre à partir de Voltaire, lui a conféré. Il est significatif que ce statut soit pensé par Carnap comme une reconnaissance de l'autonomie de la sphère affective. Le souci des quelques pages que *La construction logique du monde* consacre à l'affectivité est en effet, comme dans la fin de *Candide*, de limiter l'empire de la connaissance. Pour Carnap, l'idée d'un sentiment du monde, d'un *a priori pathique*, repose en effet sur la même méconnaissance de l'affectivité que celle à l'œuvre dans le rationalisme de l'époque que dénonce l'ouvrage. L'irrationalisme heideggérien a le mérite de ne pas résorber le sentiment dans la raison, mais il ne parvient à lui rendre une dignité qu'en l'interprétant comme révélation d'une vérité, c'est-à-dire en le subordonnant finalement à un ordre qui, pour Carnap, n'est pas le sien[2]. Il faut donc, à la fois contre le positivisme ancien et l'irrationalisme nouveau,

1. Wittgenstein, tout au long des *Leçons sur la croyance religieuse*, insiste sur le fait que la parole religieuse ne fait rien connaître mais fait sentir.

2. Le terme d'irrationalisme, appliqué ici à Heidegger, est pris ici non pas en un sens habituel et péjoratif, mais au sens qui lui a été donné dans le chapitre précédent (la pensée de l'être ne peut se dire dans le *logos apophantikos*).

conceptions secrètement accordées, rétablir les droits de l'affectivité. Le mouvement par lequel Carnap pense y parvenir est l'inverse de celui de Heidegger, même si les deux se rencontrent dans une volonté identique de mettre en évidence le rapport, que les doctrines classiques occultaient, de la métaphysique et de l'affectivité. Le discours métaphysique, réduit par l'analyse à un ensemble de simili-énoncés, ne retrouve en effet chez Carnap un sens, qui n'est plus théorique, qu'en tant que « contenu émotionnel »[1]. Mais ce qui peut apparaître, à première vue, comme une réduction de la métaphysique à la dimension de la subjectivité la plus individuelle, la plus arbitraire et la moins digne de retenir l'attention du philosophe, est aux yeux de Carnap une manière de libérer l'affectivité d'une tradition en laquelle s'accordent aussi bien le positivisme que la pensée de Heidegger, laquelle, en hissant le sentiment à une hauteur sublime, a fait perdre de vue une sphère originale de problèmes. La reconnaissance du fait que le champ de l'affectivité est radicalement distinct de celui du savoir ouvre en effet, pour Carnap, un ensemble de problèmes, certes non théoriques, mais essentiels : « même avec la réponse à l'ensemble des questions [théoriques, S.C.], nous n'aurions pas encore résolu le problème que la vie nous pose »[2]. Carnap peut ainsi conjuguer ce qu'il nomme « la fière thèse » selon laquelle la raison est illimitée, puisqu'elle ne peut jamais répondre qu'aux questions qu'elle pose elle-même – il n'y a donc pas d'*énigme*, au sens de question à laquelle la raison ne pourrait pas, en droit, répondre – et l'humble reconnaissance du fait que la raison, parce que strictement délimitée, ne peut résoudre les problèmes qui ne sont pas d'ordre théorique[3]. C'est sur ce fond hérité de l'empirisme, et sans doute aussi pour partie de Kant, que Carnap, prolongeant non sans les infléchir les textes du premier Wittgenstein, isole ce qu'il nomme les énigmes de la vie, qui sont pour lui autant de « situations de la vie pratique » appelant des réponses pratiques (ce que Voltaire nommait travailler sans raisonner, cultiver son jardin). La

1. R. Carnap, « Le dépassement de la métaphysique », in *Manifeste du cercle de Vienne et autres écrits*, trad. fr. B. Cassin, C. Chauviré, A. Guitard, J. Sebestik, A. Soulez, J. Vickers, Paris, P.U.F., 1985, p. 116; nouvelle édition, Paris, Vrin, 2010.

2. R. Carnap, *La construction logique du monde* (trad. fr. Th. Rivain, Paris, Vrin, 2002, § 183). *Cf.* aussi : « pour maîtriser la vie, il faut déployer toutes sortes de forces et nous garder de la croyance à courte vue que ce que la vie exige pourrait être satisfait en s'appuyant seulement sur la pensée conceptuelle » (*ibid.*).

3. « Il n'y a certes pour nous aucun *ignorabimus*; il y a peut-être malgré tout de l'insoluble parmi les énigmes de la vie » (*ibid.*).

mort, par exemple, ne fait pas naître d'autres questions que celles que la biologie pose et auxquelles, très partiellement, elle répond. Mais la mort d'un ami, face à laquelle les questions et les perspectives sublimes paraissent dérisoires, et comme une confusion de deux ordres, est un problème bien réel : « l'énigme réside plutôt dans la tâche de *venir à bout* de cette situation de la vie, de surmonter le choc et peut-être de le rendre fructueux pour la poursuite de la vie »[1]. Problème qui peut légitimement être nommé *énigme* – parce que rien ne nous assure que nous pourrons mener à bien toutes les tâches de ce type – mais dont la nature est radicalement différente de celle d'un problème théorique, et qui de ce fait ne peut se formuler que dans un langage non théorique. Un tel langage, même si les philosophes du cercle de Vienne ne lui ont consacré que quelques pages, est, on le sait, celui de l'art. Il possède toutes les caractéristiques de ce langage apophatique que nous avons vu inséparable de l'idée d'*a priori pathique*, sauf une : il ne révèle rien. S'il est irréductiblement oblique, ce n'est pas parce qu'il échoue à dire ce qui excède en droit toute parole, mais parce que l'universalité du concept est inopérante dans un ordre de problèmes où il s'agit toujours, pour un individu, de surmonter une situation pratique en produisant un sens par le libre recours à des procédés (la métaphore, par exemple) dont l'usage dans le cadre des questions théoriques est strictement réglé[2]. Ce sens n'est jamais pensé par les philosophes de Vienne comme un simple résidu. Même lorsqu'il se présente sous la forme de ces « poèmes conceptuels » que sont les systèmes métaphysiques, il ne faut pas oublier, répète Schlick, que la construction de ceux-ci a été l'une des grandes tâches de la culture, même si leur statut, à une époque où les activités spirituelles de l'homme semblent ne pouvoir relever que de la science ou de l'art, est devenu problématique[3].

Peut-on, à l'issue de cet examen des discours relatifs aux sentiments du monde (à l'*a priori pathique*), échapper à la tentation du scepticisme ? Chacun de ces discours prétend à la vérité, mais à telle ou telle phase de

1. R. Carnap, *La construction logique du monde*, p. 300.

2. Ce sens est ce que Schlick nomme « enrichir sa vie intérieure », « augmenter la richesse des contenus de conscience », qu'il oppose à enrichir la connaissance (p. 197).

3. M. Schlick : « les systèmes des métaphysiciens contiennent parfois de la science, parfois de la poésie, ils ne contiennent jamais de métaphysique » (*Manifeste du cercle de Vienne*, p. 197).

leur argumentation, il s'en trouvera toujours un autre pour rejeter ce qui sera alors considéré comme un ensemble de présupposés inacceptables.

Il ne serait pas difficile de repérer quelques-uns des arguments qui, parmi ceux qui ont été ci-dessus opposés à Heidegger, pourraient être le point de départ d'un débat probablement infini. Une théorie philosophique peut élaborer avec plus de précision ses concepts (dans le cas de Heidegger celui de *sentiment caché*, par exemple) et même si elle ne le peut pas indéfiniment, elle restera souvent très éloignée du point où cette élaboration se dénoncerait comme un vain raffinement. Elle peut aussi articuler davantage ses thèses, en introduisant de nouvelles médiations (entre le *sentiment* et le *discours*, par exemple[1]). Elle reconnaîtra volontiers, avec Carnap, un ordre spécifique des questions éthiques sans lui accorder pour autant le rejet des questions métaphysiques ultimes. Elle pourra opposer à l'adversaire qui entend récuser l'idée de sentiment du monde et la possibilité de construire un discours ontologique fondé sur lui, ou qui déconstruit un tel discours en en faisant une genèse logique ou rhétorique[2], ses hésitations et tensions (Wittgenstein) ou ses inconséquences (celles de Voltaire, chez qui les questions métaphysiques font souvent retour et ne semblent pas pouvoir se laisser éliminer facilement). Elle questionnera les présupposés de la conception adverse (par exemple la théorie du sens à l'œuvre dans *Le dépassement de la métaphysique* de Carnap[3]). De tels contre-arguments en susciteront sans doute d'autres. Le champ de bataille ainsi ouvert finira par apparaître, au-delà de ce que pensait Kant en le rapportant à la seule métaphysique dogmatique, comme inhérent à toute activité philosophique.

Il appartiendrait alors à celui qui refuserait la solution sceptique de relancer le débat. Mais on ne peut continuer à philosopher sans, à un moment

1. H. Maldiney répond incontestablement à l'une des difficultés que nous avons dégagées en concevant le sentiment ontologique, de manière plus décisive que chez Heidegger, dans sa relation au langage de l'art.

2. *Logique* comme chez Wittgenstein (dans son analyse des embrouillaminis du langage, en particulier des erreurs de catégorie) et Carnap (avec sa théorie des simili-énoncés), *rhétorique* comme chez Hume ou Voltaire (pour lesquels le paradoxe, par exemple, est un instrument mis au point par les rhéteurs à des fins d'asservissement politique).

3. Des objections puissantes ont été opposées à la théorie du sens des mots et des énoncés contenue dans ces articles, à l'intérieur même de la tradition anglo-saxonne (entre autres par Popper, Sellars et Putnam).

ou un autre, lorsqu'on a atteint la limite des efforts de compréhension des divers discours philosophiques, récuser tel ou tel d'entre eux, au nom de l'idée que l'on se fait de la philosophie[1]. L'essentiel me paraît, dans cette relance, de ne jamais perdre de vue la différence entre la science et la philosophie, de se souvenir que cette dernière n'est jamais qu'un mélange instable d'intuitions et d'arguments, et en dernier lieu un choix, comme le rappelle Hume dans une formule où chaque mot compte : « les décisions philosophiques ne sont rien que les réflexions de la vie commune, rendues méthodiques et corrigées »[2].

Si le refus de la notion de *sentiment du monde* peut avoir une signification autre que celle de l'oubli d'une différence qui demeure problématique – celle de l'ontologique et de l'ontique, des sentiments révélant notre être au monde et des sentiments suscités par les objets du monde – il paraît possible de prolonger la voie ouverte par Carnap, pour essayer de penser de manière plus satisfaisante qu'il ne le fait l'irréductible multiplicité des discours sur l'affectivité. Carnap reconnaît en effet l'existence d'une sphère, celle de l'affectivité, d'où surgissent des questions qui ne sont pas d'ordre théorique mais consistent en situations pratiques exigeant des réponses pratiques. Il rejoint ainsi à sa manière les philosophes qui, dans la tradition naturaliste ou matérialiste, avaient insisté sur le caractère irréductible de l'affectivité humaine. Chez Épicure déjà, les plaisirs et les peines de l'âme, les espoirs et les craintes, ne se confondent pas avec ceux du corps, même si l'âme est pour lui de nature corporelle. C'est sans doute Diderot, dans sa *Réfutation d'Helvétius*, qui a le plus clairement formulé ce rejet du réductionnisme, contre un matérialisme réducteur :

1. Je ne parviens pas, par exemple, à suivre R. Barbaras dans sa tentative de construction de ce qui m'apparaît comme une phénoménologie spéculative incertaine, entre autres à donner un sens à ces lignes : « Cependant, dans ce vide émotionnel où je ne sens rien d'autre qu'un ébranlement fondamental, je me rejoins plus profondément que dans l'émotion, je touche pour ainsi dire à ma propre vie, je remonte à la source de ma vitalité – qui est en même temps épreuve de ma fragilité, c'est-à-dire de ma finitude. Dès lors, en une sorte d'ambiguïté ou d'ambivalence constitutives, ce vide est en même temps plénitude, car, transcendant l'étant, le sentiment accède à l'épaisseur même du monde : de là une sorte de joie ou d'exaltation dans le dépouillement, voire l'effondrement. L'on s'y trouve pour ainsi dire par-delà la souffrance et la joie, le bonheur et le malheur, dans un état plus originel, qui peut être caractérisé de l'une ou l'autre façon parce qu'il ne s'y reconnaît pas complètement » (R. Barbaras, *Métaphysique du sentiment*, édition Kindle, loc. 2212-2217).

2. Hume, *Enquête sur l'entendement humain*, trad. fr M. Malherbe, Paris, Vrin, 2008, p. 407.

> Tout ce que je fais, assurément je le fais pour sentir agréablement, ou de peur de sentir douloureusement ; mais le mot sentir n'a-t-il qu'une seule acception ? N'y a-t-il que du plaisir physique à posséder une belle femme ? N'y a-t-il que de la peine physique à la perdre ou par la mort ou par l'inconstance ? La distinction du physique et du moral n'est-elle pas aussi solide que celle d'animal qui sent et d'animal qui raisonne ? Ce qui appartient à l'être qui sent et ce qui appartient à l'être qui réfléchit ne se trouvent-ils pas tantôt réunis, tantôt séparés dans presque toutes les actions qui font le bonheur ou le malheur de notre vie, bonheur et malheur qui supposent la sensation physique comme condition, c'est-à-dire qu'il ne faut pas être un chou ?[1]

Carnap, cependant, ne détermine pas avec précision les limites de cette sphère de l'affectivité. La mort d'un ami, ma propre mort, mon rapport au monde environnant et à mes semblables, tels sont quelques-uns des exemples qui balisent grossièrement le territoire de l'affectivité dans *Le dépassement de la métaphysique*. Face à cette indétermination, rien n'interdit de penser comme une « situation pratique » le fait d'être confronté à un ensemble de sentiments et de pensées plus complexe que celui qu'esquisse Carnap.

1) Cet ensemble pourrait être composé, d'une part, des sentiments indistinctement suscités par les étants du monde *et* par notre présence au monde – ou, si l'on tient à cesser de parler le langage de Heidegger, des sentiments suscités aussi bien par les situations concrètes variables que par les constantes de la condition humaine. Imaginons par exemple ce que peut ressentir quelqu'un qui, *à la fois*, est en bonne santé, vient de perdre son meilleur ami, est saisi d'effroi face à la « branloire pérenne » du monde, pour parler comme Montaigne, ou bien encore rend grâce au hasard du don d'un tel monde. Il n'y a pas de raison, en effet, pour que les constantes de la condition humaine ne fassent pas naître une large gamme de sentiments, irréductibles les uns aux autres (la douleur face au tragique du monde, la joie naissant du simple fait d'exister, la mélancolie nichée au cœur de toute satisfaction, etc.) et compatibles entre eux (on peut ressentir à la fois l'effroi et la joie devant le *sans pourquoi* du monde).

2) Cet ensemble pourrait également être composé de toutes les tensions ou contradictions qui naissent inévitablement de la coexistence, en chacun

1. Diderot, Denis, *Réfutation d'Helvétius*, tome I, section II, chap. 6, in *Œuvres philosophiques*, Paris, Gallimard, 2010.

de nous, de l'affectivité et du raisonnement[1]. Imaginons par exemple un humain qui, à la fois, sentirait fortement l'étrangeté de son existence (sous quelque forme que ce soit : l'angoisse du néant, l'émerveillement d'exister, etc.)[2] et récuserait, de toutes les forces de son intelligence, l'ensemble des concepts et propositions qui naissent spontanément de ces sentiments (le concept de *monde*, la proposition *le monde existe*, etc.)[3]. Il se trouverait dans une « situation pratique » qui exigerait de lui qu'il en « vienne à bout », pour reprendre l'expression de Carnap, d'une manière ou d'une autre. Cette situation est des plus communes, elle est même parfois celle de certains croyants, qui affirment et nient simultanément, à divers niveaux, l'existence de Dieu.

Il deviendrait alors possible d'envisager l'éthique, dans la perspective de Carnap, comme la tâche pratique consistant à composer des sentiments et des discours à la fois divers et, comme le pressentait Voltaire, contradictoires, d'essayer de *venir à bout*, plus ou moins bien, de ce mélange « de désirs, de dégoûts, de raison, de folie », de tous ces éléments constitutifs de « notre être imparfait »[4]. Un tel point de vue, inacceptable pour ceux qui, comme Kierkegaard ou Heidegger, entendent construire un autre concept de bonheur, celui de salut ou de sérénité, pourrait interpréter les divers discours éthiques dont il a été question dans cette étude comme autant de moyens non théoriques de sortir d'un tel « mélange ». Chacune de ces réponses à la question éthique ne devrait plus alors être considérée exclusivement sous l'angle de sa vérité ou de sa fausseté possible, mais comme la production d'un sens permettant de vivre cet ensemble de contradictions – un sens ancré, pour chacune, dans la prédominance d'un ou plusieurs sentiments et d'une certaine manière d'accorder les sphères de l'affectivité et de la raison. Chacune mobiliserait certes, à cette fin, des fragments de discours théoriques mais devrait être considérée comme appartenant de droit

1. Contradiction dont fait état Voltaire à la fin de son *Histoire d'un bon bramin* (cf. *supra*, chapitre I, p. XXX).

2. Carnap ne nie à aucun moment la réalité de ces sentiments, bien au contraire, puisqu'il en fait le contenu de la métaphysique, qui les hypostasie illusoirement en états de choses.

3. C'est le cas de Wittgenstein mais d'une certaine manière aussi le cas de Heidegger, conscient qu'il est de l'inadéquation de toute tentative de dire le sens du mot *être*.

4. Selon les termes de Voltaire cités en exergue au chapitre premier, p. 23 (*Discours en vers sur l'homme*, 1738).

à une autre sphère, plus proche de l'art que de la théorie. Deviendrait compréhensible le fait qu'aucune argumentation ne permet réellement de départager des énoncés apparemment théoriques (la notion de *sentiment du monde* est-elle ou non acceptable ? le concept de *monde* a-t-il un sens ou est-il dénué de sens ? est-il légitime ou non de parler de *conscience de soi* ? le discours apophatique révèle-t-il ou non une vérité ?). S'attacher à analyser les concepts mis en œuvre dans ces énoncés, à dégager le contenu de vérité de ces derniers serait une activité utile et nécessaire mais non ultime, sauf à confondre l'ordre des problèmes théoriques et celui des tâches pratiques. Une telle perspective pourrait apparaître, dans le prolongement de la théorie de Carnap, comme séduisante. En reconnaissant les divers discours éthiques comme des manières plus ou moins cohérentes et convaincantes de venir à bout des contradictions de l'existence, elle prendrait plus au sérieux que la solution sceptique la diversité jusqu'ici irréductible des réponses à la question « *existe-t-il un sentiment du monde ?* ». Elle buterait cependant sur la question de son statut, puisqu'elle ne pourrait, sans coup de force, s'ériger en vérité éthique au moment même où elle interprète les discours éthiques, dont elle fait partie, comme relevant de la seule production d'un sens, plus proches de l'art que de la théorie.

Quoi qu'il en soit de cette question – qui n'est pas insoluble si l'on admet qu'une thèse philosophique, bien que toujours en dernière instance de l'ordre d'une décision, n'est pas pour autant arbitraire et peut être plus ou moins satisfaisante eu égard à la tâche qu'elle s'assigne, en l'occurrence construire un concept convaincant de bonheur – il est clair que celui qui accepterait de travailler dans une telle perspective se trouverait confronté à la difficulté qui a déjà été évoquée à plusieurs reprises dans cette étude. Toute composition des sentiments, de ceux que font naître aussi bien les situations contingentes que les constantes de la condition humaine et les contradictions entre l'affectivité et la raison, fait surgir des « sentiments de second degré », des plus simples aux plus complexes[1]. Or ce concept de « sentiment de second degré » est problématique. Fait-il disparaître

1. Imaginons un cas de complexité moyenne : un humain qui doit composer la tristesse qui naît de la considération de sa disparition prochaine, la joie de la guérison d'un ami, les doutes et inquiétudes qui l'assaillent lorsqu'il envisage le futur de l'humanité, l'effroi qui est le sien face au *sans pourquoi* du monde, la tentation, contradictoire avec l'affect précédent, de rendre grâce à l'inconnu pour le don du monde, enfin le sentiment honteux de l'inanité intellectuelle des discours

les sentiments de premier degré à partir desquels il émerge ou les laisse-t-il subsister intacts ? Seul le premier cas, s'il est possible, fait s'évanouir toute difficulté. Dans le second cas, s'il coexiste avec eux, il ne peut que réintégrer l'ensemble auquel ils appartiennent en donnant naissance à au nouveau sentiment de second degré correspondant à cet ensemble modifié – ce qui relance le problème et débouche sur un processus sans fin. Et si, sans pour autant se réduire à un sentiment de premier degré, il ne fait pas disparaître les sentiments de premier degré, quel sentiment de troisième degré cette coexistence fera-t-elle émerger ?

La conscience de ces perplexités n'irait sans doute pas sans faire naître un certain sentiment d'étonnement, qu'il faudrait à son tour intégrer à la sommation des sentiments… On peut cependant penser qu'un tel empilement de sentiments, qui deviendrait rapidement vertigineux, se heurterait à une limite de fait, comme il en va de toutes les réflexivités théoriquement infinies, qui finissent par dépasser les possibilités de l'entendement. Il est sans doute plus simple de résoudre ce problème que j'évoquais ci-dessus dans l'*Introduction* à propos de Voltaire – celui d'articuler la totalisation et l'unification du concept de bonheur – en considérant que nous ne dépassons guère le stade d'une composition des sentiments où coexistent, à chaque instant de notre vie, des sentiments de premier niveau (ontiques et ontologiques, si l'on admet l'existence de ces derniers, ou si on les réduit à des sentiments ontiques face aux constantes de la condition humaine) et un sentiment vague de deuxième degré (éventuellement de troisième degré, si l'on suppose que la juxtaposition des sentiments de premier et de deuxième degrés suscite un nouveau sentiment), le tout formant cet ensemble mouvant et vague que nous nommons le sentiment de notre existence – un sentiment qui, dans le meilleur des cas, peut prétendre au titre fragile de sentiment de *bonheur*.

C'est avec l'examen de la manière dont une telle composition a été pensée par deux œuvres d'art que nous conclurons cette exploration.

qui accompagnent ces deux derniers sentiments (on ne peut déclarer le monde *sans pourquoi* ou rendre grâce que si on lui applique étourdiment la catégorie intramondaine de causalité).

deuxième partie

l'éthique et les langages de l'art

introduction
le concept et l'image

La formule de Kant selon laquelle la poésie est un « élan pour penser », pourrait être étendue à l'art en général. Elle a le mérite, contre toutes les conceptions de l'art qui réduisent celui-ci à sa fonction esthétique ou sociale, de rappeler que les langages non conceptuels de l'art peuvent avoir une fonction cognitive. S'agissant du cinéma, par exemple, G. Deleuze s'est attaché à mettre en évidence comment « la pensée opère avec les signes optiques et sonores »[1]. Une telle formule risque cependant, dans son indétermination, de cautionner une pratique ruineuse tant pour l'art que pour la philosophie, celle qui consiste à dégager un contenu conceptuel des œuvres, en prétendant l'extraire de celles-ci ou les hisser de la représentation sensible à la dignité de la pensée, dont elles ne constitueraient qu'une propédeutique. C'est pourquoi toute théorie selon laquelle l'art entretient un rapport à la vérité doit à un moment ou à un autre caractériser la manière proprement artistique d'accéder à celle-ci. L'objectif de la seconde partie de cette enquête n'est pas d'aborder directement cette question[2]. Elle est de montrer comment une œuvre d'art, qu'elle s'assigne explicitement

1. G. Deleuze, *Cinéma* 1. *L'image-mouvement*, Paris, Les éditions de Minuit, 1983.
2. J'ai essayé de poser celle-ci un peu plus précisément dans deux essais (cf. *supra* la note 1, p. 16).

ou non pour tâche d'accéder à une vérité[1], peut rencontrer des questions proches de celles que posent les philosophes dans ce domaine particulier de la pensée qu'est l'éthique, au sens qui est donné à ce mot dans ces pages, et être interprétée légitimement comme une réponse vraie ou satisfaisante à ces questions[2]. Il appartiendra aux lecteurs qui souhaiteraient tracer plus précisément une ligne de démarcation entre les discours philosophiques et les langages de l'art de prendre appui, pour les prolonger, les nuancer ou les réfuter, sur les quelques remarques qui, dans le chapitre consacré à Borges, abordent ce problème, en particulier sous l'angle de savoir ce qui distingue les usages philosophique et poétique de la métaphore.

La fin du chapitre précédent a rappelé le lien que Carnap établit entre les problèmes proprement éthiques et le langage de l'art. Ce lien est suffisamment vague pour pouvoir être interprété dans deux directions. La première conduirait à nier tout rapport de l'art à la vérité pour, en s'élevant contre les prétentions de la tradition spéculative de l'esthétique philosophique, réduire la fonction des œuvres à la seule expression des émotions. La seconde, en prenant appui sur quelques indications de

Carnap et, plus précisément, de Schlick, selon lequel l'œuvre d'art permet « d'enrichir sa vie intérieure », « d'augmenter la richesse des contenus de conscience », s'attacherait à souligner le rapport privilégié que l'art entretient avec la tâche proprement éthique[3]. Les pages qui suivent explorent cette dernière voie, en mettant en évidence que la question du bonheur, et plus précisément de la composition des sentiments, est au centre de la poésie de Borges et de l'œuvre cinématographique de Keaton.

La parabole du palais, comme nombre d'autres nouvelles de Borges, a cette particularité d'articuler deux démarches qui, dans les pages qui précèdent, ont été le plus souvent menées séparément. Comme Heidegger, Borges s'attache explicitement à recenser et analyser les différents sentiments de l'existence (les sentiments ontologiques). Et, comme le fait Voltaire – à cette différence près que ce dernier considère essentiellement les sentiments qui naissent des objets et situations du monde – il tend à poser la question du bonheur en termes de composition des sentiments. Ce contraste est

1. Le premier cas est, on le verra, celui de Borges, le second celui de Keaton.

2. Je laisse également de côté la question, brièvement abordée à la fin du chapitre précédent, de savoir s'il convient de parler de vérité dans le domaine éthique.

3. M. Schlick, *Manifeste du cercle de Vienne et autres écrits*, p. 197.

quelque peu simplificateur si l'on se souvient que Heidegger semble articuler ici ou là les sentiments ontologiques et ontiques et que Voltaire reconnaît l'existence de sentiments qui tiennent davantage à la condition des humains qu'aux situations dans lesquels ils vivent. Mais aucune théorie philosophique ne me paraît partir aussi explicitement que ne le fait Borges du constat de la multiplicité des sentiments de l'existence pour poser la question éthique de leur unité, c'est-à-dire celle du bonheur.

La manière dont Borges construit cette unité a de quoi susciter la méfiance du philosophe. C'est en effet sur la base d'une étrange phénoménologie, que l'on pourrait qualifier de commune et spéculative à la fois, qu'il dégage quatre sentiments de l'existence (l'effroi, le soulagement, l'ennui et le sentiment du don). Commune, en ce qu'elle a son point de départ dans deux expériences banales (l'endormissement et le réveil); spéculative, en ce qu'elle interprète celles-ci comme un mouvement de perte et de restitution de la représentation dans lequel se constitue la conscience du monde et de soi. Lors de l'endormissement, le mouvement de fermeture de la conscience, parce qu'il tend à la fois vers le multiple (les synthèses constitutives de la représentation se dissolvent peu à peu) et vers l'unité (la dualité du sujet et de l'objet est progressivement abolie), fait naître les sentiments opposés de l'*horreur du multiple* et de l'*émerveillement du retour à l'unité.* C'est à partir de ces deux tonalités de base que Borges dérive de l'expérience du réveil quatre autres tonalités affectives : par continuité avec l'horreur qui s'éloigne, l'*effroi*; par opposition avec l'horreur, le *soulagement* que procure le retour au monde des hommes; par opposition avec l'émerveillement qui s'estompe, l'*ennui*; par continuité avec l'émerveillement, le sentiment du monde comme un *don* où brille encore une lueur de l'unité perdue.

Ériger cette phénoménologie en ontologie, comme s'amuse souvent à le faire Borges en multipliant les références plus ou moins savantes et exactes à la philosophie allemande (Schopenhauer, Nietzsche, Mauthner, etc.) et en imaginant l'être comme un chaos qui, pour échapper à sa multiplicité et à son horreur internes, se projetterait en calme représentation du monde, ce serait oublier d'une part que cette ontologie reste pour Borges de l'ordre de la fiction, d'autre part, et plus profondément, que ces expériences limites par lesquelles se constitue la conscience du monde et de soi ne se déploient pleinement, pour lui, que dans l'acte poétique. Critique à l'égard de tout désir métaphysique d'échapper à la dualité en se constituant en un *kosmotheoros* qui, extérieur au monde, pourrait se penser sans distance à lui-même et assister ainsi à l'émergence, en lui, de la représentation, Borges interprète l'expérience du réveil comme celle qui, dans l'écriture poétique, fait surgir la forme du chaos des impressions et des mots : « la chance du poète est celle de projeter cette émotion, qui fut intime, dans une fable ou une cadence ».[1]

La construction de Borges, pour fascinante qu'elle soit, ne va pas sans faire naître de nombreuses questions. La principale est de savoir comment il parvient à articuler trois idées : celle, partout explicite, d'une multiplicité des sentiments de l'existence, celle, présente dans de nombreux textes, de la composition de ces sentiments, celle, enfin, du bonheur comme fin de l'activité poétique : « la littérature sert avant tout à être heureux »[2]. Les pages qui suivent envisagent l'hypothèse selon laquelle la littérature, pour Borges, ne parvient à cette fin qu'en composant les divers sentiments de l'existence qu'elle fait émerger.

Keaton, à la différence de Borges, n'a pas la tête métaphysique. S'il est possible de dire du petit homme qui est le héros, ou plutôt l'antihéros de tous ses films, qu'il nous présente une image de la condition humaine, c'est uniquement au sens où l'homme, par nature, vit dans des situations concrètes qu'il doit affronter. Dans la tradition de Voltaire, la question du bonheur émerge de cet affrontement. En prenant appui sur l'admirable autobiographie de Keaton et l'ensemble de ses films, le second volet de cette section s'attache à interpréter la célèbre impassibilité perplexe du visage de Buster[3]. Contrairement à ce qu'ont écrit certains commentateurs, pour lesquels Keaton tiendrait le sentiment à l'écart de son œuvre, si l'on resitue cette apparente neutralité expressive dans le contexte des autres sentiments qui animent tour à tour le visage de Buster, si l'on est attentif, également, au fait que ces sentiments expriment toujours un déséquilibre du corps, il devient possible de mettre en relation l'impassibilité de ce visage et le retour à l'équilibre – celui du corps de l'acrobate mais aussi de son âme. À la composition des mouvements, que l'acrobate réussit à stabiliser en une

1. Borges, *La rose profonde, La monnaie de fer, Histoire de la nuit*, trad. fr. N. Ibarra, Paris, Gallimard, 1983, p. 174.

2. M.P. Montecchia, *Reportaje a Borges*, Buenos Aires, Ediciones Crisol, 1977, p. 11.

3. Par convention, *Buster* désignera tout au long de ce chapitre le personnage des films de Keaton.

figure à peu près verticale, correspond celle des sentiments, dans un visage à peu près serein.

Une seconde caractéristique du cinéma de Keaton retiendra notre attention : la manière dont il pense de manière historique la composition des sentiments qui définit le bonheur. Les affects, chez Keaton, ne naissent pas simplement du fait que les désirs de l'individu se heurtent à l'adversité du réel. Buster est toujours un sujet éthique situé, aux prises avec la difficulté de se hisser au niveau des idéaux américains de réussite individuelle et d'intégration dans une communauté. La conclusion de cette étude tentera d'examiner comment, dans un contexte différent de celui de celui de la société et de l'époque de Keaton, marqué davantage par l'incertitude et le doute, nous pouvons, individuellement et collectivement, envisager aujourd'hui cette étude du bonheur que, selon la célèbre formule de Rimbaud, nul n'élude.

chapitre 5
Borges, le labyrinthe et les sentiments

Définir la poésie comme un *élan pour penser*, avec Kant, ou affirmer avec Heidegger, en reprenant la célèbre image de Hölderlin, que « sur des sommets séparés à jamais s'interpellent le poète et le penseur », cela ne nous dit pas encore ce qui distingue la poésie de la philosophie. *Élan, interpellation*, ce sont là paradoxalement, sous la plume de spécialistes des concepts, des images – un fait qui doit nous mettre en garde contre la tentation d'interpréter trop simplement les relations qu'entretiennent ces deux usages du langage.

Il n'est cependant pas nécessaire, avant de laisser la pensée prendre librement son élan, de tracer rigoureusement une ligne de démarcation, en supposant qu'une telle tâche soit possible, entre la poésie et la philosophie. Les poètes ont pensé leur rapport à la philosophie de bien des manières, mais nombreux sans doute sont ceux qui souscriraient à l'attitude de Borges, lequel affirme constamment que la poésie a un rapport à la vérité (« je m'exprime au moyen de symboles… au travers desquels je prends conscience de certaines vérités »[1], « la poésie est essentiellement vraie »[2]) sans se soucier outre mesure de préciser ce qui la distingue de la philosophie

1. Phrase rapportée par R. Gómez de la Serna (Alcor, 1964, n°33).
2. *Cuadernos hispano-americanos*, Madrid, n° 201, p. 731.

(il a souvent déclaré ne pas voir de différence essentielle entre la philosophie et la poésie) ni d'examiner de quel type de vérité il s'agit.[1]
C'est pourquoi l'interprétation de *La parole du palais* proposée ici ne cherchera pas, dans un premier temps du moins, à s'interroger sur le statut qui est celui du discours philosophique lorsqu'il prolonge le texte poétique, comme nous invite à le faire Kant. Elle veillera, par contre, à chacun de ses pas, à vérifier ces prolongements en prenant des appuis sur l'ensemble de l'œuvre de Borges[2].

« Ce jour-là, l'Empereur fit visiter son palais au poète »[3]. Le lecteur sera rapidement détrompé : le poète ne vient pas de l'extérieur, comme on aura pu d'abord le penser, puisque le palais n'est autre, nous dit le conte, qu'une métaphore de l'univers, et que le poète, selon les dernières lignes, « était esclave de l'empereur ». Mais cela ne signifie pas que l'extérieur du Palais ne soit pas présent dans ce texte qui n'en dit mot. La déambulation horizontale de l'Empereur et du poète fait en effet assez vite apparaître une autre dimension, verticale celle-là, qui réintroduit illusoirement l'extérieur dans l'intérieur sous la forme d'une impossible réflexivité : le poète, de l'intérieur du Palais, est animé par le désir de dire l'intégralité de ce que contient celui-ci, une description qui n'est évidemment possible – puisque le poète et son acte de décrire sont dans le palais – que s'il se constitue en *kosmotheoros*, en contemplateur de l'univers situé à l'extérieur de celui-ci.
Le mouvement horizontal – la promenade de l'Empereur et du poète qui les mène des premières terrasses occidentales jusqu'à un jardin de plus en plus labyrinthique, s'échappant vers des confins toujours plus lointains – déploie la figure de l'univers comme labyrinthe infini, omniprésente chez Borges. Un tel mouvement est indissociablement, dans ce conte comme dans d'autres de Borges, spatial et affectif : plus l'Empereur et le poète s'éloignent du centre du Palais, plus l'étrangeté des lieux (des avenues rectilignes secrètement courbes, une salle hexagonale avec une clepsydre,

1. W. Barnstone, *Conversations avec J.L. Borges à l'occasion de son 80e anniversaire*, Paris, Ramsay, 1984, p. 25.

2. Ce prolongement de *La parabole du palais* prolonge aussi un ouvrage que j'ai consacré à Borges, *Borges et la métaphysique* (Paris, Vrin, 1995).

3. La traduction est celle de Roger Caillois (1965), reprise dans *L'auteur et autres textes. El hacedor*, Paris, Gallimard, 1982.

de nombreux fleuves resplendissants, une île sauvage, enfin une réalité qui finit par se confondre avec le rêve) suscite le mouvement parallèle des sentiments (le plaisir de jouer dans le labyrinthe cède la place à l'inquiétude, puis à l'impression d'être égaré).

Le mouvement vertical, lui, ne surgit que dans la deuxième partie du conte. « Au pied de l'avant-dernière tour », le poète récita « la brève composition qui est aujourd'hui indissolublement liée à son nom », celle qui contient « entier et minutieux, l'immense palais » et qui « lui procura en même temps l'immortalité et la mort ». Pour paradoxale qu'elle soit, la conséquence de son acte se laisse aisément comprendre. Si le poète décrit de l'intérieur du Palais la totalité de celui-ci, il se décrit aussi nécessairement lui-même en train de décrire ce Palais, et donc nécessairement lui-même aussi en train de se décrire décrivant le Palais, etc. Selon une stratégie narrative qui lui est familière, Borges laisse le lecteur tirer l'implication de cette impossible réflexivité : un sujet ne peut voir l'univers comme une totalité le contenant que si, en s'extrayant imaginairement de celle-ci, il se pense comme contemplant l'univers de l'extérieur. Le sens de ce désir métaphysique, celui de devenir un *kosmotheoros*, est explicitement dégagé à la fin du conte : si la « parole qui dit l'univers » procure l'immortalité au poète, c'est bien évidemment que le *kosmotheoros* se confond avec le Dieu éternel créateur de l'univers, par définition extérieur à ce dernier; et si l'Empereur, maître du Palais-univers, l'accuse de lui avoir volé celui-ci et le livre au bourreau, c'est parce qu'il a pris sa place, celle de Dieu. Ou plutôt qu'il croit avoir pris sa place. Car le conte, par la dernière hypothèse qu'il envisage, conclut à la radicale impossibilité de satisfaire ce désir métaphysique :

> Il est clair que semblables légendes ne sont rien que fictions littéraires. Le poète était l'esclave de l'Empereur et mourut comme tel. Sa composition fut oubliée, parce qu'elle méritait l'oubli. Ses descendants cherchent encore, mais ne trouveront pas le Mot qui résume l'univers.

Ce que les philosophes ont nommé *la représentation* est au centre de la poésie et des nouvelles de Borges. Tout acte de conscience suppose un sujet faisant face à quelque chose, qu'il s'agisse d'un objet, d'un souvenir, d'un sentiment, de soi-même ou d'un autre sujet. Borges pense certes cette structure de la représentation de manière métaphorique – ici par l'image du poète face au palais et à lui-même en tant qu'habitant de ce palais – mais les philosophes procèdent-ils d'une manière très différente ? Dire que quelque chose fait *face* au sujet, c'est avoir recours à une métaphore. Celle-ci, bien qu'elle ne soit pas aussi facilement repérable que celle de la parabole, n'en est pas moins incontestablement présente : ce qui fait face au sujet n'est pas en face de lui comme la table en face de la chaise. Il serait comique de demander à quelle distance du monde je me trouve, si par ce terme on entend l'ensemble des objets. Si nous pensons échapper à la métaphore en disant que nous sommes *au* monde, *ouvert sur* le monde, si nous parlons, à l'instar de Heidegger, de la *clairière* du monde, nous nous exprimons encore métaphoriquement, car nous ne sommes pas ouverts sur le monde comme une maison est ouverte sur le jardin. Pour le dire en termes techniques, nous disons toujours l'ontologique en termes ontiques, l'être du monde à partir de ce qui est dans le monde. C'est d'une manière identique que Borges dit métaphoriquement la présence de l'univers à partir de ce qui existe dans l'univers, même s'il le fait avec une attention plus fine à tous les objets ou actes qui, dans l'univers, peuvent permettre, en raison de la structure particulière qui est la leur, de parler de celui-ci (le miroir, le labyrinthe, etc.).

Les philosophes, qui ont toujours pratiqué cette opération métaphorique, ont eux-mêmes, à leur manière, posé la question qui est au centre de *La parabole du palais*. Comment puis-je être dans la représentation en tant qu'un pôle de celle-ci, un *je*, et en même temps penser ce *je* qui représente, penser la condition de possibilité de la représentation – cela sans la représenter, ce qui nous condamnerait évidemment à une régression à l'infini ? Platon, dans le *Charmide*, imagine un œil qui se voit, c'est-à-dire voit son propre acte de voir. Plotin se demande comment l'on pourrait voir, non pas seulement les choses que la lumière rend visibles, mais la lumière elle-même, qui est la condition de tout voir. On peut le dire de bien des manières, qui reviennent toutes à ceci : le monde apparaît, est représenté, mais comment parvenons-nous à penser l'apparaître du monde, cela sans que cette pensée fasse elle-même apparaître l'apparaître ?

La tradition théologique et philosophique (de Platon, Aristote et Plotin jusqu'à Heidegger ou Michel Henry, en passant par la mystique allemande, Fichte et Schopenhauer) est dominée par la figure d'une *conscience de soi sans distance*, sans représentation, à partir de laquelle seule la représentation pourrait être pensée. Le Dieu d'Aristote est « une pensée qui se pense » sans se dédoubler en un *je* et un *moi*. Le Dieu judéo-chrétien, dans ses interprétations métaphysiques, fait surgir l'univers par l'acte de se penser lui-même. Le désir métaphysique, au sens du désir de penser la représentation, d'aller au-delà de celle-ci pour la penser depuis cet au-delà, sans la représenter, a ainsi pris la forme de l'aspiration vers un irreprésentable qui porte divers noms dans l'histoire de la philosophie (Dieu, le *noumène* kantien[1], etc.).

La parabole du palais, comme d'autres contes ou poèmes de Borges, prend directement position par rapport à cette tradition philosophique, et contre elle. Si le poète réussissait à dire « la parole qui résume l'univers », il ne serait plus un homme mais un *kosmotheoros*, « un contemplateur abstrait du monde »[2], c'est-à-dire un sujet qui pense l'univers comme un tout en se pensant lui-même. Sa parole ne représenterait plus quelque chose existant en face de lui, elle se confondrait avec la parole créatrice dont nous parle la tradition biblique. La Bibliothèque de Babel, si elle contient le catalogue des catalogues, le « livre total », ne peut se contenir elle-même sans régression à l'infini que si elle est le « grand livre circulaire » dont, dit Borges, parlent les mystiques – c'est-à-dire un livre qui se contient lui-même, dont le modèle est le chapitre central des *Mille et une nuits*, où Shéhérazade commence à lire les *Mille et une nuits*. Et le bibliothécaire qui lirait ce livre circulaire, dit Borges, serait « analogue à un dieu »[3]. Le mot poétique ne peut abolir la dualité avec la chose qu'il représente qu'en devenant la chose elle-même, mot et chose à la fois, un mot où « tout le Nil serait dans le mot Nil »[4].

On pourrait, à la lecture des contes de Borges, considérer que sa « poésie intellectuelle », comme il la nomme, s'engage clairement dans une voie métaphysique, proche de celle de la théologie négative. Il déclare lui-même

1. Le monde tel qu'il est en soi, et non pas représenté par l'homme, n'est pas doté pour Kant d'intuition *dérivée*, à la manière de l'esprit humain qui ne perçoit les phénomènes que représentés dans l'espace et le temps, mais d'*intuition originaire* : il pense sans représenter.

2. Borges, « Le jardin aux sentiers qui bifurquent », in *Fictions*, trad. fr. R. Caillois, N. Ibarra et P. Verdevoye, Paris, Gallimard, 1983.

3. Borges, « La bibliothèque de Babel », in *Fictions*.

4. Borges, *Œuvre poétique 1925-1965*, Paris, Gallimard, 1970, p. 116.

que « la métaphysique est l'unique justification » de tous les thèmes de son œuvre[1]. Mais ce serait oublier que la mise en évidence du désir métaphysique, comme tentative d'accéder par la métaphore à cet ailleurs qu'est la présence à soi sans distance, est inséparable chez Borges de la critique de ce désir et de celle de la poésie pensée comme un substitut de métaphysique. Borges, lecteur de Hume, de Nietzsche, plus encore de Mauthner, de Russell également, récuse en fait toute la tradition métaphysique dont il vient d'être question. Le désir métaphysique fait finalement signe non vers une plénitude indicible mais vers la vacuité, marquant ainsi la vanité de toute tentative de se constituer en *kosmotheoros*. Le retour tant attendu des dieux est dérisoire, ils ne sont rien d'autre que de simples voyous de Buenos Aires, qu'on doit finalement abattre[2]. Borges réactive constamment la critique du *pathos* métaphysique, de la nostalgie du divin. La parole *de* l'univers n'est finalement qu'une parole *dans* l'univers :

> ...les hauts et superbes volumes qui formaient dans l'ombre de la pièce une pénombre dorée n'étaient pas (comme sa vanité le rêva) un miroir du monde mais une chose de plus ajoutée au monde[3].

L'*aleph*, ce point où se résume l'univers, est *dans* la cave d'un mauvais poète aux prétentions encyclopédiques. Le mot *tout*, comme le répètent Schopenhauer ou Russell, ne peut s'appliquer qu'à un ensemble d'objets dans le monde, il perd tout sens quand on l'applique au monde. Le dégrisement métaphysique semble donc nous ramener du sujet plein, conscient de soi sans la distance de la représentation, au sujet divisé de la représentation : d'un côté la multiplicité du *moi* représenté (le *bundle* d'impressions et d'idées dont parlait Hume), de l'autre le néant du *je* qui représente (ce *néant* qu'est la conscience chez Sartre) : « toi qui comme moi es multiple, et comme moi personne »[4]. L'univers cède la place au monde des phénomènes représenté. Parallèlement, c'est la métaphore poétique qui perd tout son prestige. Borges n'est pas tendre avec le projet d'une littérature à prétention métaphysique, qui dirait *parfaitement* l'univers en rendant son auteur *immortel* :

1. A.M. Barrenechea, *La expresión de la irrealidad en la obra de Borges*, Buenos Aires, Paidos, 1967, p. 14.
2. Borges, « Ragnarök », in *L'auteur et autres textes*.
3. Borges, « Une rose jaune », in *L'auteur et autres textes*.
4. Borges, « Everything and Nothing », in *L'auteur et autres textes*.

> Il n'y a pas de versificateur, pour occasionnel qu'il soit, qui n'ait pas ciselé (ce verbe figure d'ordinaire dans son langage) son sonnet parfait, monument minuscule qui veille sur son immortalité possible et que les nouveautés et les outrages du temps devront respecter. Il s'agit d'un sonnet généralement sans chevilles – car il est tout entier cheville : c'est-à-dire résidu, inutilité[1].

La critique de la métaphysique n'est cependant pas le dernier mot de Borges. Le sujet métaphysique plein (Dieu) a laissé la place à un sujet anti-métaphysique vide (à un pôle inconnaissable, qu'il s'agisse du sujet transcendantal kantien ou de la conscience selon Sartre) faisant face aux objets représentés. Mais ce retour ne dissipe pas la question qui avait conduit à imaginer un *kosmotheoros* présent à soi-même sans distance. Il existe bien une conscience du monde, même s'il n'y a pas de sortie hors du monde.

Cette conscience, chez Borges, est indissociable d'une métaphore omniprésente dans son œuvre, celle d'*un endroit sans envers* (« avers sans revers, monnaie d'une seule face sont les choses »[2]). On ne sort pas du labyrinthe mais, pour avoir conscience de celui-ci, pour pouvoir parler de « l'énigmatique abondance du monde », il faut bien en penser l'*impossible* envers. Le multiple de l'univers (Protée, la mer, le feu, le Sphinx, l'animal, le Minotaure, l'édifice monstrueux, la ville, la mémoire chaotique, etc.) ne se laisse réduire ni à un sujet présent à soi sans distance ni à un objet représenté – deux entités qui, comme Nietzsche et d'autres l'ont mis en évidence, ont ce point commun d'être également *totalisables*, d'être l'un et l'autre une unité. Ce multiple est en effet constamment pensé, chez Borges, *comme non représentable*, cela par contraste avec l'un du sujet plein ou de l'objet, ce qui signifie qu'il n'est pensable que *négativement* et *par une fiction*, celle de sa totalisation. *Argumentum ornithologicum*[3] l'établit mieux qu'aucun autre texte de Borges : « Je ferme les yeux » et « je vois un vol d'oiseaux » dont la quantité est *non dénombrable* (entre un et dix oiseaux, mais ni un, ni deux… ni dix). De deux choses l'une : soit ce vol peut être représenté comme dénombrable, c'est-à-dire comme *un* objet, mais il ne peut l'être que par un Dieu, un *kosmotheoros*, pensant l'univers comme

1. Borges, *Discussion*, trad. fr. R. Caillois, Paris, Gallimard, 1966, p. 22.
2. Borges, *L'or des tigres*, trad. fr. N. Ibarra, Paris, Gallimard, 1976, p. 100.
3. Borges, « Le rapport de Brodie », in *L'auteur et autres textes*.

un tout (c'est la conclusion ironique de *Argumentum ornithologicum* : « ce nombre entier est inconcevable, donc Dieu existe ») ; soit, comme c'est le cas avec le concept de *devenir* nietzschéen, il n'y a pas de *kosmotheoros*, de sujet capable de représenter ce vol comme un tout, et dans ce cas, le vol inconcevable, l'univers non totalisable, prend la place de Dieu. Mais c'est désormais un dieu dispersé, fou, imbécile (infantile ou animal), oublieux, malade, aveugle, rachitique et impuissant, telle la « grandeur balbutiante » de Funes, ce personnage de *Fictions* doté d'une mémoire absolue, ou le dieu Fumier du *Rapport de Brodie*[1]. Ce dieu n'est plus le créateur transcendant du monde, il est le principe du monde inhérent au monde, le surgissement même de l'irreprésentable multiple qui constitue le monde. Le sujet présent à soi sans distance a laissé la place aux « dieux irrationnels qui régissent le monde et dont nous ne savons rien sauf qu'ils ne ressemblent pas à l'homme »[2].

Mais comment cette image de l'univers comme labyrinthe, comme endroit sans envers, comme multiple non totalisable, est-elle elle-même possible ?

Pour que nous puissions parler de l'univers comme d'un labyrinthe, même inadéquatement (puisque les labyrinthes du monde ont un envers), il faut bien que nous soyons présents à celui-ci, d'une manière ou d'une autre. *La parabole du palais*, comme d'autres contes de Borges, affirme que cette présence est de nature affective. Le plaisir de jouer avec tout ce que contient le palais, puis l'inquiétude qui envahit le poète, enfin le sentiment d'être égaré marquent les étapes de la progressive conscience affective du labyrinthe qu'est l'univers. Le miroir ou le labyrinthe sont inséparables, chez Borges, d'une horreur particulière, celle d'exister (l'insomnie comme « veille épouvantable ») distincte de toute peur face à l'étant. Le recours à la métaphore y est toujours, dans ces textes, en rapport avec un sentiment remémoré et amplifié. Toute œuvre littéraire, déclare Borges, est « une métaphore de sentiments »[3] :

1. L'image commune à ces textes est celle d'un esprit n'opérant pas, faute de mémoire, ou parce qu'il est une mémoire absolue, les synthèses temporelles, ces rétentions et anticipations dont Husserl nous dit qu'elles unifient l'esprit humain et ouvrent la représentation d'un monde d'objets stables.

2. Borges, *L'aleph*, Références p. 28.

3. G. Gasió, *Borges in Japon, Japon in Borges*, Buenos Aires, Editorial Universitaria, 1988, p. 111.

> La chance du poète est celle de projeter cette émotion, qui fut intime, dans une fable ou une cadence[1].

Borges a, dès ses premières œuvres, exploré systématiquement ce que les philosophes ont nommé l'affectivité transcendantale, c'est-à-dire les divers sentiments du monde, en construisant une étrange phénoménologie, à la fois quotidienne et spéculative, ou plutôt imaginaire. Quotidienne, en ce qu'elle rapporte ces sentiments aux expériences les plus banales qui soient (l'endormissement, le cauchemar, l'insomnie, le réveil, etc.) ; spéculative, en ce qu'elle interprète ces expériences comme donnant accès à une ontologie qui, à la différence de celle des philosophes qui ont cru accéder à un être au-delà de la représentation, demeure imaginaire. Les images de l'univers comme endroit sans envers, labyrinthe infini ou esprit animal irréductiblement multiple, ainsi que les sentiments qui en sont indissociables (l'étonnement, la joie, la perplexité, l'angoisse, etc.) ont en effet toujours leur origine, chez Borges, dans le vécu d'*états limites de la conscience* où le sujet, dans l'effondrement de la représentation que constitue l'endormissement, devient tout entier sentiment, se *sent* lui-même comme l'univers non totalisable et, dans le surgissement de la représentation qu'est le réveil, se *sent* comme le sujet de la représentation.

Ce thème central de l'œuvre de Borges n'est pas sans rappeler la conférence de Heidegger, où l'homme ne devient présent au monde, conscient de son rapport à des étants qui lui font face, que dans le retrait de l'angoisse où tout s'effondre dans l'indifférencié[2]. La représentation a, chez Borges, ce que l'on pourrait nommer une *limite interne*, comme on peut le voir dans *La parabole du palais*, qui multiplie les allusions à la paradoxale clôture de l'univers infini (la gradation « délicate et longue » de la série des tours aux confins de celui-ci, la « courbure insensible, quoique continue » du labyrinthe « secrètement circulaire »). Plus la représentation tend à se refermer, à se perdre sans jamais pouvoir cesser de représenter sa perte, plus elle livre accès à un fond chaotique irreprésentable avec lequel elle tend à se confondre, à un vécu dans lequel l'homme représente de moins en moins mais *souffre* son impossibilité de se totaliser. Lorsque la conscience se referme, le temps de la représentation cède la place à un temps inhumain,

1. Borges, *La rose profonde, La monnaie de fer, Histoire de la nuit*, p. 174.
2. Cf. *supra*, chapitre III.

qui à la différence du temps des mortels est incapable de se synthétiser par les rétentions et anticipations qui ouvrent la représentation et rendent possible l'apparition des objets qui leur font face. Aux confins, dit *La parabole du palais*, « la réalité se confondait avec le rêve ». Par le rêve et les autres états limites de la représentation, nous accédons, dit Borges, à l'univers comme rêve, qui est un rêve sans rêveur, un « rêve qui se rêve », « quelque chose qui arrive mais qui n'arrive à personne »[1]. En jouant avec les théories solipsistes, Borges affirme que, dans une telle expérience, *je suis* ce rêve qui se rêve lui-même : « je ne sens pas la vie ou la réalité, hors de moi, ailleurs; je suis la vie ». Dans un entretien, il écrit que « dans tous mes contes il y a une partie intellectuelle et une autre partie – plus importante, je pense – le *sentiment* de la solitude, de l'angoisse, de l'inutilité, du caractère mystérieux de l'univers, du temps, ce qui est plus important : de nous-mêmes, je dirai : de moi-même »[2]. Une telle affirmation, selon laquelle nous sommes sentiment et non représentation évoque, à l'évidence, une idée schopenhauerienne et nietzschéenne (« mais qui éprouve du plaisir, qui veut la puissance? la question est évidemment absurde : si l'être *est* déjà

vouloir de puissance et, par conséquent, éprouver-plaisir-et-déplaisir »[3]), reprise à sa manière par Heidegger (« dans l'angoisse, l'existant se saisit comme l'angoisse qu'il *est* »[4]).

Borges a thématisé de la manière la plus claire ce passage de la métaphysique à l'affectivité. Le monde, à la différence des objets qui le peuplent, n'est pas connu, il n'est pas représenté, il est senti :

> Le monde est pour moi une source inépuisable de surprises, de perplexités, de malheurs aussi et, quelquefois, pourquoi mentirais-je, de bonheur. Mais je n'ai aucune théorie du monde. Maintenant, si je devais me définir, je dirais que je suis un agnostique, c'est-à-dire quelqu'un qui ne croit pas en la possibilité de la connaissance… il n'y a aucune raison pour qu'un homme cultivé de ce siècle, ou de tout autre, puisse comprendre l'univers[5].

1. *Borges en diálogos :* Conversaciones de Jorge Luis Borges con Osvaldo Ferrari, Barcelona, Ediciones Grijalbo, 1985, p. 55.
2. G. Charbonnier, *Entretiens avec J.L. Borges*, Paris, Gallimard, 1967, p. 20.
3. Nietzsche, *Œuvres philosophiques complètes*, Paris, Gallimard, 1976, vol. XIV, p. 14.
4. Heidegger, *Être et Temps*, trad. fr. F. Vezin, Paris, Gallimard, 1992, p. 40.
5. Borges, *Veintecinco agosto 1983 y otros cuentos*, Madrid, Ediciones Siruela, 1983, p. 103.

> Hudson raconte qu'il entreprit souvent, au cours de son existence, l'étude de la métaphysique, mais que le bonheur l'interrompit toujours. La phrase, une des plus mémorables que le commerce des lettres m'ait données à connaître...[1]

Des sentiments du monde, *La parabole du palais* n'explore que ceux qui correspondent à la marche vers les confins. Mais le conte prend place dans un ensemble où Borges en explicite d'autres, ceux qui correspondent au mouvement de retour depuis les confins vers le centre. C'est en effet dans ce double mouvement, qui par le rêve ou la fiction va vers les confins pour faire retour à la réalité, que Borges situe la constitution de la conscience d'exister. Dans de telles expériences, le multiple – cet autre que nous devenons, en nous confondant, dans les états limites de la représentation, avec un monde de moins en moins représenté – finit par nous ramener à la représentation, en la faisant paraître dans un ensemble de sentiments que Borges distingue soigneusement.

Lorsque nous nous représentons, dans une conscience qui va s'évanouissant, comme allant vers le multiple, nous sentons naître à la fois, comme cela apparaît dans *La parabole du palais*, l'*horreur* et l'*émerveillement*. Le sentiment de perte du monde et de soi est nécessairement ambivalent parce que le mouvement de fermeture progressive de la conscience est double : il va vers le multiple (nous devenons une multitude d'impressions juxtaposées, indénombrables) mais aussi vers l'unité (puisque commence à se refermer la dualité de la représentation). Le vécu de la perte de soi est ainsi indissociablement, chez Borges, crainte d'un soi non totalisable et espoir d'un soi non scindé, d'une sortie de la représentation. Le même mouvement de fermeture de la conscience est vécu comme exil, dissolution, angoisse et comme l'émerveillement de la promesse du retour à la patrie, à l'unité originelle[2].

1. W. Barnstone, *Conversations avec J.L. Borges à l'occasion de son 80e anniversaire*, p. 116.

2. Cf. *L'or des tigres* : « Je vis parmi des formes lumineuses et vagues / qui ne sont pas encore la ténèbre... / Cette pénombre est lente et ne fait pas mal ; / elle coule sur une pente douce... / Du sud, de l'est, de l'ouest, du nord, / convergent les chemins qui m'ont conduit / à mon centre secret... / J'arrive à mon centre, / à mon algèbre et à ma clef, / à mon miroir, / bientôt je saurai qui je suis » (p. 153-4) ; et *Œuvre poétique...* : « Un homme travaillé par le temps... / Peut soudain sentir en traversant la rue / Une mystérieuse félicité / Qui ne vient pas du côté de l'espoir / Mais d'une ancienne innocence / De sa propre racine ou d'un dieu épars » (p. 51).

Mais la conscience et la conscience de soi ne se perdant jamais, le mouvement inéluctable de retour depuis les confins du labyrinthe engendre d'autres sentiments :

> Les premières clartés se dessinent. J'émerge
> Gauchement de mon rêve au rêve partagé ;
> Tout va cherchant sa place et son rôle exigé… [1]

Plus précisément, le retour au monde fait surgir, dans la poésie et les contes de Borges, quatre sentiments fondamentaux. Lorsque nous revenons du sentiment originaire qu'est l'horreur, le monde représenté en vient à être senti de deux manières, d'une part, par continuité avec ce que l'on quitte, comme monde de l'*effroi*, encore contaminé par l'horreur, d'autre part, par opposition, comme un *monde amical* (la sortie du cauchemar est un retour au monde des hommes, « cet univers précis des choses humbles et aimées »[2]) ; identiquement, lorsque nous revenons du sentiment merveilleux de l'unité, le monde représenté est senti, par opposition, dans l'*ennui* (comme douleur du retour à la dualité, à un monde étranger) et par continuité comme un *don*, comme le lieu où brille encore une lueur de la merveilleuse unité perdue[3].

La tentative métaphysique de penser la représentation, c'est-à-dire de devenir un *kosmotheoros* se pensant sans distance à lui-même, comme un œil qui se voit, laisse ainsi la place, après la critique de la métaphysique, à une sorte de phénoménologie où le sujet *sent, en se perdant, ce qu'il perd et qu'il retrouve.* Sur le point de perdre le champ de la représentation, il peut le vivre comme une dimension s'arrachant sur le fond du multiple. L'œil ne se retourne pas sur lui-même, le baron de Münchhausen ne parviendra jamais à sortir du marais en se soulevant par les cheveux. Mais l'œil qui s'ouvre vit son arrachement au néant et au flou, il commence à voir les objets tout en se sentant comme œil voyant, submergé par le soulagement et la joie, mais aussi par l'effroi et l'ennui d'exister : je suis *au* monde, et *à* moi, sans que, du monde, il n'y ait rien à représenter ni comprendre – à

1. Borges, *Œuvre poétique 1925-1965*, p. 170.

2. Borges, « Adrogué », in *L'auteur et autres textes.*

3. « le monde est inattendu et élusif, mais sa contingence même est une richesse, puisque nous ne pouvons même pas déterminer à quel point nous sommes pauvres, puisque tout est don… » (*Discussion*, p. 31).

l'exception, bien sûr, de tout ce qui en vient à paraître sur fond de monde, c'est-à-dire des étants qui font l'objet des discours rationnels. Dans ce retour, le sentiment ambivalent qu'est l'univers-moi devient *sentiment d'un en face…*, de la dimension d'altérité du monde, comme dimension sentie dans laquelle les objets du monde, les étants, peuvent être représentés.

L'ordre de la connaissance, qui n'est jamais que connaissance des objets, et l'ordre de la conscience d'exister apparaissent ainsi, aux yeux de Borges, comme deux ordres distincts. À la question de savoir pourquoi nous sortons du multiple pour faire retour vers la représentation, une question qu'il pose explicitement, Borges répond invariablement qu'il n'y a pas de réponse théorique à cette question. Nous pouvons seulement constater que la perte dans le labyrinthe multiple est insupportable, que nous sommes toujours ramenés sur le rivage du monde représenté :

> Mais je serais anéanti
> Si je laissais ma loi difforme m'apparaître.
> Clément, Dieu m'a donné le progrès et l'oubli[1].

L'image d'un dieu compatissant nous délivrant le temps humain, suscitant en nous le désir de fuir l'informe du multiple pour que nous devenions un individu capable de représentation, est au cœur de la pensée esthétique, éthique, morale et politique de Borges : « heureusement, nous croyons à l'individualité »[2]. La tendance de l'être éternel à s'individualiser, le surgissement en lui de ce que Schopenhauer nommait *le principe d'individuation*, apparaît finalement chez Borges, dans une pensée à l'évidence tributaire de l'idée d'incarnation, comme *le désir qu'a l'être éternel de se fuir lui-même*. Ce thème est au cœur de nombreuses nouvelles de Borges, par exemple *La demeure d'Astérion* ou encore *La forme de l'épée*. Mais c'est dans *La parabole du palais* qu'apparaît le plus clairement l'idée que ce désir ne parvient à se réaliser que par l'opération de la métaphore, c'est-à-dire par l'œuvre d'art, non par ce qu'elle dit, mais par ce qu'elle fait. Le conte nous parle en effet d'un mouvement vers les confins et de la tentation de penser la poésie de manière métaphysique. Mais Borges ne nous dit pas seulement ce que la poésie ne peut pas faire (dire la « parole

1. Borges, *Œuvre poétique 1925-1965*, p. 194.
2. Borges, *Conférences*, trad. fr. F. Rosset, Paris, Gallimard, 1985, p. 208.

qui résume l'univers »), il nous dit aussi, en le faisant, ce qu'elle peut faire. Où, en effet, le retour vers le monde de la représentation, qui nous fait sentir pleinement celle-ci, s'effectue-t-il, si ce n'est dans et par le poème lui-même ? Le mouvement même de celui-ci, nous dit Borges, fait passer du chaos dionysien à la belle forme apollinienne, sans pour autant faire oublier que cette forme s'arrache sur fond du chaos : « la poésie procède de l'émotion remémorée dans la sérénité »[1]. Borges reprend, à l'évidence, un thème de la tradition romantique et postromantique allemande (le monde de la belle apparence libère celui qui souffre du devenir, répète Nietzsche), mais il le fait de manière originale, en confiant à la poésie la tâche de nous faire sentir la représentation. La véritable conscience de soi se constitue dans l'activité poétique, le sentiment ne paraît pleinement que par l'image. La perte de soi, le cauchemar du labyrinthe sont certes des expériences vécues que chacun peut faire, mais elles prennent une force toute particulière dans et par le poème. Les expériences d'évanouissement ont lieu d'abord dans et par la fiction – on pourrait dire qu'elles sont *vécues parce qu'imaginées*. C'est dans *Tlön, Uqbar, Orbis Tertius*, que le lecteur accède au labyrinthe

où se dissout l'ontologie des substances du monde représenté. Chesterton, écrit Borges, nous fait sentir par quelques mots l'horreur du cauchemar lorsqu'il *dit* avoir vu « un arbre dont la forme même est le mal »[2]. Le devoir du poète, dit Borges, est de dire le monde, c'est-à-dire de le faire sentir[3]. La poésie n'est plus, comme dans la perspective métaphysique, le moyen de sortir du temps, elle est conscience, c'est-à-dire sentiment, du temps humain :

> Toute poésie consiste à ressentir l'étrangeté des choses. Et peut-être tout ce que j'écris n'est qu'une simple métaphore, une simple variation sur ce thème central de l'étonnement[4].

Le poète de *La parabole du palais* est mort dans le palais, esclave de l'Empereur, nous dit Borges. Mais est-il mort malheureux de n'avoir pas pu satisfaire son désir métaphysique ? Il n'est pas impossible, en prenant

1. *Borges el memorioso, conversaciones de J.L. Borges con A. Carrizo*, México, Tierra firme, 1982, p. 306.

2. W. Barnstone, *Conversations avec J.L. Borges*, p. 30.

3. Borges, *Œuvre poétique 1925-1965*, p. 10.

4. W. Barnstone, *Conversations avec J.L. Borges*, p. 23-25.

appui sur de nombreux textes de Borges, de faire l'hypothèse qu'il aurait pu mourir heureux. Borges répète que « la littérature sert avant tout à être heureux »[1]. Nous ne pouvons pas représenter l'univers mais « nous pouvons du moins faire de l'art, et cela devrait suffire, à n'importe qui, pour toute une vie »[2]. Il y a pour Borges un bonheur inhérent à la conscience de soi, quelles que soient les tonalités effectives qui paraissent dans le poème. Il oriente constamment la poésie, la lecture de celle-ci aussi bien que la création, vers le salut : « et tel est mon devoir, me sauver »[3]. Le poète n'est pas l'Empereur, il n'est pas le créateur de l'univers, il est seulement *hacedor*, *maker*, mais c'est par cette activité qu'il atteint un bonheur proprement humain, celui d'un être fini, qui ne peut récuser son inscription dans le temps. L'incarnation apparaît ainsi comme le lieu du bonheur. L'activité artistique est la meilleure preuve que « quelque chose veut vivre, s'ouvrir la voie à travers la matière », « cet élan vital est comme mort dans les minéraux, comme endormi dans les végétaux, comme un rêve dans les animaux, mais en nous il est conscient de lui-même »[4]. La conscience du monde et de soi, *de soi comme individu*, cette conscience que la poésie fait advenir est inséparable, chez Borges, de l'acceptation de l'incompréhensibilité du monde, qui définit pour lui la félicité. Le poète n'est jamais sorti de l'univers, il est mort dans le palais, mais peut-être est-il mort heureux, non dans l'errance vers les confins, mais dans une sorte de *centre* du palais, là où les différentes tonalités affectives s'équilibrent dans ce que Borges nomme l'acceptation du monde. Il dit quelque part des femmes – bien imprudemment et assez injustement pour les hommes – qu'elles sont moins portées que les hommes à la métaphysique, « qu'elles acceptent le monde comme évident, le monde et tout ce qu'il y a en lui et aussi elles-mêmes, et les circonstances aussi, tout spécialement les circonstances »[5].

Une œuvre d'art vaut autant par ce qu'elle donne à penser que par l'horizon des questions qu'elle permet de découvrir. Si *La parabole du palais* est un élan pour penser, c'est aussi parce qu'elle suscite des interrogations

1. M.P. Montecchia, *Reportaje a Borges*, p. 11.
2. W. Barnstone, *Conversations avec J.L. Borges*, p. 76.
3. Borges, *Les conjurés*, précédé de *Le chiffre*, trad. fr. C. Esteban, Paris, Gallimard, 1988, p. 39.
4. Borges, *Conférences*, p. 164 et 169.
5. R. Burgin., *Conversaciones con J.L. Borges*, Madrid, Taurus Ediciones, 1974, p. 30.

et même – bien que ce mot puisse paraître inapproprié, s'agissant d'une œuvre d'art – des objections.

La première question que *La parabole du palais* ne pose pas explicitement, mais que Borges aborde parfois, est celle de la composition des sentiments du monde. Il lui arrive de dire, on l'a vu, que les différents *moods* ontologiques se laissent unifier par la pratique poétique en un sentiment du bonheur, de deuxième degré en quelque sorte – ce que j'ai nommé plus haut le *centre* du palais. Mais le lien entre les sentiments de premier degré (l'horreur, l'émerveillement, le soulagement, l'ennui, l'effroi et le don) et ce sentiment de deuxième degré est loin d'être clair. S'agit-il d'une composition à laquelle chacun accéderait ou pourrait accéder, ou plutôt, comme les textes qui viennent d'être cités le laissent entendre, d'une composition propre à l'exercice d'une activité particulière, qu'il s'agisse de celle du créateur ou du lecteur – la littérature ? Il n'est guère possible de répondre précisément à cette question à partir de l'œuvre de Borges. Comment le sentiment résultant de cette composition vient-il fondre les sentiments de premier degré en une unité heureuse de niveau supérieur ? Les laisse-t-il subsister au-dessous de lui comme autant de tonalités dont le jeu engendre un sentiment d'ensemble ? Ou vient-il simplement se ranger, comme un sentiment supplémentaire, au même niveau que les sentiments de premier degré, au risque d'engendrer une régression à l'infini ? Nous retrouvons ici les questions qui se sont imposées avec insistance depuis le début de cette étude. À supposer que le multiple du monde suscite l'horreur, l'émerveillement et les quatre autres sentiments qui naissent du retour au monde de la représentation, un sentiment de félicité en surgit-il nécessairement ? Et seulement dans l'activité poétique ?

Une deuxième question que *La parabole du palais* ne pose pas est celle de savoir s'il faut vraiment, et comment, distinguer les sentiments du monde des sentiments que les objets du monde font naître. La gaîté du jeu, l'inquiétude, le sentiment d'être égaré, l'émerveillement, l'indifférence, pour ne citer que les sentiments dont il est question dans ce conte, peuvent être suscités aussi bien par l'univers que par les étants qui le constituent. Il arrive que Borges rappelle, même si cette idée n'est pas explicitée dans son œuvre, que l'univers n'est pas indissociable de ce qui se passe en lui, qu'il nomme les « circonstances » : « le monde et tout ce qu'il y a en lui

(...) et les circonstances aussi, tout spécialement les circonstances ». Sans même remettre en cause l'idée de sentiments du monde – ce qu'il est toujours possible de faire – la question se pose de savoir si nos sentiments ontologiques ne dépendent pas dans une certaine mesure de nos sentiments ontiques. Dans nos sociétés, où les situations sont moins stables qu'à d'autres époques, la courbe des sentiments inhérents à la condition humaine, au fait que nous sommes *au* monde, peut difficilement être isolée des deux autres courbes tenant au fait que nous sommes aussi *dans* ce monde : celle, ascendante ou descendante, de la destinée individuelle (selon le lot de *bon heur* ou de *mal heur* qui nous échoie, pour parler comme Descartes) et celle, ascendante ou descendante, de la destinée collective (mourir en 1940, dans le sentiment terrifiant d'un effondrement de la civilisation européenne et dans l'incertitude absolue quant à ce qu'il adviendra, n'est certainement pas la même chose, même si c'est toujours mourir, que mourir après la Libération). Ces trois courbes peuvent se tisser de bien des manières. Quel serait le sentiment du monde, s'il y en a un, d'un homme qui, à l'instar de Borges, aurait fini par composer ses différents sentiments ontologiques en un sentiment du monde dominant, celui du bonheur, et qui mourrait accablé par le sort à la Libération, ou comblé par lui en 1940 ? Ces questions peuvent remettre en cause l'idée même de ce que, à propos de la *Parabole du palais*, j'ai nommé le *centre* de l'univers, le lieu où s'équilibrent les affects. Ce centre est-il anhistorique ? Cet « univers précis des choses humbles et aimées » ne dépend-il pas de nombreuses circonstances ? Dans son admirable analyse du bien-être, le grand économiste britannique Angus Deaton rappelle que « vivre dans un pays où l'espérance de vie est plus longue, c'est bien, sauf si ce pays est une dictature totalitaire »[1]. Quel est alors le sentiment du monde de ceux qui ne peuvent pas ne pas penser que le centre du monde n'est pas là où ils sont mais ailleurs ?

Si *La parabole du palais*, comme toute œuvre poétique, est un *élan pour penser*, il reste à savoir vers quoi cet élan nous projette. Qu'est-ce qui distingue le *jeu* de nos facultés sensibles et intellectuelles qu'elle éveille

1. A. Deaton, *La grande évasion. Santé, richesse et origine des inégalités*, Paris, P.U.F., 2016, p. 26-27.

– pour reprendre une autre formule de Kant – de la pensée philosophique ? Si ce jeu se confond avec l'élan lui-même – et c'est nécessairement le cas, sauf à penser que tout lecteur d'une fiction développe sa lecture en théorie philosophique – qu'est-ce qui distingue alors l'élan du but vers lequel il s'élance ?

La métaphore de l'*élan pour penser*, aussi suggestive qu'elle soit, reste problématique. La formule, en tant que métaphore, ne peut d'ailleurs que s'appliquer à elle-même : elle n'est qu'un élan qui nous invite à penser l'essence de l'œuvre d'art dans son rapport à la pensée. Si, au-delà de la métaphore, nous cherchons à déterminer conceptuellement ce qu'est un élan, et en quoi l'œuvre d'art est un élan pour penser, plusieurs possibilités s'offrent à nous. Celui qui s'élance peut atteindre l'autre rive. Il peut aussi s'élancer et renoncer à sauter au dernier moment. Ou tomber dans le ruisseau. Ou rester en élan… Un *élan pour penser* conduit-il à un *au-delà de l'élan* – à une pensée qui serait la destination de cet élan – ou doit-il demeurer une *pensée en élan* ? Mais comment celle-ci se distinguerait-elle alors de l'élan ?

La question des rapports de la poésie et de la philosophie a, depuis l'origine de la philosophie, fait couler beaucoup d'encre. Je me contenterai ici d'ajouter une remarque à la réponse de Borges à cette question, réponse qui ne prétend pas tracer une démarcation nette et définitive entre ces deux régimes du langage.

On peut avoir l'impression que Borges a dit à peu près tout et son contraire sur les rapports que son œuvre poétique entretient avec le discours philosophique. Trois affirmations reviennent cependant constamment sous sa plume, qui ne sont qu'apparemment contradictoires. *La parabole du palais* les illustre parfaitement. La métaphysique, déclare-t-il, est « l'unique justification de tous les thèmes de mon œuvre »[1]. Il fait par ailleurs toujours état de son scepticisme à l'égard des « aventureuses coordinations de mots » de la métaphysique, dans la ligne de la critique empiriste et sceptique de celle-ci. Il n'a jamais cessé, enfin, de soutenir que sa poésie entretenait un rapport à la vérité : « je m'exprime au moyen de symboles (…) au travers desquels je prends conscience de certaines vérités », « la poésie est

1. A.M. Barrenechea, *La expresión de la irrealidad en la obra de Borges*, p. 14.

essentiellement vraie ». Ce dernier point le conduit souvent à dire qu'il ne voit pas de différence essentielle entre la philosophie et la poésie[1].

Il est vrai que, s'agissant de grands poètes, et Borges est l'un des plus grands à mes yeux, et de grands philosophes, comme Heidegger ou Wittgenstein, il importe, dans un premier temps, d'oublier toutes les catégories préconstituées (« philosophie », « littérature », « poésie », etc.), qui pourraient bien n'être que des étiquettes commodes destinées à faciliter la vie des bibliothécaires et des présidents d'université. Cela ne justifie pas pour autant l'affirmation de Borges, qui tend à assimiler la poésie et la philosophie. On sait que Heidegger, qui n'accepte pas de ranger ce qu'il nomme la « pensée de l'être » sous l'étiquette de la « philosophie », se garde constamment, malgré la parenté de sa démarche et de celle de poètes comme Hölderlin, Rilke ou Trakl, de confondre ces deux régimes de la parole (les poètes et les penseurs, selon l'image de Hölderlin, sont sur des pics voisins séparés par un abîme). On peut estimer cependant que ni la réponse de Borges (il n'y a pas de différence essentielle entre la poésie et la philosophie) ni celle de Heidegger (qui a bien du mal à préciser la nature de cette proximité distante entre la pensée de l'être et de la poésie) ne sont satisfaisantes. Elles ont cependant le mérite de ne pas couper les ailes de la pensée et de rappeler que, de même que l'axiomatisation d'une théorie scientifique ne précède pas mais suit son élaboration et lui assigne tardivement une place dans l'édifice du savoir, de même l'espace où pensent les poètes et les philosophes, séparément ou ensemble, et toujours avec leurs lecteurs, est relativement indéterminé et doit le rester. Cela n'interdit pas, dans un second temps plus réflexif, de s'interroger sur les rapports complexes de ces deux régimes voisins du langage, dont le voisinage consiste en particulier en ce qu'ils ont l'un et l'autre nécessairement recours à la métaphore, même s'il s'agit d'usages distincts de celle-ci, et en ce qu'ils font tous deux, sous des formes différentes, l'expérience des limites du langage[2].

1. W. Barnstone, *Conversations avec J.L. Borges*, p. 25.

2. Pour un traitement plus approfondi de la question, je renvoie à mon étude *Ontologie et poésie. Trois études sur les limites du langage* (Paris, Éditions Vrin, 2002).

chapitre 6
le visage de Buster et la sagesse de Keaton

Dans son introduction à l'autobiographie du grand burlesque américain, Dwight Macdonald cite une phrase de James Agee qui est à mes yeux ce qui a jamais été écrit de plus faux au sujet de Keaton : « le seul comédien d'importance qui ait tenu le sentiment à peu près complètement à l'écart de son œuvre »[1]. Réduire le visage de Buster à la seule expression de la perplexité impassible et courtoise (« gentle coolness », « deadpan bewilderment »), c'est privilégier la position d'*équilibre* du corps et du visage de Buster, en oubliant les émotions qui précèdent le rétablissement de cet équilibre et, surtout, la signification qu'elles confèrent à ce dernier[2]. Dans un contraste éclairant avec *The Tramp* (Charlot), le personnage de Chaplin, Macdonald dit justement de Buster qu'il est « le type sur lequel toutes les difficultés retombent, toujours perplexe, mais jamais impuissant,

1. B. Keaton, *My Wonderful World of Slapstick*, 1960, Boston, Da Capo Press, p. 5. Les extraits cités sont traduits par mes soins.

2. Par convention, je désignerai par *Buster* le personnage des films et par *Keaton* l'auteur de ceux-ci et de l'autobiographie.

qui gagne ou perd en restant courtois, sans blesser personne »[1]. Mais le corps et le visage de Buster, avant d'exprimer cette perplexité courtoise, sont d'abord en prise directe sur un environnement qui, effectivement, a pour caractéristique essentielle de lui être particulièrement hostile. On comprend alors que ce visage ait pu paraître à certains non pas neutre, comme le disait Agee, mais au contraire constamment réactif. À chaque instant trimbalé, heurté, déstabilisé par les événements extérieurs, mais aussi et surtout par sa propre incompétence, sa maladresse et sa capacité illimitée à gaffer, Buster est définitivement exclu du monde des hommes actifs et maîtres d'eux-mêmes (les journalistes du bureau où il prétend devenir cameraman, dans *The Operator*, par exemple). Le visage, dans un tel environnement, fonctionne comme un sismographe qui enregistre le déroulement imprévisible des événements et actions. Cameraman n'ayant rien à filmer, Buster réagit simplement aux stimuli extérieurs, par des sentiments plutôt inchoatifs, qui doivent laisser rapidement la place à d'autres avant même de s'être stabilisés. Il arrive certes que l'émotion semble provenir d'une source intérieure, mais c'est alors parce que le corps

exprime une action imaginaire (comme dans la scène de *The Operator* où Buster, dans un stade vide, mime un match de base-ball, les actions des différents joueurs et ses propres réactions face à ceux-ci et au public).

Une telle représentation du corps et du visage a conduit certains critiques à parler, à propos de Keaton, d'un cinéma *behavioriste*. Les sentiments du visage de Buster, fugaces, mais bien réels, et d'une grande diversité, se laissent en effet ordonner par rapport aux événements, qu'ils anticipent (par la curiosité, le désir, l'espoir, l'inquiétude, la crainte, etc.) ou auxquels ils réagissent sans délai (par la surprise, le regret, le soulagement, la gratitude, la honte, etc.) – qu'il s'agisse des actions des autres, des effets inattendus de ses propres actions ou des réactions que ces dernières suscitent chez les autres. En un sens, une telle approche rend justice à une ambition centrale du cinéma de Keaton, qui est de peindre la condition solitaire de l'homme moderne aux prises avec un monde naturel et social changeant et périlleux. En un autre sens, elle n'articule pas suffisamment les multiples sentiments réactifs et l'impassibilité courtoise, l'extériorité et l'intériorité

1. B. Keaton, *My Wonderful World of Slapstick*, p. 6.

– une intériorité qui est loin d'être absente du visage de Buster et des préoccupations de Keaton.

Dans ses films, Keaton met constamment en parallèle l'équilibre du corps de Buster et l'impassibilité de son visage. Ces deux états, rares et fragiles, sont toujours en danger imminent d'effondrement. L'expression « neutre » du visage de Buster – pour reprendre un terme qui a été beaucoup utilisé, mais rarement défini, et sur lequel il faudra revenir – est l'équivalent de l'équilibre de son corps, c'est-à-dire de la station debout. Le déséquilibre et l'hyper-affectivité passive, aussi spectaculaires soient-ils, ne sont en effet jamais, dans le cinéma de Keaton, la fin de l'histoire. Le corps de l'acrobate qu'est Buster finit toujours par revenir à un certain état d'équilibre – quelle que soit l'origine de ce rétablissement, la volonté ingénieuse de Buster, le fait qu'il ait réussi à exploiter habilement une opportunité, ou encore et souvent le simple hasard[1]. C'est à cet instant que le visage de Buster, parallèlement, tend vers l'expression « neutre », qu'il retrouve comme une position par défaut dans laquelle, même s'il est encore traversé par quelques événements extérieurs, l'émotion semble avoir été mise à distance – ou bien avoir désormais une source interne. Car l'impassibilité pourrait bien être non pas tant celle de la table désormais rase, sur laquelle venaient s'inscrire les sentiments réactifs, que l'affect correspondant au retour à l'équilibre – ou plutôt à un certain équilibre.

Buster et Keaton fournissent des éléments concordants permettant de valider cette hypothèse.

Dans les films de Keaton, Buster n'a jamais que deux objectifs : exercer un métier et gagner l'amour d'une femme. Le petit homme veut être à la hauteur, il cherche à occuper une place dans la société et à fonder une famille – un rêve américain bien distinct de celui de Charlot. Dans son autobiographie, Keaton s'étonne du fait que les critiques aient très peu perçu ce qui distingue Buster de Charlot, qui reste un vagabond (« bum ») avec « une philosophie de vagabond ». Si Charlot désire quelque chose qu'il a aperçu dans une vitrine, il pourra le dérober ou voler de l'argent pour se le procurer, ce que ne fera jamais Buster : « mon petit bonhomme

1. Comme dans *The Operator*, où un macaque a heureusement filmé pour lui la scène où il sauve Miss Sally de la noyade.

est un travailleur honnête »[1]. Il veut être cameraman (*The Operator*), soldat (*The General*), marin (*The Navigator, Steamboat Bill Junior*), fermier (*Go West*) ou acteur (*Spite Marriage*), et la recherche de l'amour, plus que le désir, est ce qui l'anime. Keaton, tel qu'il se dépeint avec finesse dans son autobiographie, n'est d'ailleurs pas très différent de Buster. Être un travailleur honnête a toujours été son ambition, comme en témoignent le peu de cas qu'il faisait de l'argent et la crainte qu'en devenant riche il finisse par négliger ou altérer son travail (l'estime qu'il a pour son ami Chaplin ne l'empêche pas d'être lucide à son sujet). L'amour du métier, d'un métier complet, qui va disparaître avec l'évolution du cinéma – puisque c'est cela, plus que l'émergence du parlant, qui a marqué la fin de la carrière de Keaton – est au centre de cette autobiographie.

Le retour à l'équilibre n'est cependant pas une mince affaire. Keaton, dans sa vie comme dans ses films, se méfie de l'action réussie ou héroïque, dont la parodie est une dimension essentielle de son œuvre. Dans un monde changeant et souvent hostile, l'action humaine ne peut ressembler à une création *ex nihilo*. La philosophie de l'action de Keaton peut être dégagée à partir de n'importe lequel de ses films, mais c'est sans doute dans *The General* qu'elle apparaît dans toute sa complexité. L'action de Buster peut échouer, pour de multiples raisons. Le décalage entre l'intention et les effets obtenus peut tenir à la malchance, ou au fait que l'objectif a été contrecarré par les autres, ou à l'inadéquation entre la fin visée et les moyens employés, ou à la mauvaise utilisation de ceux-ci, ou encore à tous les effets pervers plus ou moins imprévisibles qui retournent l'action contre son auteur… Quand elle réussit, il arrive que ce soit par hasard (un canon tracté par la locomotive que conduit Buster, mal orienté, menace de détruire celle-ci, mais par chance, en raison d'un virage de la voie ferrée, le coup atteint la locomotive ennemie qu'il poursuit). L'action peut viser un moyen (entrer dans une maison pour s'emparer de la nourriture qui est sur la table) et atteindre un autre moyen ou une fin (lorsque des militaires entrent dans la pièce, Buster se réfugie sous la table et réussit ainsi à prendre connaissance des plans de l'état-major). Elle peut aussi réussir grâce à l'ingéniosité de Buster, lorsqu'il parvient à inventer des moyens, certes assez inhabituels,

1. B. Keaton, *My Wonderful World of Slapstick*, p. 126.

mais appropriés à la fin visée. L'effet parodique est constant : l'action humaine n'atteint son but, quand elle l'atteint, ce qui est loin d'être garanti, que grâce à une combinaison instable d'intentions, d'inventions et de circonstances favorables – ce que Keaton, dans son autobiographie, nomme « l'absurdité des choses, des actions humaines et des situations grotesques dont le personnage du film est prisonnier et auxquelles il doit s'efforcer d'échapper »[1].

L'optimisme réaliste de Keaton apparaît clairement à la fin de chacun de ses films. Le *happy end* n'est jamais qu'une action incontestablement réussie mais demeurant inévitablement en deçà de l'objectif visé. Buster finira par devenir un soldat, mais un soldat peu adapté à son métier et peu efficace (*The General*). Chez Keaton, les idéaux américains ne sont jamais dénigrés, ils sont seulement ramenés à hauteur de ce que peut l'action de l'homme moyen. Pour l'individualisme démocratique, il n'est pas de héros. Dans *Go West*, Buster obéit à la statue d'Horace Greeley qui lui intime l'ordre d'aller à l'Ouest. Cow-boy calamiteux, il s'enamoure d'une vache, aussi petite et solitaire que lui. Il réussira finalement à sauver le troupeau du fermier et à gagner… la vache, que le propriétaire lui offre, soulagé qu'il la préfère à sa fille. Le succès que les films de Keaton ont connu aux États-Unis tient sans doute beaucoup à ce scepticisme souriant qui insuffle une bonne dose de réalisme aux idéaux américains.

La vie de Keaton, telle qu'elle apparaît dans son autobiographie, ne semble d'ailleurs pas avoir été très différente de celle de Buster. Après la malheureuse intégration de son studio dans la Metro Goldwyn Meyer, les difficultés s'accumulent. Keaton ne contrôle plus ni les scénarios, ni les financements, ni les tournages. Entre 1930 et 1935, il va d'échec en échec, sombre dans la dépression et l'alcool et finit par divorcer. Partout il répète qu'il veut tourner, redevenir lui-même, « me rétablir dans ce que je suis : un homme dont le seul métier est de faire rire les autres »[2]. La culpabilité est omniprésente dans ces pages émouvantes de l'autobiographie. Keaton, qui a conscience d'être devenu « a dead duck », cherche à se justifier, mais aussi à retrouver l'honneur et l'amour. Ne pas renoncer devient son

1. B. Keaton, *My Wonderful World of Slapstick*, p. 131.
2. *Ibid.*, p. 244.

unique objectif. Il se marie en 1940, à 44 ans, avec une jeune danseuse de 21 ans, Eleanor Norris, qui sera le grand amour de sa vie. Il renoue avec le travail, souvent des petits jobs, parfois des contrats un peu plus intéressants. Avec Eleanor, qui devient sa partenaire dans le spectacle, ils feront après la guerre la tournée des cirques européens et des télévisions anglaises et américaines : « quelles que soient les circonstances, je parvenais toujours à trouver un travail ou un autre dans le milieu du spectacle »[1]. À ses amis qui lui demandent s'il ne souffre pas de ce « comedown », il répond invariablement que le retour du métier et de l'amour ont mis fin en lui à l'humiliation (« je ne me sentais plus du tout humilié »). Ce n'est pas l'argent qui l'intéresse, mais une certaine reconnaissance. Il aime être applaudi, reconnu, fêté, car c'est là le mérite du travail bien fait.

La belle conclusion de l'autobiographie résume la sagesse de Keaton :

> Je pense avoir eu dans ma vie énormément de chance et de bonheur. Peut-être parce que je n'avais jamais espéré cela. Je n'ai jamais attendu de la vie que de rudes coups, et je savais que je devais travailler dur, plus dur que d'autres, sans doute, en raison de mon absence d'éducation. Quand les coups ont commencé à pleuvoir, je n'ai pas été surpris. Je savais ce qu'était la vie, pleine d'uppercuts pour ceux qui les ont mérités comme pour ceux qui ne les ont pas mérités. Il serait ridicule que je me plaigne. Je ne parviens pas à m'attrister sur mon sort. Lorsque je compte les années de défaite, de souffrance et de déception, je suis surpris et heureux de constater qu'elles sont si peu nombreuses. Quand Jose Greco m'a dit qu'en espagnol le nom de mon personnage [Pamplinas] signifiait « un petit bout de rien », je lui ai demandé « même pas un petit bout de quelque chose ? ». Il m'a répondu que c'était le plus beau compliment que ses compatriotes pouvaient me faire. Je pense qu'il avait raison[2].

De tels passages de l'autobiographie pourraient conforter l'idée, que l'on retrouve sous la plume de plusieurs commentateurs, selon laquelle la sagesse de Keaton, son individualisme non pas aristocratique, mais démocratique, son optimisme réaliste de l'homme moyen, exclut toute considération politique – ce qui n'est évidemment pas le cas de l'œuvre de Chaplin. Il est clair que Buster compte avant tout sur ses forces et sur le hasard pour se sortir des situations difficiles et des cataclysmes, mais aussi,

1. B. Keaton, *My Wonderful World of Slapstick*, p. 259.
2. *Ibid.*, p. 280-281.

assez souvent, sur les forces de sa partenaire d'infortune, toujours dans le cadre d'une communauté de travail[1]. La lecture de l'autobiographie met cependant en évidence que cet individualisme est discrètement assumé par Keaton comme une attitude politique. Avant et pendant la crise des années 30, dans ses dialogues avec Chaplin, Keaton ne cachait pas son peu de goût pour le communisme qui semblait séduire le réalisateur des *Temps Modernes*. Il répond aux arguments de Chaplin par des boutades et écrira plus tard qu'ils étaient l'un et l'autre « ignorants en matière politique », mais que Chaplin devrait maintenant savoir que le communisme réel n'a pas le moindre rapport avec ses rêves d'alors[2].

S'il en est ainsi, si le retour à l'équilibre – thème de tous les films de Keaton – est inséparable d'un certain sentiment de bonheur, pourquoi celui-ci ne paraît-il pas sur le visage de Buster, alors qu'il est explicite dans l'autobiographie de Keaton ?
L'autobiographie avance une première réponse, qui ne livre sans doute pas la raison principale de ce décalage, mais qu'il faut considérer. Très tôt, dès les premiers spectacles montés par son père (où il interprétait le rôle d'une poupée de son désarticulée, « the human mop »), Keaton a eu conscience que pour provoquer le rire il lui était nécessaire d'effacer du visage de Buster toute expression affective personnelle, c'est-à-dire de ne pas confondre Buster et Keaton. Buster ne devait pas trahir le sentiment de Keaton, qui le portait à rire de ses propres gags : « chaque fois que je souriais ou laissais deviner aux spectateurs à quel point je m'amusais, il me semblait qu'ils ne riaient pas autant que d'habitude »[3]. Le visage de Buster est non réflexif en un premier sens : il ne reflète jamais ni le sentiment de l'acteur ni celui des spectateurs, qui ne doivent pas pouvoir y lire, comme dans un miroir,

1. Dans *The Navigator*, film dans lequel Kathryn McGuire donne admirablement la réplique à Keaton, deux héritiers solitaires, oisifs et incapables finissent par devenir un couple luttant pour la survie dans un milieu hostile.

2. B. Keaton, *My Wonderful World of Slapstick*, p. 270. Une étude de la dimension politique des films de Keaton devrait considérer avec attention le rôle qu'y joue le cataclysme (celui de *Steamboat Bill Junior*, film tourné à la veille de la crise de 1929, est particulièrement impressionnant) et la manière dont sont représentés les rapports entre les classes sociales en temps de crise (dans *Steamboat Bill Junior*, ce sont les pauvres qui sauvent les riches, dans *The Navigator* les riches oisifs font le dur apprentissage du travail et de la lutte contre les éléments).

3. *Ibid.*, p. 13.

leurs propres émotions. C'est ce choix de Keaton qui a pu faire naître l'idée d'un visage « neutre » (alors qu'y défile toute une gamme de sentiments en réponse aux stimuli extérieurs) ; ou celle d'un visage inhumain parce que purement réactif, différent en cela du visage d'une personne, lequel exprime toujours une âme, une intériorité où s'unifient en une tonalité affective ses divers sentiments (mais si le visage de Buster était celui d'une personne, comment faire pour qu'il ne soit pas confondu avec celui de Keaton ?[1]) ; ou encore l'idée d'un visage qui traduirait une attitude stoïque face à la douleur (mais rien, dans les actions de Buster, ne va jamais dans le sens de cette hypothèse).

Le visage de Buster peut également être dit non réflexif en un second sens, bien différent du premier, qui ne concerne que Buster cette fois, un sens qui tient à la nature du « retour à l'équilibre », celui du corps aussi bien que du visage. S'agissant du corps, l'équilibre peut apparaître comme la position normale, par défaut. Un corps en équilibre n'appelle aucune qualification particulière, à la différence d'un corps accablé, ou au contraire décontracté, ou exultant, ou encore simplement courbé et tendu dans l'effort. Il pourrait en aller de même de l'équilibre de l'âme, tel qu'il paraît dans le visage, lorsqu'on le considère comme exprimant la *composition des sentiments*, c'est-à-dire le redoublement par lequel un sentiment de second degré émerge de la multiplicité des sentiments de premier degré.

Le visage de Buster n'est pas celui, à la fois douloureux et finalement apaisé, du Christ en croix, ni celui, serein, du Bouddha. La différence ne tient pas seulement aux circonstances et aux préoccupations de ceux qui ont forgé ces représentations du visage humain, mais d'abord au fait que les religions et la plupart des sagesses ont interprété la composition des sentiments d'une manière particulière, qui ne me paraît pas la seule possible. Pour le christianisme et le bouddhisme, il existe *un* sentiment des sentiments, une tonalité affective de second degré, celle qui naît de l'ensemble des sentiments de premier degré. La douleur extrême de l'arrachement au monde finalement surmontée dans le renoncement confiant et l'espoir en

1. Dans *Spite Marriage* (1939), un film d'une grande subtilité, Keaton se représente lui-même comme un spectateur (comme Keaton, ou plutôt comme Buster jouant Keaton) et comme un acteur (Buster) qui joue devant ce spectateur. Le visage du premier est particulièrement expressif, celui du second, masqué par une immense barbe, est neutre.

une vie triomphant de la mort, tout comme le détachement serein du bouddhisme, sont difficilement compatibles avec les autres sentiments, non pas parce que ceux-ci seraient niés, mais parce que la vie émotionnelle dans sa diversité converge tout entière, dans le christianisme et le bouddhisme, vers un seul sentiment d'ensemble. Il n'en va pas de même chez Buster. Le contraste de son visage avec celui du Christ et du Bouddha est étonnant. Le visage de ces derniers ne laisse apparaître aucun des sentiments humains réactifs de premier degré, il est tout entier illuminé par le seul sentiment de second degré, dont l'origine est intérieure. On imagine mal un visage du Christ ou du Bouddha réactif, exprimant la peur, la surprise, le plaisir, la curiosité, l'exaspération, l'impatience, etc. À tel point qu'il ne serait pas faux, à leur sujet, de parler, mais relativement aux sentiments de premier degré, d'un visage « neutre ». Celui de Buster, par contre, inverse totalement les pôles de la visibilité et de l'invisibilité : les sentiments de premier degré, réactifs, y sont dominants, alors que le sentiment de second degré reste inexprimé – inexistant ou caché.

Inexistant ou caché? Il reste en effet à savoir quelle signification il faut accorder au visage « neutre » de Buster. Car l'épithète pourrait nous égarer, en conférant à son visage un caractère exceptionnel. Mais ce type de visage est-il, chez les humains, aussi exceptionnel que les critiques, par l'emploi du terme « neutre », se sont plu à le répéter? Le visage de l'homme heureux est-il vraiment expressif? N'est-il pas souvent l'équivalent du corps en équilibre?

Kierkegaard est sans doute le philosophe qui a le mieux exploré les relations complexes de l'extériorité et de l'intériorité des sentiments. Dans *Crainte et tremblement*, il décrit en des termes célèbres le visage inexpressif et la démarche banale de celui qu'il nomme le « chevalier de la foi » :

> Je me rapproche un peu de lui, j'examine le moindre de ses mouvements pour le cas où se manifesterait une petite fraction incongrue d'un signe télégraphique venu de l'infini, un regard, une expression du visage, un geste, un air de mélancolie, un sourire qui trahirait l'infini dans son incongruité avec le fini. Non! J'examine sa silhouette de la tête aux pieds pour voir s'il y aurait une fissure par laquelle l'infini passerait le nez. Non! Il est solide de bout en bout. Sa posture? Elle est puissante, appartient tout à fait à la finitude, aucun bourgeois endimanché qui se rend à Fresberg le dimanche après-midi ne foule

> le sol d'un pas plus assuré ; il appartient tout à fait à ce monde, nul petit-bourgeois ne peut lui appartenir davantage. On ne décèle rien en lui de cet être étranger et distingué où l'on reconnaît le chevalier de l'infini. Il se réjouit de tout, participe à tout, et chaque fois qu'on le voit prendre part à quelque chose de particulier, cela se passe avec une constance qui dénote l'homme d'ici-bas dont l'âme s'accroche à de telles choses[1].

Keaton n'est évidemment pas Kierkegaard. L'impassibilité du visage du chevalier de la foi, qui ne trahit que les réjouissances ou les tristesses banales du boutiquier, comme son corps l'allure ferme et normale de la démarche du bourgeois endimanché, reflète, en le masquant, l'accord entre l'infini et le fini qu'il a réussi à atteindre, la parfaite incarnation du divin – une préoccupation tout à fait étrangère à l'auteur de *My Wonderful World of Slapstick* et à son œuvre cinématographique (il serait hasardeux de comparer le saut de la foi kierkegaardien aux acrobaties de Buster !). Mais le petit homme, à la fin de chaque film de Keaton, sans être un chevalier de la foi, a bien lui aussi tout du boutiquier, de l'employé ou du fermier moyen. Ses sentiments de premier degré ne fusionnent visiblement pas dans un sentiment de second degré qui viendrait les annuler, ou les reléguer à un statut inférieur, ou encore les laisser extérieurement intacts pour les redoubler d'une seconde signification, silencieusement, dans l'intériorité, comme chez le cas chez Kierkegaard. Cela ne nous interdit pas, cependant, d'imaginer Buster heureux.

Le concept du bonheur qui est celui de Keaton l'autorise. Le bonheur, ou le malheur, ne sont jamais, chez Keaton comme chez Voltaire, que le sentiment correspondant au bilan des joies et des peines, et chez Keaton il s'agit clairement d'une joie ou d'une peine de même niveau que les autres : « lorsque je compte les années de défaite, de souffrance et de déception, je suis surpris et heureux de constater qu'elles sont si peu nombreuses ». La surprise et le bonheur viennent se ranger aux côtés des autres émotions de premier degré. Si l'on prend au sérieux cette différence entre deux conceptions de la composition des sentiments, celle qui arrache l'humain du sol des affects de premier degré vers un affect surplombant de second degré et celle qui juxtapose le bilan et les affects positifs et négatifs qu'il

1. Kierkegaard, *Crainte et tremblement*, trad. fr. R. Boyer, *Œuvres*, vol. I, Paris, Gallimard, 2018, p. 897.

totalise, il devient clair alors que le visage de Buster est neutre ou impassible, si l'on tient à ces mots, non pas parce qu'il dissimule un secret, comme chez Kierkegaard, mais pour deux raisons très différentes. D'une part parce que le compte, qui ne surplombe pas la série des choses comptées, mais en est un élément, n'est jamais achevé, et ne le sera jamais – même au moment ultime où nous cesserons de compter. La sagesse grecque rappelait qu'il est prudent de ne pas se réjouir de sa vie avant le dernier instant, sans dire rien de bien précis sur cet instant, d'ailleurs, ni s'en préoccuper outre mesure. D'autre part parce que ce compte, même lorsqu'il est particulièrement favorable, ne peut jamais faire naître, justement parce que sa nature est celle d'un bilan, qu'une passion calme, pour parler comme David Hume – celle que nous pourrions nommer, plus simplement, l'amour de la vie.

Le visage de Buster est celui de l'homme moyen, cet homme que nous sommes tous – tous sauf ceux d'entre nous qui continuent à donner un sens à l'idée d'un sentiment du monde distinct des sentiments que suscitent en nous les êtres qui composent le monde. Cet homme moyen, de Montaigne à Voltaire jusqu'au scepticisme contemporain, a souvent cultivé une certaine incrédulité face au visage unifié que les religions et les sagesses n'ont cessé de lui renvoyer comme un modèle à suivre. L'ironie de Keaton traduit souvent cette méfiance. Dans la scène finale de *The Operator*, où Miss Sally, la secrétaire dont Buster est amoureux, vient le remercier de l'avoir sauvée, Keaton reprend la première scène du film, celle où le petit photographe de rue, emporté par une scène de liesse populaire en l'honneur d'une célébrité politique, avait juste eu le temps d'apercevoir Miss Sally. Exactement au même endroit, avec le même appareil photo, Buster, cette fois au bras de Miss Sally et submergé par les confettis et serpentins de la *ticker-tape parade*, peut croire un instant, être devenu une célébrité. Le visage marque alors l'étonnement, puis l'incrédulité, jusqu'à se stabiliser, dans les toutes dernières secondes, dans une position neutre. Il est bien difficile de savoir si Keaton entend nous dire que Buster a vu ce que le spectateur attentif finit par comprendre : la foule acclame un héros, Lindbergh, qui vient de traverser l'Atlantique. La force de cette scène admirable est de maintenir l'ambiguïté. Mais le retour à l'équilibre du visage, qui est une constante du cinéma de Keaton, plaide en faveur de l'idée que Buster, dégrisé, n'est pas simplement ramené au point de départ,

à la solitude du petit photographe. L'homme moyen n'est pas un héros, mais son action n'est pas condamnée à l'échec pour autant, ni sa vie au malheur : Buster est au bras de Miss Sally.
Si le visage de Buster a traversé l'histoire du cinéma et nous parle encore, c'est sans doute en raison de ce qu'il cache et montre à la fois : la vanité du salut, de la sérénité, ou de tout autre sentiment d'ensemble du monde – la vérité du bonheur banal, celui qui naît d'avoir réussi à intégrer une communauté, d'avoir travaillé dur et honnêtement, d'avoir aimé et été aimé[1].

1. Le souci moral est partout présent dans l'autobiographie de Keaton. On peut se reporter par exemple au portrait qu'il fait de Fatty Artbuckle, pour lequel son admiration – pour l'artiste, mais aussi pour l'homme – restera toujours immense : « Il était dépourvu de toute avarice et de toute méchanceté, et incapable de jalousie. Tout semblait l'amuser et le réjouir. Il dispensait généreusement ses avis et, un peu trop, son argent », B. Keaton, *My Wonderful World of Slapstick*, p. 93.

conclusion

éthique et politique : la dimension collective de la composition des sentiments

Existe-t-il des sentiments ontologiques, ceux par lesquels les mortels appréhendent leur présence au monde ? Telle est la question qui a été posée tout au long de cette étude. Elle est au centre de la critique que Voltaire fait de Pascal aussi bien que de la récusation, par Carnap, de ce que Heidegger nomme encore, en 1927, la métaphysique. L'ambition de la présente conclusion n'est pas de trancher le débat. Elle est plutôt de prolonger la réflexion éthique que ces deux traditions nous ont léguée en prenant appui sur une distinction essentielle qui n'est pas de nature à nous contraindre d'endosser l'une ou l'autre des deux conceptions de l'affectivité. Sartre, dans *L'existentialisme est un humanisme*, distingue la condition humaine des situations historiques contingentes dans lesquelles les hommes sont amenés à vivre. Par *condition*, il entend l'ensemble des limites *a priori* qui esquissent la situation fondamentale de l'homme dans l'univers : « la nécessité pour lui d'être dans le monde, d'y être au travail, d'y être au milieu d'autres et d'y être mortel ». Une telle énumération des constantes de la condition humaine, pour tributaire qu'elle soit de l'analytique existentiale de *Être et temps*, peut cependant en être détachée. Rien n'interdit en effet de penser les limites *a priori* qui constituent la condition humaine en dehors d'une perspective transcendantale. À la manière de Hume, il est possible d'interpréter ici l'*a priori* comme une contrainte factuelle. Tant que l'espèce humaine sera ce qu'elle est, tout homme devra nécessairement se déterminer par rapport à ces limites.

Pour cette raison, les pages qui suivent s'en tiendront à l'idée qu'il existe des constantes de la condition humaine, en laissant à l'arrière-plan la question de leur interprétation. Ce ne sont d'ailleurs pas tant ces limites qui retiendront mon attention que les situations historiques auxquelles fait allusion Sartre et plus précisément ce qui distingue celles-ci des situations contemporaines. Dans la perspective sartrienne, d'inspiration marxiste, ces situations sont ramenées aux places contingentes que les individus occupent, du fait de leur naissance, dans les rapports de production (esclave, seigneur féodal, prolétaire, etc.). Dans les textes de Voltaire et Carnap analysés dans les chapitres précédents, les situations semblaient plutôt déterminées par la fortune, qui distribue aux humains les biens et les

maux. Mais au-delà de cette différence, les situations contingentes, qu'elles soient rapportées à un déterminisme social ou à la fortune, sont pensées comme des faits donnés. Naturellement, ni Voltaire ni Carnap ni Sartre n'ignoraient cette dimension fondamentale de la plupart des faits qu'est leur indétermination, la marge de risque qu'ils comportent. Lorsque le malheur tombe sur vous sous la forme de la maladie, la tâche éthique, celle qui consiste à composer les divers sentiments de notre vie, doit intégrer l'espoir de la guérison et la crainte de la mort. Lorsqu'un bien vous échoit, répète la sagesse antique, vous ignorez les conséquences, bénéfiques ou néfastes, de celui-ci. Mais le risque n'est pas ce que, à la suite des célèbres analyses de Knight et de Keynes, nous avons appris à nommer aujourd'hui l'incertitude. Le premier est plus ou moins calculable, la seconde a une probabilité inassignable.

L'analyse des situations historiques particulières dans lesquelles la plupart d'entre nous vivent aujourd'hui prend appui, dans les pages qui suivent, sur la distinction du risque, de l'incertitude et de la certitude. Parmi les sentiments que nous composons tout au long de notre vie, certains ont leur origine dans des faits déterminés et incontestables ; d'autres dans des états de choses marqués par l'incertitude (quant à l'environnement naturel, l'avenir de l'espèce humaine, l'état du monde, le sens que nous pouvons donner à l'histoire humaine et à notre existence, etc.). Ces derniers sentiments, à la différence des premiers, ne se rattachent aux faits que par la médiation de diverses croyances (l'optimisme, le pessimisme, le fatalisme, le volontarisme, etc.), celles que suscite l'incertitude qui caractérise les faits en question. C'est sur la base de cette distinction de la certitude et de l'incertitude que je tente de construire, dans ce qui suit, une interprétation de la recherche contemporaine du bonheur. Les dernières pages, enfin, tenteront d'intégrer à cette construction une dimension absente des conceptions du bonheur qui ont été examinées jusqu'ici, sauf peut-être chez Voltaire et, comme nous venons de le voir, dans les films de Keaton, celle du caractère collectif de cette composition des sentiments, en d'autres termes la dimension politique de celle-ci.

De nombreux travaux, à la suite de *La société du risque* d'U. Beck, accréditent l'idée que le risque est le fait majeur de la civilisation contemporaine. On comprendrait mieux cependant l'originalité des crises que nous traversons si l'on considérait qu'elles nous confrontent non seulement au *risque* mais aussi à de nouvelles formes d'*incertitude* et, tout aussi bien, de *certitude*. Les citoyens découvrent en effet aujourd'hui qu'ils ne peuvent plus se penser seulement comme des agents rationnels, calculant des risques (inhérents à toute activité économique, dans une économie de marché et, plus largement, à toute action humaine), qu'ils doivent se considérer aussi comme des sujets faisant face à des incertitudes (la crise environnementale est-elle un problème que l'humanité pourra résoudre?) et des certitudes (la mondialisation de l'économie impose nécessairement des contraintes au niveau de la politique budgétaire, une réorientation de la formation dans certains secteurs, etc.). Des économistes comme Knight et Keynes avaient déjà attiré l'attention, avant et pendant une autre crise, sur la différence entre le risque, calculable, et l'incertitude, dont la probabilité est inassignable[1]. Keynes considérait que la prochaine guerre mondiale et que le prix du cuivre dans vingt ans relèvent non pas du risque, mais de

1. F.H. Knight, *Risk, Uncertainty and Profit*, Evergreen Edition, Inc., Kindle Edition, 2008; J.M. Keynes, *The General Theory of Employment, Interest and Money*, Evergreen Edition, Inc., Kindle Edition, 2007.

l'incertitude : « nous devons simplement reconnaître que nous ne savons pas »[1]. Même si cette distinction du risque et de l'incertitude est parfois contestée aujourd'hui, elle paraît pertinente pour rendre compte de ce que l'on pourrait appeler le vécu moyen des crises que nous traversons. Il se peut en effet qu'un phénomène qui apparaît comme un risque aux yeux des experts soit plus ou moins calculable. Il n'en demeure pas moins qu'aux yeux des citoyens ce risque est plutôt de l'ordre de l'incertitude, au sens qui vient d'être donné à ce terme, car même lorsqu'ils connaissent les calculs de probabilité des experts, ils n'ont aucun moyen d'estimer la probabilité de vérité de ces calculs (on sait que l'exubérance irrationnelle qui a précédé la crise de 2008 s'est accompagnée d'une surestimation de la vérité des prévisions et que la conscience des excès de ce type jette souvent le discrédit, à tort ou à raison, sur la totalité de celles-ci[2]). D'autres, après Keynes et Knight, ont introduit des distinctions supplémentaires, en particulier D. Ellsberg, dans un article célèbre qui distingue l'*ambiguïté* du risque et de l'incertitude (au sens de Keynes et Knight) et remet en question la pertinence d'une approche purement probabiliste du choix[3]. Dans une situation ambigüe, au sens d'Ellsberg, les agents qui décident sont déterminés par les conséquences et les probabilités associées à celles-ci, mais aussi par la confiance qu'ils ont dans leurs propres jugements de probabilité. C'est en particulier le cas lorsque l'incertitude n'est pas « consensuelle », ne fait pas l'objet d'un accord entre les experts, mais « conflictuelle », c'est-à-dire résulte du constat qu'il existe des contradictions entre eux[4]. Dans de tels cas, particulièrement fréquents dans nos sociétés en raison de la croissance rapide de l'information disponible et des chances d'être confronté aux estimations divergentes des experts, la confiance des

1. J.M. Keynes, « The General Theory of Employment », *Quaterly Journal of Economics* 51, 1937, traduit par mes soins.

2. *Cf.* G.A. Akerlof, R.J. Schiller, *Animal Spirits*, Princeton, Princeton University Press, 2009 : la surchauffe économique et la crise sont nées « dans une situation où la confiance s'est affranchie de ses limites normales et où une fraction toujours plus grande de la population a abandonné son scepticisme habituel en matière de perspective économique et s'est mise à croire toutes les histoires au sujet du nouveau boom économique » (p. 65, traduit par mes soins).

3. D. Ellsberg, « Risk, ambiguity and the Savage axioms », *The Quarterly Journal of Economics* 75, n°4, 1961, p. 643-669.

4. M. Smithson est à l'origine de cette distinction entre deux types d'incertitude. *Cf.* « Conflict aversion : preference for ambiguity vs. conflict in sources and evidence », *Organizational Behavior and Human Decision Processes* 73 : 3, 1999, p. 179-198.

agents dans leur capacité de juger, qui détermine leur degré d'aversion à ou d'acceptation des situations conflictuelles, est fondamentale.

Pendant des années, de telles distinctions essentielles ont été ignorées ou oubliées, et l'on comprend pourquoi. Dans une période de relative stabilité ou croissance de l'économie, la zone médiane du risque et de l'activité rationnelle passe en effet au premier plan. En période de crise, au contraire, les deux extrémités que sont l'incertitude et la certitude (sous leurs diverses formes) rappellent leur existence aux consommateurs, aux entrepreneurs, et plus généralement à l'ensemble des citoyens. Et, comme Raymond Boudon n'a cessé de le rappeler, elles se manifestent, indissociablement, sous la forme de jugements et de sentiments. Les émotions naissent toujours sur la base de raisons, plus ou moins explicites, plus ou moins convaincantes[1], et la dimension affective est d'autant plus présente en situation d'incertitude, lorsque la maîtrise par le calcul devient difficile, voire impossible, ou en situation de certitude, lorsque la possibilité du choix disparaît. Les agents sociaux, confrontés aux nouvelles formes d'incertitude et de certitude, se découvrent alors comme des sujets développant, face à la contingence et à l'inéluctabilité, divers *affects*[2]. Cela ne semble, à première vue, qu'un retour à une situation normale. Pendant longtemps, l'humanité a été davantage concernée par ces extrémités que par la zone médiane du risque. Les cultures ont développé, tout au long de l'histoire, une large gamme d'affects face à l'incertitude (aussi bien celle des fins ultimes de l'existence humaine que celles, plus concrètes, de l'épidémie, de la famine, de la guerre, etc.) et face à la certitude (celle d'exister, celle de mourir, celle de devoir travailler, etc.). L'espoir, le désespoir, ou encore le scepticisme ont permis de faire face à la contingence ; et l'étonnement, la gratitude, la résignation ou la révolte, et d'autres tonalités affectives encore, de supporter l'inéluctable en lui conférant un sens.

1. R. Boudon, *Le rouet de Montaigne. Une théorie du croire*, Paris, Hermann, 2014, p. 84. L'auteur rappelle que la « force de conviction » des raisons est variable aux yeux des agents, qui peuvent être conscients du fait que certaines de celles-ci sont faibles.

2. M. Nussbaum, à la suite de Seligman et de ses travaux sur la dépression naissant du constat de l'inexorable, insiste sur la dimension cognitive des émotions et sur le fait qu'elles sont à comprendre sur l'axe qui va de la contingence à la nécessité. *Cf.* en particulier *Upheaval of Thought : The Intelligence of Emotions*, Cambridge, Cambridge University Press, Kindle Edition, 2003, 2148-2149.

Les historiens connaissent bien la complexité de ce réseau d'affects devant l'incertitude et la certitude[1]. Les philosophes, de leur côté, ont développé des analyses fines des types de certitude et de la multiplicité des affects correspondants, sans toujours accorder le même intérêt aux types d'incertitude. La certitude d'être au monde, par exemple, a pu être interprétée par Heidegger et le premier Wittgenstein comme l'inéluctabilité de ce qui est radicalement sans raison. L'Être, le fait qu'il y ait quelque chose – pour parler inadéquatement, car l'Être n'est justement pas un fait mais la condition de tout fait – est pour Heidegger l'avènement inexplicable sur fond duquel tout étant paraît; il en va de même de l'existence du monde chez Wittgenstein – une expression que ce dernier juge également inadéquate, puisqu'il est impossible d'appliquer le terme d'existence à ce dont nous ne pouvons pas penser la non-existence. Les approches de ces deux auteurs sont différentes, mais ce qui les unit est le constat qu'il existe toujours un lien entre la certitude et l'affectivité. Pour Heidegger, toute compréhension de l'inéluctabilité de l'Être s'accompagne de tonalités affectives (*Stimmungen*) qu'il range sous le titre général de *Befindlichkeit* (les « sentiments d'être-là » que sont l'angoisse, l'ennui, ou encore la sérénité); de la même manière, Wittgenstein met en évidence, dans ses premières œuvres, le lien étroit qui existe entre la certitude (celle de « l'existence » du monde) et l'affectivité (l'étonnement devant la présence indicible du monde). Ce qui revient à dire que, chez l'un comme chez l'autre, la sphère du calcul rationnel est bornée par celle de l'affectivité, le domaine des événements contingents n'apparaissant que sur le fond de l'inéluctabilité du monde.

Mais les philosophes ont eu tendance à oublier le fait que la certitude n'est pas seulement celle des constantes de l'existence humaine, qu'au-delà de ses formes universelles, prises en charge par toutes les cultures, elle se déploie, à l'intérieur de telle ou telle conjoncture, dans des figures particulières, inconnues des générations antérieures. Une décision politique, par exemple celle de maîtriser la dette publique, pourra être ressentie comme inéluctable non pas parce qu'elle relève du destin, ou de la providence, ou de la nécessité historique – qui sont autant d'interprétations traditionnelles de l'inéluctable – mais parce que des experts, lointains et inconnus, mais

1. *Cf.* les travaux de J. Delumeau sur la peur et la plus récente *Histoire des émotions*, 3 volumes, Paris, Seuil, 2016.

omniprésents, démontrent qu'elle est indispensable et que, tout compte fait, il faut bien se résoudre à les croire. Il faudrait analyser précisément ces nouveaux types de certitude dont un des traits est que les citoyens, bien que conscients de l'inéluctabilité, savent qu'elle restera pour eux à jamais invérifiable et, de ce fait, de manière paradoxale, objet de doute. Une telle certitude, parce qu'elle est nouvelle, suscite des jugements d'un type nouveau (par exemple le « Oui, je sais bien, mais quand même »[1]). À ces jugements correspondent de nouveaux affects, la quasi-résignation des convaincus, qui ne les empêchera pas de soutenir les opposants, ou la quasi-colère des opposants, qui crient d'autant plus fort qu'ils ne croient pas à leur indignation[2].

L'incertitude, de son côté, a rarement été explorée par les philosophes, dans ses formes contemporaines, avec la même précision que la certitude. Pour trouver des rudiments de théorie des affects suscités par les nouvelles formes d'incertitude, c'est du côté des économistes qu'il faut se tourner. Keynes, dans sa *Théorie générale*, analysait ces « esprits animaux » que sont l'optimisme et le pessimisme, et d'autres encore[3]. Pour prolonger ces analyses, il conviendrait d'étudier finement les inquiétudes que suscitent les moments de crise et leurs incertitudes. S'agissant des risques encourus par l'environnement, pour ne retenir que ceux-ci, il est clair que si nous écrêtons les opinions minoritaires (celles des militants de la défense de l'environnement et celles des climatosceptiques), nous nous retrouvons face à un sentiment moyen, une sorte de quasi-peur, une crainte bien réelle devant l'incertain qui toutefois, parce qu'elle reste marquée par le doute, peut être écartée de multiples manières et déboucher sur des comportements contradictoires, par exemple une demande d'action en

1. C'est ce que Roger Pol-Droit nomme, à la suite du psychanalyste O. Mannoni, *négaffirmation* (« Retraites : la *négaffirmation* », *Les Échos*, 29/09/2010).

2. Nombreux sont les auteurs qui, à la suite de J. Averill ou M. Nussbaum, rappellent que les émotions publiques sont aussi à interpréter comme des rôles sociaux, qu'elles peuvent être jouées et relèvent à ce titre de la rhétorique politique. *Cf.*, en particulier, J. R. Averill, « A constructivist view of emotion » (*in* R. Plutchik, H. Kellerman (eds.), *Emotion : Theory, research and experience*, Vol. 1. Theories of emotion, New York, Academic Press, 1980, p. 305-339). Montaigne en savait long sur ce point, qui estimait que tel homme « pouvait soutenir jusques au feu l'opinion pour laquelle, entre ses amis, et en liberté, il n'eût voulu s'échauder le bout du doigt » (*Les Essais*, II, éd. E. Naya, Paris, Gallimard, 2009, p. 345).

3. John M. Keynes, *The General Theory of Employment, Interest and Money*, chap. 22, II, Kindle Edition, 5540-5547.

faveur de l'environnement et un rejet des mesures concrètes proposées[1]. Cette peur spécifique, suscitée non par le risque mais les menaces incertaines et indéterminées, est celle que Pierre Rosanvallon, dans un livre récent, a précisément nommée *anxiété* et caractérisée comme « le fruit le plus amer de l'incertitude »[2].

Le sentiment d'être égaré dont fait état *La parabole du palais* de Borges pourrait bien ne pas être seulement un sentiment ontologique, mais naître aussi en relation avec la complexité et l'incertitude du monde social et de l'histoire collective – ou avoir un équivalent à ce niveau. Certes, les peuples d'aujourd'hui, dont on ne cesse de diagnostiquer les indignations et colères, se manifestent parfois bruyamment, mais c'est jusqu'ici d'une manière très différente de celle qui donnait naissance aux révolutions du passé. Seules de fortes certitudes, l'adhésion à des idéaux dont aucun acteur ne doutait, pouvaient initier et soutenir de tels événements. Mais le doute qui, plus que les espoirs et les peurs qui suscitaient autrefois les révoltes et les révolutions, semble bien caractériser notre époque, engendre une gamme de sentiments différents, qu'il importerait d'analyser précisément pour comprendre les récents phénomènes politiques. Quels sentiments le constat des avantages et des inconvénients du développement économique et de sa mondialisation fait-il naître chez les citoyens qui, ayant écarté les solutions qu'ils estiment simplistes, ne voient que très confusément la voie étroite qui permettrait de découvrir un équilibre acceptable ? La conscience des effets contradictoires du progrès scientifique et technique, plus généralement celle de l'impossibilité de déterminer précisément les divers risques que telle ou telle activité nous fait encourir, est une source de sentiments profondément enracinés dans les incertitudes de notre savoir. Ce que nous pourrions appeler la courbe des événements du monde historique et social, celle de la destinée collective – qui prend place entre la courbe des constantes de la condition humaine et celle des événements contingents de chaque existence individuelle – est sans doute la source

1. *Cf.* les articles d'E. Pulcini et de D. d'Andrea dans D. Innerarity, J. Solana et S. Champeau (dir.), *Risques globaux et gouvernance mondiale*, Bordeaux, Presses Universitaires de Bordeaux, 2012.

2. P. Rosanvallon, *Les épreuves de la vie. Comment comprendre autrement les Français*, Paris, Seuil, 2021.

d'une couche originale de sentiments[1]. Dire qu'il existe des sentiments proches de ceux dégagés par Pascal, Heidegger, Wittgenstein ou Borges, mais plus ancrés dans des « circonstances » particulières, ne revient pas à nier l'existence de cette couche originale de l'affectivité que sont les sentiments du monde. C'est simplement rappeler que l'attention à cette couche ne doit pas être exclusive, que les sentiments ontiques méritent d'être analysés aussi finement, et qu'il importe de comprendre comment, dans des configurations à chaque fois singulières, ces différents sentiments, ontiques et ontologiques, se composent.

Parmi les attitudes que suscite le vécu moyen des crises que nous traversons, caractérisé par la prédominance du sentiment d'incertitude, il importe de considérer particulièrement le fatalisme et le volontarisme, deux postures apparemment contradictoires mais qui ont une racine commune.

Face à un ensemble de systèmes (science et technique, économie, politique, etc.) hautement complexes et imbriqués, de nombreux citoyens en sont réduits à constater leur ignorance et leur impuissance individuelle et collective. Que certains, développent, sur la base de leurs expertises, des théories et des préconisations dont la probabilité de vérité et d'efficacité est élevée, que d'autres, par ignorance, naïveté ou arrogance s'imaginent disposer d'un diagnostic et de solutions, ne change rien à cette situation de fait : nombreux sont les citoyens qui, après avoir éteint les téléviseurs, refermé journaux et livres, mis fin aux diverses conversations, vivent l'histoire contemporaine comme une résultante hautement imprévisible des actions humaines et finissent par douter de l'efficacité des instances qui visent à établir ou rétablir un équilibre. Il n'est pas nécessaire d'être un théoricien des systèmes pour constater que l'interdépendance de multiples chaînes causales accroît la contingence de l'histoire, que des causes apparemment secondaires peuvent engendrer de gigantesques effets émergents ou pervers, que des systèmes relativement stables peuvent se précipiter en évolutions catastrophiques. Il n'est pas nécessaire non plus d'être un spécialiste des institutions internationales pour porter un

1. Chateaubriand est particulièrement sensible, dans ses *Mémoires d'outre-tombe*, aux simultanéités contingentes de ces trajectoires : « les troubles de la France commençaient en même temps que commençait mon existence » (tome I, Kindle Edition, location 8046).

jugement lucide sur la gouvernance mondiale, par exemple en matière de traitement des risques environnementaux. Pour le dire plus simplement, en dehors des experts et des ignorants, nul ne sait où nous allons, où nous pourrions et devrions aller, ni comment nous pouvons y aller ; nul ne sait si, quand et comment nous sortirons de cette conjoncture, pour le meilleur (une histoire mieux maîtrisée) ou le pire (un monde totalement ingouvernable). Nul ne sait non plus si nous sommes vraiment dans une *crise* (et *une* crise), en un des sens reconnus de ce mot, ou seulement dans un *changement*, plus ou moins durable. Et la voix de ceux, s'il en existe, qui le savent, n'est qu'une voix parmi d'autres, dont nul ne sait – à commencer par eux-mêmes – si elle parviendra à être entendue.

C'est pourquoi les tentatives de ceux qui prennent les sentiments sociaux au sérieux mais n'accordent pas d'attention suffisante aux diverses formes d'incertitude occultent en fait un caractère essentiel de la situation actuelle. Les travaux de Frédéric Lordon, par exemple, parce que tributaires d'un schéma néo-marxiste, appréhendent les affects de ce que l'auteur nomme « l'imaginaire néo-libéral » selon un axe défini par les deux pôles de l'acceptation (elle-même effet de la « manipulation ») et des diverses formes de la révolte (indignation, rébellion, etc.)[1]. Il n'y a pas de place, sur un tel axe, pour les affects d'incertitude et de doute, qui peuvent tout au plus figurer à titre de bref point de basculement de l'acceptation à la révolte, ou de celle-ci à celle-là. La composition des sentiments – ce que l'auteur nomme excellemment, dans ces pages, les « balances affectives », par exemple la satisfaction face à la baisse des impôts cohabitant avec le regret de constater que la solidarité redistributive s'étiole – ne peut en effet, dans une telle perspective, que préluder au basculement d'un affect vers l'autre : « de quel côté son âme penchera-t-elle *in fine* ? ». Et lorsque l'ambiguïté des sentiments est manifeste, par exemple lorsqu'une situation censée engendrer la révolte ne se traduit visiblement par aucun sentiment

1. F. Lordon, *La Société des affects. Pour un structuralisme des passions*, Paris, Seuil, Kindle Edition, 2015. Dans *Les affects de la politique* (Paris, Seuil, Kindle Edition, 2016) le même auteur affirme que « si l'on sait quels mécanismes passionnels soutiennent ces bifurcations du cours de l'histoire – la colère, l'indignation et l'espoir –, on sait également quels y font obstacle : le travail constant de l'hégémonie pour configurer imaginaires et sensibilités, les asymétries de la peur, la crainte des risques de la rébellion, etc. Le cours de l'histoire, ruptures comprises, est donc la grande résultante des passions : tous ses mouvements s'y jouent affects contre affects » (2138-2142).

de cet ordre mais par un mélange de mécontentement et d'acceptation, l'auteur est contraint d'avoir recours à l'artifice bien peu convaincant d'une « rébellion potentielle ». L'inadéquation de l'axe acceptation-rébellion est particulièrement évidente lorsque l'on considère que l'ouvrage s'interdit d'examiner d'autres affects que ceux liés au rapport salarial. Le rapport aux experts (scientifiques, médecins, journalistes, enseignants, etc.) se laisse en effet beaucoup moins facilement ranger sur un tel axe. Il est probable que les sentiments sceptiques et hostiles aux élites, ceux qui nourrissent les populismes d'aujourd'hui, n'ont leur origine ni dans un « rapport de production », ni même sans doute dans un « rapport social » particulier, puisqu'ils sont transversaux à l'ensemble de ces rapports – et ils ne sont pas propres aux sociétés ayant choisi un système d'économie libérale. Dans leur rapport au savoir, et au pouvoir que ce savoir confère, ces sentiments relèvent bien plutôt de l'axe qui va de la nécessité à la contingence, de la certitude à l'incertitude, que de celui qui va de l'acceptation à la révolte. De nombreux travaux de spécialistes des sciences politiques vont dans ce sens, en particulier ceux de Peter Mair, qui dans *Ruling the Void* insistait, enquêtes empiriques à l'appui, sur le fait que les sentiments dominants, dans les démocraties d'aujourd'hui, sont le doute et l'indifférence plutôt que l'hostilité ou même la défiance[1].

On pourrait considérer que cet état d'ignorance et d'impuissance, indissociablement cognitif et affectif, qui semble être aujourd'hui celui d'une grande partie de l'opinion publique, en Europe et ailleurs, témoigne d'une nouvelle forme de conscience, désormais plus lucide, des conditions effectives de l'action humaine. Dans cette perspective, la montée du scepticisme de masse, voire du pessimisme, qui paraît reproduire des figures traditionnelles, celle de la méfiance à l'égard de l'idée de progrès par exemple, pourrait bien être en réalité un phénomène entièrement nouveau. Il ne s'agirait plus d'une méfiance de principe, enracinée dans une croyance ou doctrine relative au sens de l'histoire, mais plutôt d'une attitude prudente naissant d'un constat réaliste : puisque l'humanité vit, comme le disait Kierkegaard, sous la loi de la circonstance, il vaut mieux, étant donné l'état présent du monde, ne pas régler nos jugements et nos sentiments sur

1. P. Mair, *Ruling the Void : The Hollowing of Western Democracy*, New York and London, Verso, 2013. *Cf.* aussi B. Teinturier, *Plus rien à faire, plus rien à foutre*, Paris, R. Laffont, 2017.

une conjoncture ancienne imprudemment érigée en loi de l'histoire. La crise environnementale et énergétique, les évolutions démographiques, la fragilité croissante de certaines économies, voire de l'économie mondiale, les désordres politiques, tous ces phénomènes ont cette vertu de nous rappeler que les hommes ne font pas l'histoire comme un ébéniste fait une table, qu'ils sont une partie intégrante de la nature, que leurs actions se composent souvent pour donner naissance à des effets qui leur échappent – et qu'il n'y a rien de plus faux que d'affirmer que l'humanité ne se pose jamais que les problèmes qu'elle peut résoudre[1]. Ces dimensions de la crise, ou du changement des circonstances, nous libéreraient de la croyance en l'inéluctabilité du progrès économique, social et politique, ou aussi bien de l'entropie croissante et de la décadence, comme de l'illusion selon laquelle nous pourrions atteindre un quelconque état stable de l'histoire. Nous ne pouvons savoir si l'instabilité inhérente à la conjoncture dans laquelle nous vivons durera, et combien de temps, et de ce fait nous ne sommes plus tentés de l'ériger en état final de l'histoire. Il n'est donc pas impossible de penser que nous percevons mieux qu'à d'autres époques l'essence de

l'action humaine, qui est d'engendrer de l'incertitude, à divers degrés et aujourd'hui à un degré jamais atteint, par la composition des actes et des effets[2]. À supposer que nous puissions sortir un jour de ce sentiment, l'incertitude ne disparaîtra pas pour autant, puisque nous n'aurons aucun moyen de savoir si le nouvel équilibre et la nouvelle certitude ont quelque chance de durer.

Une telle interprétation, qui n'est pas sans mérites, me paraît cependant insuffisante pour rendre compte de la diversité, empiriquement constatable, des vécus contemporains. Les jugements et sentiments d'incertitude et d'impuissance semblent bien en effet donner naissance, aujourd'hui, à

1. Sur la critique de l'idée selon laquelle « l'homme » fait l'histoire, *cf.* L. Althusser, *Réponse à John Lewis* (Paris, Maspero, 1973) et M. Oakeshott : « ce que nous reconnaissons comme notre condition est une condition acquise, bien que personne en particulier ne l'ait dessinée ou choisie » (*Rationalism in politics and other essays*, Liberty Fund, Indianapolis, 1991, p. 425) ; sur la critique de l'idée marxienne selon laquelle l'humanité ne se pose jamais que les problèmes qu'elle peut résoudre, *cf.* également Oakeshott, « On Being Conservative » (*Ibid.*, p. 407 *sq.*).

2. Toute innovation engendre des améliorations, mais aussi quantité d'effets imprévus, répète Oakeshott dans « On Being Conservative » (*Ibid.*, p. 411).

deux autres attitudes politiques, le *fatalisme* et le *volontarisme*, cela sous diverses formes[1].

Les figures du fatalisme politique sont bien connues. Sur fond de scepticisme et de pessimisme, la méfiance à l'égard de la parole, de la polémique et de l'action politiques suscite le repli sur les activités privées ou associatives, parfois le découragement et l'inaction, voire le cynisme[2]. Robert Nisbet, bien avant la crise actuelle, avait décrit dans les années 50 du siècle dernier, sous les noms d'anxiété et d'aliénation, l'état dans lequel des individus « perdus, déconcertés et inquiets jusqu'à l'obsession » perçoivent la société comme « impersonnelle et même effrayante », en viennent à considérer que toutes les motivations et actions ont même valeur et que l'histoire échappe à tout contrôle humain[3]. Plus récemment, David Hiley, à la suite des travaux de Vittorio Bufacchi et d'autres qui ont distingué le cynisme du volontarisme, voit dans l'indifférence et le désengagement des constantes de l'opinion publique contemporaine. Enracinés dans un scepticisme et relativisme généralisés, ces sentiments ne doivent pas être confondus avec ceux de colère et révolte : « le cynisme consiste en une forme de doute dans laquelle nous n'acquérons aucune conviction mais perdons toute confiance »[4]. Là encore, le recours à Montaigne pourrait être précieux, qui avait identifié avec précision une forme du doute caractérisée non pas tant par l'*isosthénie* pyrrhonienne (l'égale force d'opinions simultanées finissant par neutraliser le jugement) que par l'*asthénie* (la succession d'opinions emportant tour à tour la conviction)[5]. Nous pouvons constater quotidiennement, dans nos démocraties, qu'une telle asthénie engendre chez certains un vertige face au flux des opinions qui finit par détruire jusqu'à leur faculté de juger, en nourrissant le découragement et le désengagement ; alors que chez d'autres,

1. Le philosophe allemand Byung Chul-Han a décrit comment nos sociétés peuvent faire naître aussi bien l'apathie que l'hyperactivité, parfois chez les mêmes sujets (*La société de la fatigue*, Belval, Circé Édition, 2014).

2. Pour une description fine des diverses formes de ce retrait, *cf.* N. Eliasoph, *L'évitement du politique. Comment les Américains produisent l'apathie dans la vie quotidienne*, trad. fr. C. Hamidi, Paris, Economica, 2010.

3. R. Nisbet, *The Quest for Community : A Study in the Ethics of Order and Freedom*, Wilmington, Intercollegiate Studies Institute, Kindle Edition, 2010, 819-820.

4. D. Hiley, *Doubt and the Demands of Democratic Citizenship*, Cambridge, Cambridge University Press, Kindle Edition, 2006, p. XXX.

5. *Cf.* sur ce point les remarquables analyses de F. Brahami dans *Le scepticisme de Montaigne*, Paris, P.U.F., 1997.

qui figent ce flux pour s'attacher à l'une de ces opinions, elle est à l'origine d'un dogmatisme volontariste, qui peut aller parfois jusqu'au terrorisme. Il n'est pas impossible de penser que ce fatalisme puisse déboucher un jour, si la situation devait s'aggraver, sur de nouvelles formes de croyance en la nécessité ou au destin, à un ordre et un cours des choses indépendant de toute volonté humaine[1]. Hobbes, dans le *Léviathan*, considère que le fatalisme religieux a son origine dans le constat des limites de la prudence : l'ignorance des causes (« les causes de la bonne et mauvaise fortune sont invisibles pour la plus grande part ») et le souci perpétuel de l'avenir qui en découle suscitent la croyance en « quelque pouvoir ou agents invisibles »[2]. Sur un autre mode, les sentiments d'incertitude et d'impuissance commencent déjà à développer, dans certaines couches sociales, ce dégagement élégant et confortable qu'Oakeshott nommait la « simple contemplation du paysage »[3].

La seconde attitude, le volontarisme, peut naître aussi, paradoxalement, de ce fond de scepticisme et de pessimisme qui engendre le fatalisme. À partir du moment où les dérèglements de notre monde sont pensés comme ayant leur origine dans les actions humaines, on peut aussi bien estimer que celles-ci tissent, par leur composition, une nouvelle figure de la nécessité ou du destin, que chercher à imputer la responsabilité de leurs effets à tel ou tel sujet supposé de l'histoire : l'apathie et la mobilisation de l'énergie sont deux réponses possibles face à l'incertitude. Dans le second cas, on développera alors une forme ou une autre de volontarisme. On désignera des boucs émissaires (les capitalistes, les Juifs, les immigrés, la folle volonté de puissance de l'homme, etc.) ou, de manière apparemment plus rationnelle, on chargera l'appareil judiciaire d'identifier des responsables, sur la base de cette illusion rétrospective naïve mais bien enracinée selon laquelle il est toujours possible d'éviter tel ou tel effet (« on aurait pu et dû prévoir »). Une des formes les plus subtiles de ce volontarisme a bien été repérée par

1. Sur la « naturalisation des faits sociaux » et les affects correspondants, *cf.* F. Lordon, *Les affects de la politique*, 1737-1747.

2. Hobbes, *Léviathan*, I, XII, trad. fr. F. Tricaud, Paris, Sirey, 1971.

3. M. Oakeshott, *Rationalism in politics and other essays*, p. 423. M. Onfray, qui annonce à qui veut l'entendre « la fin de la civilisation occidentale », estime dans une interview, qu'il nous reste à « sombrer avec élégance » : « le Titanic coule ? Eh bien moi je suis sur le pont et je dis : continuons à sourire ! ».

Oakeshott, dans un autre contexte. Un symptôme de ce qu'il nomme le *rationalisme politique* (ce que j'appelle ici *volontarisme*) consiste à réduire les multiples problèmes qui se posent à une société à un problème unique et à proposer une solution censée le résoudre et ramener la société à l'équilibre. Dans une telle perspective, le poids du passé sur le présent n'a pas être jaugé précisément, il suffit de diagnostiquer *ex nihilo* un problème et de prétendre le résoudre en appliquant un plan, à la manière d'un ingénieur, sur la base du principe, constitutif du mythe du rationalisme politique, selon lequel tous les problèmes ont une solution : « la vie politique est ainsi réduite à une succession de crises, chacune devant être surmontée par le recours à la *raison* »[1]. Oakeshott, incidemment, nous invite à questionner le concept même de *crise*, lorsque, ainsi utilisé, il a pour fonction de ramener au singulier la multiplicité des épreuves auxquelles peut faire face une société. La formulation d'un diagnostic (« nous sommes en crise ») est souvent solidaire d'un système de pensée dont les autres éléments sont l'énoncé d'un pronostic (« la catastrophe ») et la proposition d'une thérapie volontariste (« la solution pour sortir de la crise »).

Toute réflexion sur la manière dont les individus peuvent, aujourd'hui, composer leurs divers affects en espérant atteindre un état dans lequel leur existence prend à leurs yeux un sens et leur paraît valoir la peine d'être vécue – qu'ils le nomment ou non *bonheur* – doit prendre en compte cette couche de sentiments qui a son origine dans la conjoncture historique. Il est bien difficile, pour chacun d'entre nous, de faire abstraction de notre réaction affective à cette conjoncture, dont une dimension est l'écho que suscite en nous la réaction affective des autres. C'est pourquoi il me paraît nécessaire d'explorer également la dimension collective de ce que j'ai appelé, tout au long de cette étude, la composition des sentiments.

Il serait possible de le faire, en prenant appui sur l'analyse qui précède, en admettant trois hypothèses. La première est celle de la contingence de notre histoire. L'incertitude et l'impuissance dominent, mais elles ne dictent aucun comportement. Les agents sociaux n'appréhendent pas la situation et ne réagissent pas de la même manière, comme en témoignent les attitudes divergentes et imprévisibles dont il vient d'être question. La seconde est

1. « Rationalism in Politics » (M. Oakeshott, *Rationalism in politics and other essays*, p. 9).

celle selon laquelle l'espace public démocratique, malgré sa fragmentation et ses clôtures, malgré aussi, et paradoxalement, son ouverture – dont l'effet est bien souvent aujourd'hui de frapper de nullité les messages qui s'y précipitent – est un lieu où, tant bien que mal, parviennent à s'élaborer quelques grandes visions concurrentes de l'avenir[1]. La troisième enfin, la plus risquée, considère que la démocratie favorise l'émergence d'une large fraction de l'opinion et des responsables politiques qui, consciente de la conjoncture qui est la nôtre, et particulièrement de l'importance qu'y prennent aujourd'hui les émotions publiques, en vient à considérer la composition de ces émotions comme une tâche politique essentielle, une dimension nouvelle et incontournable de la recherche collective du bien commun dans les démocraties. Pour reprendre les analyses de Pierre Rosanvallon, il n'est plus possible, dans une société où ce sont les sentiments et non plus seulement les intérêts qui structurent les oppositions, de s'en tenir aux « politiques de la raison » :

> Si les épreuves de la vie conditionnent en profondeur le quotidien des femmes et des hommes et disent la vérité de l'état d'une société, une des fonctions essentielles de la politique doit donc être d'aider à en réduire le poids dans les existences. Le reconnaître conduit à élargir de façon substantielle la conception et l'agenda d'une politique progressiste. On ne saurait plus se contenter ainsi de la cantonner à des objectifs statistiques de réduction des inégalités et de redistribution[2].

Sur la base de ces hypothèses, qui tentent d'appréhender ce qui pourrait être en gestation dans une partie de l'opinion publique, il est possible, avec prudence, d'avancer quelques propositions fondées sur le constat que, dans nos démocraties, chacune des deux tendances dont il a été question plus haut contient, parce qu'elle hésite entre deux directions possibles, la possibilité d'être infléchie[3]. Le fatalisme, qui a le mérite de rappeler la vanité des discours excessivement rationalistes et volontaristes, est une postulation extrême face à l'objectivité qui peut s'atténuer en sobre réalisme,

1. Sur la fragmentation et les clôtures de l'espace public, *cf.* les ouvrages déjà anciens mais toujours stimulants de C.R. Sunstein.

2. P. Rosanvallon, *Les épreuves de la vie*, 3734.

3. Les spécialistes des émotions insistent souvent sur la plasticité de celles-ci. *Cf.* par exemple P. Railton, « The Affective Dog and Its Rational Tale : Intuition and Attunement » (*Ethics*, 124, 2014, p. 813-859).

à la fois conscient de l'importance des processus naturels et historiques indépendants de nous et attentif aux possibilités, limitées mais réelles, de l'action humaine. Quant au volontarisme, dont le mérite est de refuser le nécessitarisme, il peut, sous la pression du réel, se convertir en action déterminée mais lucide – gardant toujours à l'esprit l'idée selon laquelle l'échec de l'action humaine, y compris celui, absolu, que constituerait la disparition de notre espèce, est une possibilité que nous ne pouvons plus écarter. Il n'est pas difficile de constater, aujourd'hui, dans notre paysage politique et social, les différentes manières de combiner ces deux attitudes : l'alliance du pessimisme de l'intelligence et de l'optimisme de la volonté – pour reprendre une formule qui pour être célèbre n'en est pas moins juste – ou, sur un mode moins grandiloquent, du réalisme et du pragmatisme. Favoriser l'émergence, ou le maintien, de ces deux attitudes politiques, et surtout de leur articulation, me paraît constituer, dans notre contexte social, une tâche essentielle. S'agissant de la philosophie politique, cette tâche pourrait prendre la forme d'un travail d'explicitation des conditions permettant la stabilisation et l'infléchissement de ces attitudes et des affects qui les sous-tendent. Je me contenterai, pour conclure cette étude, de formuler quelques remarques sur le rôle de la culture de l'affectivité dans les démocraties contemporaines.

Une précaution préalable s'impose : dire que nos sociétés développent des affects variés face à l'incertitude et à la certitude n'équivaut pas à considérer ceux-ci comme des phénomènes irrationnels, ou comme des biais cognitifs. Keynes, dans son analyse de ce qu'il nomme les « esprits animaux », insistait sur le fait que l'action en situation d'incertitude, motivée par l'optimisme, ou par le goût du risque, est loin d'être irrationnelle – et les travaux de psychologues et biologistes ne manquent pas qui soulignent le caractère adaptatif de ces affects, plutôt arationnels qu'irrationnels, qui peuvent aussi bien inhiber qu'inciter[1]. C'est pourquoi ils sont et doivent être l'objet, dans les démocraties contemporaines, d'une attention et d'un travail particuliers des responsables politiques, et plus largement de tous ceux qui exercent une influence sur l'opinion

1. Sur le caractère adaptatif des affects, *cf.* D. Nettle, « The Evolution of Personality Variation in Humans and Other Animals », *American Psychologist*, 2006, 61.

publique (experts, journalistes, artistes, enseignants, militants politiques, syndicalistes ou associatifs, etc.). Faire de la politique n'est pas seulement prendre des décisions, c'est aussi gérer des affects. Face aux nouvelles formes d'incertitude et de certitude, les réponses affectives constituent une dimension essentielle de la vie politique, que seuls les technocrates rêvent d'éliminer. Les sentiments, parce qu'ils peuvent prendre diverses formes, se développer en auxiliaires précieux de l'action ou en paniques inhibitrices, doivent être infléchis, modifiés, voire contrariés en fonction de ce que l'on estime être le bien commun[1]. Car toutes les actions motivées affectivement ne sont pas équivalentes. Il ne revient pas au même de se résigner, de se révolter ou de s'en remettre à la prière. Aucune de ces actions n'est par essence irrationnelle ou rationnelle, chacune peut, dans une conjoncture déterminée, être un moyen permettant d'explorer de nouvelles solutions et de sortir d'une situation difficile.

Un des risques qui guettent la gestion politique des affects est de comprendre celle-ci comme une tâche technique. Il existe, même en dehors des régimes autoritaires ou totalitaires, des pouvoirs suffisamment intelligents pour comprendre qu'ils travaillent sur de la matière humaine, c'est-à-dire sur des affects, mais pas suffisamment intelligents pour percevoir qu'ils sont eux-mêmes coulés dans la même matière et que la seule façon de cultiver les affects est de le faire démocratiquement, par une auto-transformation de nos jugements et de nos sentiments, et non par l'élimination illusoire de ces derniers. S'agissant des peurs que suscitent les incertitudes quant à l'issue de nos diverses crises, une des premières conditions de leur maîtrise collective, dans nos démocraties, me paraît être paradoxalement la peur – cette peur particulière, au deuxième degré, qu'est la peur de la peur, dont parlait Roosevelt dans un célèbre discours de 1933 : « la seule chose dont nous devons avoir peur est la peur elle-même ». Rien de plus urgent, en Europe et ailleurs, que de parvenir, par la voie du débat public, à avoir peur de nos peurs, de manière à ce que nos esprits animaux puissent être « exploités et maîtrisés de manière créatrice, de façon à servir le bien

1. P. Rosanvallon insiste particulièrement sur la cécité des « politiques de la raison » qui abandonnent les sentiments aux « entrepreneurs du ressentiment », c'est-à-dire à « une intelligence pervertie et impuissante des émotions, menaçant de conduire la démocratie vers son point de basculement dans un autoritarisme dérivé du constat de l'impossibilité de faire monde commun » (P. Rosanvallon, *Les épreuves de la vie*, 3773).

commun »[1]. Poser clairement les problèmes du changement climatique, du terrorisme, des dérives du système financier, de l'immigration mal régulée, des risques de dissolution de l'État-nation, etc., chercher à entretenir à leur sujet une peur raisonnable, et par là un espoir raisonnable de les résoudre, me paraît être aujourd'hui la seule voie – particulièrement étroite – que la gestion politique des affects publics peut emprunter.

S'agissant des deux attitudes politiques dont il a été question plus haut, la culture politique des affects pourrait se développer selon deux axes, constitutifs de ce que je nommerai le *détachement actif*.

Cultiver collectivement la peur, celle qui fait agir, est une tâche essentielle, dans nos démocraties[2]. Mais, au-delà, la conjoncture présente nous invite aussi à cultiver un affect singulier, celui que fait naître la considération non pas de la nécessité mais de la possibilité d'avoir à renoncer. La catastrophe finale n'est pas inéluctable, mais elle ne peut être effacée de l'horizon – pas plus que ne peut l'être l'idée, certes moins effrayante, qu'il a peut-être existé des époques où les hommes vivaient plus heureux[3]. Nous n'avons aucun mot pour désigner un tel affect. Faute de mieux, je parle de *détachement* – en oubliant tous les sens habituels de ce terme et en le distinguant, tout particulièrement, de la mélancolie qui naît, en chaque individu, de la considération de sa fin inéluctable. Il nous reste à penser la différence entre les formes traditionnelles de résignation devant la nécessité ou le destin et ce détachement contemporain face à l'incertitude et à l'échec toujours possible. La principale étant que nous devons parvenir à cultiver, en même temps et au même degré, ce détachement et la *vaillance* qui naît de la considération des possibilités, limitées mais effectives, de l'action humaine, et chercher à comprendre les relations complexes qui existent entre ces deux affects. Le détachement, qui naît de la conscience du fait que même l'action la plus prudente et éclairée peut échouer, renforce la vaillance, dont les efforts, parce que toujours plus ou moins contrecarrés,

1. G.A. Akerlof, R.J. Schiller, *Animal Spirits*, p. 173, traduit par mes soins.

2. *Cf.* E. Pulcini, *La cura del mondo. Paura e responsabilità nell'età globale*, Torino, Bollati Boringhieri, 2009.

3. De Herder ou Châteaubriant à Lévi-Strauss, il existe une version de cette idée qui n'est ni réactionnaire ni nostalgique. Si la crise environnementale devait nous conduire à opter pour une forme ou autre de décroissance – ce qui reste à prouver – nos sociétés devraient considérer à nouveau cette idée, car il ne va pas de soi que toute frugalité soit heureuse.

ne peuvent faire oublier que la distance entre nos désirs et l'ordre du monde ne peut être comblée. L'humanité a déjà été souvent confrontée à la tâche d'élaborer, pour gérer sa condition et sa situation, des formes de retrait actif face au réel. Nos démocraties pourraient trouver des appuis solides dans les sagesses antiques, bibliques et orientales, à la condition toutefois de retravailler celles-ci[1].

M. Oakeshott est sans doute le philosophe qui a le mieux anticipé les conditions de l'action politique contemporaine et l'importance, pour celle-ci, de la culture des affects. Son sens aigu de la contingence de l'histoire et son scepticisme à l'encontre du rationalisme politique le conduisent à se méfier de toute action politique prétendant construire l'ordre social, à prôner un réformisme qui se contente d'en *prendre soin* – de le transformer, sans s'incliner devant ce qui est, mais toujours sur la base de conjectures faillibles, « en visant dans l'obscurité et cherchant à atteindre un résultat qui n'est que marginalement préférable à d'autres »[2]. Cette méfiance à l'égard de toute déduction des décisions à partir d'idéaux abstraits est pour Oakeshott inséparable d'une attention constante aux affects politiques et à la culture de ceux-ci. La politique réformiste, celle qui consiste à « faire le pas suivant, un pas suggéré par le caractère d'une société aux circonstances changeantes, et à le faire de telle manière qu'il ne soit pas dommageable à la société ni ne porte grossièrement atteinte aux intérêts des générations futures », s'enracine dans un ensemble de sentiments qu'Oakeshott dégage avec une grande rigueur : « se réjouir de ce qui est présent et non de ce qui est passé ou de ce qui pourrait être » – ce qui ne signifie pas donner aveuglément son approbation à toute institution existante ; préférer « le suffisant au surabondant, le commode au parfait, le contentement présent à la félicité des futurs utopiques » ; cultiver, face à l'État, le « respect teinté de suspicion, et non l'amour, la dévotion ou l'affection », et tenter de faire de celui-ci une institution dont le rôle est « de refréner, de dédramatiser, de pacifier et de réconcilier » ; enfin injecter dans la société « une dose non pas

1. Dans un ouvrage stimulant, Manuel Arias Maldonado développe l'idée, proche de celle ici avancée, de la nécessité de cultiver un « scepticisme mélancolique », ou une « ironie mélancolique », un flegmatisme non indifférent, compatible avec une « volonté constructive (…) consciente de ses propres limites » (*La democracia sentimental. Política y emociones en el siglo XXI*, Madrid, Pagina Indómita, 2016, p. 346, traduit par mes soins).

2. C p. 81. Oakeshott oppose « making arrangements » à « attending arrangements » (p. 45).

de raison – comment pourrait-on espérer cela ? – mais d'ironie, celle qui contient un vice par un autre, de raillerie, celle qui dégonfle l'extravagance sans prétendre elle-même à la sagesse, de moquerie, celle qui allège la tension, d'inertie et de scepticisme »[1].

Cette culture des affects est la tâche de l'éducation politique, au sens le plus large du terme[2]. Il reste évidemment à savoir comment un tel détachement actif peut devenir effectif, comment il peut se concrétiser par et dans les institutions démocratiques. Certaines voies, celles par lesquelles l'État rêvait d'organiser une religion civile, ou coulait les individus dans le moule d'une éducation totalitaire, ou – ce qui est mieux mais bien difficile aujourd'hui – inculquait une morale républicaine homogène, sont dans nos sociétés démocratiques et pluralistes définitivement fermées ; et la voie des religions et sagesses traditionnelles, qui se sont retirées en grande partie dans la sphère privée, n'est plus celle de la culture de masse. C'est pourquoi il me semble que l'éducation politique ne peut plus relever ni du seul État ni des seuls individus, que c'est à l'espace public démocratique qu'il appartient de prolonger et de transformer les affects des citoyens. W. Lippmann l'avait bien perçu qui, conscient de l'importance de l'élément émotionnel dans la vie démocratique, insistait sur le fait que l'éducation politique requise pour le bon fonctionnement de celle-ci ne consiste pas à vouloir doter le citoyen des mêmes compétences que celles dont disposent les dirigeants, mais à encourager les émotions et jugements qui lui permettront d'agir « en tant que membre du public »[3]. Dans un ouvrage plus tardif, il affirmait que les démocraties, qui reposent sur une « philosophie publique » (la doctrine des droits fondamentaux et de la division des pouvoirs), doivent incarner celle-ci dans le sens commun du public, la concrétiser et la symboliser, de façon à ce qu'elle puisse faire l'objet d'un « intérêt authentique »[4].

Comment pouvons-nous non pas construire *ex nihilo*, mais cultiver une sagesse publique qui nous permettra de mieux comprendre nos crises et

1. « The political economy of freedom » et « On Being Conservative » (*Rationalism in politics and other essays*, p. 396 et 407-437 ; textes traduits par mes soins).

2. Sur l'éducation politique, et l'absence de celle-ci, *cf.* M. Oakeshott, *Rationalism in politics and other essays*, p. 28-31.

3. W. Lippmann, *The Phantom Public*, New Brunswick and London, Transaction Publishers, 2009, p. 138.

4. W. Lippmann, *The Public Philosophy*, London, Hamish Hamilton Ltd., 1955, p. 146.

de mieux les gérer ? Quitte, s'il le faut – mais cela ne peut être décidé *a priori* – à renoncer au concept de *crise* au profit de celui de *changement*, ou au profit du constat que le monde est, comme le disait Montaigne, une *branloire pérenne*[1]. La tâche de la philosophie s'arrête sans doute avec la formulation de cette question – qui d'ailleurs ne naît pas avec elle, puisqu'elle ne fait qu'expliciter une préoccupation publique – à laquelle il serait imprudent qu'elle se hasarde à apporter une réponse. La philosophie, à s'engager dans une voie qui appartient à ceux qui ont plus particulièrement la charge de cultiver l'opinion publique et, au-delà d'eux, à tous les citoyens, compromettrait la faible efficacité qui est à la sienne. Tout au plus peut-elle mettre en garde contre une illusion. En période de crise, face au danger que représentent certaines réactions affectives, celles des populismes, dans des sociétés qui pourraient un jour voir renaître les mêmes affects hideux que ceux qui ont accompagné la grande crise des années 30 et rendu possibles les deux totalitarismes du XXe siècle, il nous arrive de caresser l'espoir que nous pourrions revenir à la bienheureuse zone médiane où nous n'avions affaire, du moins le croyions-nous, qu'à des risques et des calculs. Nous rêvons alors d'un futur où, lorsque le ressort des différentes crises se sera détendu, il nous serait à nouveau loisible de partager notre vie entre le calcul rationnel (l'économie, la politique), qui aurait en charge le domaine du risque, et la réflexion sur l'existence (la religion, la sagesse, la philosophie, ou tout autre nom qu'on voudra lui donner), qui se soucierait de ces extrêmes que sont la certitude et l'incertitude et des affects complexes qu'elles suscitent en nous. Il serait cependant illusoire de scinder ainsi l'existence humaine, d'opposer les variables contingentes (les risques qui sont inhérents à l'activité technique, économique et politique) aux constantes universelles (la certitude de vivre et de mourir, l'incertitude de nos fins ultimes), le calcul à l'affectivité. Seules les élites, et plus particulièrement les élites intellectuelles, vivent dans un monde où la culture (qui interprète la certitude et l'incertitude) et la technique (qui calcule les risques) sont juxtaposées. La plupart des citoyens sont aujourd'hui confrontés partout à des incertitudes et des certitudes on ne peut plus concrètes, dans leur travail et dans leur vie quotidienne.

1. La métaphore de la balançoire en constant déséquilibre n'est pas très éloignée de cette formule d'Oakeshott : « l'équilibre (*balance*) d'une telle société est toujours précaire » (*Rationalism in politics and other essays*, p. 389).

Ils développent divers affects, qui peuvent être aussi bien des écueils où l'action se brise que des planches de salut. Nous ne sortirons pas des crises seulement en calculant mieux, même s'il faut mieux calculer et tout faire pour transformer les terrifiantes incertitudes en risques banals. Nous n'en sortirons que si nous tenons, dans la vie politique, les deux bouts de la chaîne : l'action rationnelle d'une part, de l'autre la gestion collective des affects qui naissent de notre exposition à de nouvelles formes de nécessité brute et de contingence radicale. On connaît la difficulté de la première tâche, on commence à découvrir celle de la seconde, avec, par exemple, les travaux de H. Thaler et C. Sunstein, qui plaident, dans le traitement des sentiments qui surestiment tel bien ou sous-estiment tel mal, pour un *paternalisme libertarien*, par lequel les pouvoirs publics inciteraient les citoyens, par le « gentle power of nudges », à modifier leurs sentiments, de manière à mieux satisfaire les fins qui sont les leurs[1]. Les travaux de M. Nussbaum sur les émotions publiques ont, de leur côté, grandement contribué à délimiter le champ d'une politique des émotions qui ne soit pas illibérale, dans les développements que ses ouvrages consacrent à la politique culturelle, et tout particulièrement au rôle des pouvoirs publics dans le domaine de l'architecture et de l'urbanisme[2]. La crise ou les crises que nous traversons auront peut-être au moins cette utilité de nous rappeler ce qu'est la politique, et quelle forme elle peut et doit prendre aujourd'hui pour répondre aux sentiments nouveaux que font naître les incertitudes et certitudes nouvelles. Cette dernière tâche, qui consiste à prolonger et favoriser l'émergence d'une sagesse publique, à cultiver et stabiliser des affects spontanés, doit rester consciente de ses limites (on sait que la frontière entre le *nudge* et le paternalisme – tout court – est mince). Il en va de même, *a fortiori*, de la tâche proprement philosophique en ce domaine.

1. R.H. Thaler, C.R. Sunstein, *Nudge*, New Haven and London, Yale University Press, 2008, p. 5-8. La langue française n'a pas de mots pour traduire *nudge* (un léger coup de coude pour attirer l'attention de quelqu'un). *Cf.* aussi : « les individus ont besoin d'incitations lorsqu'ils doivent prendre des décisions qui sont difficiles et peu fréquentes, pour lesquelles ils ne disposent pas de *feed-back* rapide sur les effets de leurs décisions, et lorsqu'ils éprouvent des difficultés à traduire les caractéristiques d'une situation en termes facilement compréhensibles pour eux » (p. 72, traduit par mes soins).

2. Outre le titre déjà cité (*Upheaval of Thought...*), cf. *Political Emotions : Why Love Matters for Justice*, Cambridge, Harvard University Press, 2013.

table des matières

Achevé d'imprimer en janvier 2023
sur les presses de
La Manufacture - Imprimeur – 52200 Langres
Tél. : (33) 325 845 892

N° imprimeur : 221150 - Dépôt légal : janvier 2023
Imprimé en France